물과 꿈

물과 꿈
질료에 관한 상상력 시론

지은이 / 가스통 바슐라르
옮긴이 / 김병욱
펴낸이 / 강동권
펴낸곳 / (주)이학사

1판 1쇄 발행 / 2020년 6월 30일
1판 2쇄 발행 / 2022년 4월 15일

등록 / 1996년 2월 2일 (신고번호 제1996 - 000015호)
주소 / 서울시 종로구 율곡로13가길 19-5(연건동 304) 우03081
전화 / 02 - 720 - 4572 · 팩스 / 02 - 720 - 4573
홈페이지 / ehaksa.kr
이메일 / ehaksa1996@gmail.com
페이스북 / facebook.com/ehaksa · 트위터 / twitter.com/ehaksa

한국어판 ⓒ (주)이학사, 2020, Printed in Seoul, Korea.

ISBN 978-89-6147-366-8 94200
       978-89-87350-26-4 94200(세트)

L'EAU ET LES RÊVES de Gaston Bachelard
Copyright ⓒ Librairie José Corti, 1942
All rights reserved.

Korean Translation Copyright ⓒ 2020 by EHAKSA Inc.
Published by arrangement with Librairie José Corti
through GUY HONG International.
All rights reserved.

이 책의 한국어판 저작권은 Librairie José Corti와 독점 계약한 (주)이학사에 있습니다.
저작권법에 의해 한국 내에서 보호를 받는 저작물이므로 무단 전재와 무단 복제를 금합니다.

* 책값은 뒤표지에 표시되어 있습니다.

* Ouvrage publié avec l'aide du Ministère Français chargé de la Culture.
  이 책의 한국어판 출판을 지원해준 프랑스문화부에 감사드립니다.

물과 꿈

질료에
관한
상상력 시론

*L'eau et
les rêves*

가스통 바슐라르 지음
김병욱 옮김

이학사

차례

서론   7
상상력과 질료

제1장   38
맑은 물, 봄의 물, 흐르는 물.
나르시시즘의 객관적 조건. 사랑에 빠진 물

제2장   79
깊은 물 – 잠자는 물 – 죽은 물.
에드거 포의 몽상 속의 "무거운 물"

제3장   119
카론 콤플렉스. 오필리아 콤플렉스

제4장   155
구성된 물들

제5장   188
모성적인 물과 여성적인 물

제6장   218
순수성과 정화. 물의 도덕

제7장   244
부드러운 물의 우월성

제8장   255
난폭한 물

결론   298
물의 말

옮긴이의 말 질료적 상상력과 초인의 시학   313
찾아보기   331

일러두기

1. 이 책은 Gaston Bachelard, *L'eau et les rêves: essai sur l'imagination de la matière* (Librairie José Corti, 1942)를 우리말로 옮긴 것이다.
2. 인명이나 주요 용어는 처음 나올 때 한 번 원어를 병기하였다. 단 주요 용어는 문맥 이해에 필요할 경우 두 번 이상 병기를 하기도 하였다.
3. 원서의 이탤릭체는 고딕체(단 이탤릭체 중 도서명은 『 』)로, 《 》는 " "로, 대문자는 ' '로 표기하였다.
4. 지은이의 각주는 숫자로, 옮긴이의 각주는 별표(*, **)로 표기하였다.
5. 부호의 쓰임은 다음과 같다.

    『 』: 책 제목

    「 」: 시, 논문 제목

    ( ): 지은이의 부연 설명

    [ ]: 인용문에서 지은이의 부연 설명. 본문에서 옮긴이의 부연 설명이나 번역. 음이 다른 한자의 병기

    [*]: 인용문에서 옮긴이의 부연 설명

서론
상상력과 질료

"히드라가 자신의 안개를 비워내도록 도와주자."
말라르메Mallarmé, 『횡설수설Divagations』, p. 352.

I

우리 정신의 상상하는 힘은 매우 상이한 두 축에 따라 전개된다.

어떤 힘은 새로운 것 앞에서 발휘된다. 그림 같은 미관美觀, 다채로운 것, 예기치 않은 사건 등을 즐긴다. 이 힘이 생기를 부여하는 상상력은 언제나 묘사할 봄을 갖고 있다. 우리와 멀리 떨어진 자연 속에서 이미 생동하고 있는 이 힘은 꽃들을 피운다.

또 다른 상상하는 힘은 존재의 밑바닥을 파고든다. 존재 속에서 원초적인 것과 영원한 것을 동시에 찾아내그자 한다. 이 힘은 계절과 역사를 지배한다. 우리 안팎의 자연 속에서 이 힘은 싹들을 틔운다. 형상이 실체 속에 주입되어 있는 싹들, 형상이 내재되어 있는 싹들을 틔운다.

이를 곧바로 철학적으로 표현하면 우리는 상상력을 두 가지로 구분할 수 있을 것이다. 하나는 형상인形相因을 활성화하는 상상력이요 다른 하나는 질료인質料因*을 활성화하는 상상력이다. 간략하게 말하면 형상적 상상력과 질료적 상상력이다. 간략한 형태로 표현된 이 두 개념은 사실 시 창작에 관한 완전한 철학적 연구에 없어서는 안 되는 것들로 보인다. 작품이 언어의 다양성을, 빛의 변화무쌍한 삶을 지니기 위해서는 감정적 동기, 마음의 동기가 형상인이 되지 않으면 안 된다. 그러나 상상력의 심리학자들이 너무도 자주 환기한 형상의 이미지들 외에도 — 앞으로 제시하겠지만 — 질료의 이미지들, 질료의 직접적인 이미지들이 있다. 그 이미지들을 명명하는 것은 시각이지만, 그것들을 인식하는 것은 손이다. 어떤 역동적인 기쁨이 그것들을 빚고, 그것들을 반죽하고, 그것들을 덜어낸다. 우리는 형상들, 덧없이 소멸하는 형상들, 덧없는 이미지들, 외관들의 변화를 도외시하면서 이 질료의 이미지들을 실체적으로, 내밀하게 꿈꾼다. 그것들은 무게를 갖는다. 그것들은 하나의 심장이다.

물론 이 두 상상하는 힘이 함께 작용하는 작품들도 있다. 양자를 완전히 분리하는 것은 불가능한 일이기도 하다. 아무리 유동적이고, 변형적이며, 전적으로 형상에 빠진 몽상이라 해도 어떤 바닥짐, 어떤 밀도, 어떤 느림, 어떤 발아發芽는 간직하고 있다. 역으로 질료의 단단한 항구성과 아름다운 단조單調를 찾으려 존재의 싹 속으로 아주 깊이 내려가는 모든 시 작품은, 어떤 실체적 요인의 세심한 작용에서 힘을 얻는 모든 시 작품은 어쨌든 꽃을 피워야 하고 스스로를

---

* 아리스토텔레스의 아이티온(원인) 참조. 그는 사물의 변화가 형상인, 질료인, 작동인, 목적인이라는 네 가지 아이티온으로 설명될 수 있다고 말한다.

치장해야 한다. 우선 독자의 마음을 끌기 위해 풍부한 형상미를 수용해야 한다.

그런 유혹의 필요성 때문에 상상력은 대개 기쁨이 향하는 방향으로 — 적어도 어떤 기쁨이 향하는 방향으로! — 작용한다. 형상과 색깔의 방향으로, 다양성과 변형의 방향으로, 외관의 미래 방향으로 작용한다. 깊이를, 실체적 내밀함을, 부피를 저버린다.

그러나 이 책에서 우리가 특별히 주의를 기울이고 싶은 것은 생장生長하는 질료적인 힘의 내밀한 상상력이다. 오직 전통 파괴주의 철학자만이 이 막중한 과업을 시도할 수 있다. 즉 [그들만이] 미의 접미사들을 모두 떼어내고, 스스로를 드러내는 이미지들 저 너머에서 스스로를 감추는 이미지들을 찾고자 애쓰며, 상상하는 힘의 뿌리까지 나아갈 수 있는 것이다.

질료의 밑바닥에서는 어두운 식물이 자란다. 질료의 밤 속에서는 검은 꽃들이 피어난다. 그 꽃들은 이미 자신들의 비로드와 자신들의 향기의 공식을 갖추고 있다.

II

우리가 질료의 미美 개념에 관한 고찰을 시작했을 때, 곧바로 우리는 미의 철학에 질료인이 결여되어 있다는 사실에 놀랐다. 특히 우리가 보기에는 사람들이 질료의 개성화個性化하는 힘을 과소평가한 것 같았다. 어째서 사람들은 언제나 개체 개념을 형상 개념과 결부시키는가? 어떤 심층의 개성이 있어서 질료는 극히 작게 나뉜 부분들에서도 언제나 하나의 전체성이 아닐까? 깊이의 관점에서 생각해보면 질료는 분명 형상들을 도외시할 수 있는 원리다. 그것은 단순히 형상적 활동이 결핍된 것이 아니다. 아무리 변형을 가하고 아무리 잘게 조각내도 질료는 그 자체로 남는다. 게다가 질료는 심화와 발현이라는 두 가지 방향으로 스스로에게 가치를 부여한다. 심화의 방향에서 그것은 깊이를 알 수 없는 것, 어떤 신비로 나타난다. 발현의 방향에서 그것은 영원히 마르지 않는 힘, 기적으로 나타난다. 두 경우 모두 질료에 대한 명상은 열린 상상력을 가르친다.

아마도 우리는 형상들을 각각의 적절한 질료에 귀속시키면서 연구할 때에만 인간 상상력의 완전한 이론을 구상해볼 수 있을 것이다. 그럴 때 우리는 이미지라는 것이 땅과 하늘을, 실체와 형상을 필요로 하는 식물임을 깨달을 수 있을 것이다. 사람들이 발견한 이미지들은 천천히, 어렵게 진화하기에 우리는 자크 부스케Jacques Bousquet의 이 심오한 지적을 이해하게 된다. "인류가 하나의 이미지를 갖기 위해서는 식물이 하나의 새로운 형질을 갖기 위해 기울이는 만큼의 노력이 필요하다." 많은 이미지가 새롭게 시도되어도 살아남지 못하는 것은 그것들이 단순한 형상적 유희이기 때문이다. 자신들이 꾸며야 할 질료에 진정으로 맞춰지지 않았기 때문이다.

그래서 우리는 상상력에 대한 철학적 교의는 무엇보다도 우선 질료인과 형상인의 관계를 연구하는 것이어야 한다고 믿는다. 이 문제는 조각가에게는 물론 시인에게도 부과된다. 시적 이미지들 역시 질료를 갖는다.

III

우리는 이 문제를 이미 연구한 바 있다.『불의 정신분석』에서 우리는 상상력의 여러 유형을 전통 철학과 고대 우주론에 영감을 불어넣은 질료적 원소들로 표시하자고 제안했다. 사실 우리는 상상력의 영역에서 불, 공기, 물, 흙 중 어느 것에 결부되느냐에 따라 여러 질료적 상상력을 분류하는 4원소의 법칙을 세우는 것이 가능하다고 믿는다. 우리가 주장하듯 만약 모든 시학이 질료적 본질의 구성 요소들 ― 그것들이 아무리 미약하다 할지라도 ― 을 수용하는 게 사실이라면, 시적 영혼들을 가장 강력하게 하나의 부류로 묶는 것은 역시 근본적인 질료적 원소들에 따른 분류일 것이다. 어떤 몽상이 그저 덧없는 시간의 휴식에 그치지 않고 서술된 작품으로 구체화될 만큼 집요하게 계속되기 위해서는 자신의 질료를 찾아내야 한다. 어떤 질료적 원소가 몽상에 자신의 실체를, 자신의 규칙을, 자신만의 특별한 시학을 제공해야 한다. 초기의 철학들이 종종 이러한 방향으로 하나의 결정적인 선택을 한 데는 그만한 이유가 있다. 그 철학들은 자신들의 형식원리를 근본적인 4원소 중 하나와 결합시켰으며, 따라서 원소는 철학적 체질을 나타내는 특징이 되었다. 그 철학 체계들에서는 학문적 사유가 원초적인 질료적 몽상과 결부되어 있으며, 영속하는 고요한 지혜가 실체의 항구성에 뿌리를 내리고 있다. 나아가 이 단순하고 강력한 철학들이 여전히 확신의 근거를 갖는 까닭은 우리가 그것들을 연구할 때 너무나 자연스런 상상하는 힘을 재발견하기 때문이다. 사정은 언제나 마찬가지다. 즉 철학의 차원에서도 우리는 오직 근본적인 몽상들을 암시하고 사유에 꿈의 길을 되돌려줌으로써만 사람들을 납득시킬 수 있는 것이다.

꿈은 명철한 사유와 의식적인 이미지보다 훨씬 더 근본적인 4원소의 지배를 받는다. 질료적 4원소 이론을 네 가지 체질에 결부시킨 시도는 많았다. 이를테면 옛날의 저자 레시우스Lessius는 『장수 비결Art de vivre longtemps』(p. 54)에서 이렇게 적는다. "담즙질 인간의 꿈은 불, 화재, 전쟁, 살인이다. 우울질 인간의 꿈은 매장, 분묘, 유령, 도망, 묘혈 등의 온갖 슬픈 것이다. 점액질 인간의 꿈은 호수, 강, 홍수, 난파다. 다혈질 인간의 꿈은 새의 비상, 경마, 향연, 음악회, 그리고 입에 담기 어려운 그런 일이다." 따라서 담즙질, 우울질, 점액질, 다혈질의 특징은 각각 불, 흙, 물, 공기가 될 것이다. 특히 그들의 꿈은 그들을 특징짓는 그 질료적 원소를 작동시킨다. 만약 우리가 명백한 오류지만 널리 통용되는 어떤 생리학적 오류는 깊은 몽환적 진실과 연관된 것일 수 있다는 사실을 받아들인다면, 꿈을 질료적으로 해석할 준비가 된 것이다. 그렇다면 꿈의 정신분석과 나란히 꿈의 정신물리학과 꿈의 정신 화학도 생각해보아야 할 것이다. 매우 질료주의적인 이 정신분석은 원소적 질병은 원소적 의학에 의해 치료되리라는 믿음을 가졌던 옛 규범들로 되돌아갈 것이다. 질료적 원소는 치료에 있어서와 마찬가지로 병에 있어서도 결정적이다. 우리는 꿈으로 고통 받으나 또한 꿈으로 치유된다. 꿈의 우주론에서 질료적 원소들은 여전히 근본적 원소들이다.

일반적으로 말해서 미적 감동의 심리학이 관조觀照에 선행하는 질료적 몽상의 영역을 연구한다면 얻는 것이 있으리라고 우리는 믿는다. 우리는 관조하기 이전에 먼저 꿈을 꾼다. 모든 풍경은 의식된 경관이기 이전에 몽환적 경험인 것이다. 우리는 꿈에서 보았던 풍경들만 미적 열정을 가지고 바라본다. 그러므로 티크Tieck가 인간의 꿈 속에 자연미의 전조前兆가 있다고 본 것은 옳다. 어떤 풍경의 통일성은 자주 꾼 어떤 꿈의 성취로, 즉 *"wie die Erfüllung eines oft getraumten Traums"* 주어진다(L. Tieck, *Werke*, t. V, p. 10). 몽환적 풍경은 인상들로 채워지는 액자가 아니다. 그것은 증식하는 하나의 질료다.

그래서 우리는 불과 같은 하나의 물질적 원소에 우리의 믿음, 열정, 이상, 철학을 일생 동안 지배하는 하나의 몽상 유형을 결부시킬 수 있음을 이해하게 된다. 불의 미학, 불의 심리학, 나아가서는 불의 도덕까지도 말할 수 있을 것이다. 불의 시학과 철학은 이 모든 가르침을 집약한다. 이 두 학문은 마음의 확신을 현실의 교육으로 받쳐주고, 반대로 우주의 삶을 우리 마음의 삶으로 이해시켜주는 양면성을 지닌 경이로운 교육을 행하는 것이다.

나머지 다른 세 원소도 이와 비슷한 양면적 확신들을 제공한다. 그것들은 비밀스런 속내 이야기들을 암시하기도 하고 번쩍이는 이미지들을 보여주기도 한다. 이 네 원소는 모두 자신만의 신도들을 갖는다. 더 정확하게 말하면 각각의 원소는 깊이에 있어서는, 질료적으로는 이미 하나의 시적 충실성의 체계다. 그 원소들을 노래할 때 우리는 좋아하는 어떤 이미지에 충실한 것이라고 믿지만, 사실은 어떤 원초적인 인간적 감정에, 어떤 최초의 생체적 현실에, 어떤 근본적인 몽환적 체질에 충실한 것이다.

IV

    단언하건대 우리는 물의 실체적 이미지들을 연구하고, 물의 "질료적 상상력"의 심리 분석을 해나갈 이 책에서 위 주장에 대한 확증을 얻게 될 것이다 — 물은 불보다 더 여성적이고 더 단일한 원소요, 더 감춰져 있고 더 단순하고 더 단순화하는 인간적인 힘을 지니고서 상징 작용을 하는 더 항구적인 원소다. 그 단순함과 단순화 때문에 이 책에서 우리가 해야 할 일은 한층 더 어렵고 단조로운 작업이 될 것이다. 시에 관한 자료도 훨씬 수가 적고 내용이 빈약하다. 시인과 몽상가는 물의 표면적 유희에 매혹당하기보다 즐기는 경우가 더 잦다. 그럴 때 물은 그들의 풍경의 한 장식물일 뿐, 진정으로 그들의 몽상의 "실체"가 되지는 않는다. 철학적으로 말하면 물의 시인들은 불이나 흙의 부름에 귀 기울이는 시인들에 비해 자연의 물의 현실에 덜 "참여"하는 것이다.

    그러므로 물의 사유, 물의 정신psychisme hydrant*의 본질 그 자체인 이 "참여"를 분명히 규명하기 위해서는 극히 드문 몇 가지 예를 붙들고 늘어져야 할 것이다. 하지만 물의 표면적인 이미지들 아래에 점점 더 깊어지는, 점점 더 달라붙는 일련의 이미지들이 있음을 독자에

---

*   여기서 '정신'으로 옮긴 psychisme은 개성의 토대가 되는 '한 개인의 정신적 특성들 전체'를 가리킨다. hydrant은 물을 뜻하는 접두사 hydro-와 현재분사를 만드는 접미사 -ant의 합성어다. 바슐라르의 질료적 상상력의 관점에서는 '불의 정신'을 지닌 시인(불의 시인), 혹은 '물의 정신'을 지닌 시인(물의 시인)이란 표현이 가능하다.

게 납득시킬 수만 있다면, 곧 독자도 자신의 관조를 통해 그러한 심화 작용에 공감하게 될 것이요, 형상들의 상상 저 아래에서 실체들의 상상이 열리는 것을 느끼게 될 것이다. 독자는 물속에, 물의 실체 속에 내밀함의 한 유형이 있음을, 불이나 돌의 "심층"이 암시하는 것과는 아주 다른 내밀함이 있음을 인정하게 될 것이다. 물의 질료적 상상력이 상상력의 특수한 한 유형임을 인정하게 될 것이다. 질료적 원소에 내재하는 깊이에 대한 이러한 인식에 힘입어 결국 독자는 물이 운명의 한 유형이라는 것, 그것도 달아나는 이미지들이나 이루지 못한 꿈의 공허한 운명이 아니라 존재의 실체를 끊임없이 변모시키는 하나의 본질적인 운명임을 이해하게 될 것이다. 그럴 때 독자는 헤라클레이토스 사상의 여러 특성 가운데 하나를 한층 더 공감하는 마음으로, 한층 더 고통스럽게 이해하게 될 것이다. 헤라클레이토스의 유동설이 구체적인 철학이요, **총체적인** 철학임을 알게 될 것이다. 우리는 같은 강물에 발을 두 번 담글 수는 없다. 인간존재는 그 심층에 이미 흐르는 물의 운명을 지니고 있기 때문이다. 물은 참으로 과도적인 원소다. 불과 흙 사이에서 본질적으로, 존재론적으로 변모하는 원소다. 물의 운명을 타고난 존재는 현기증에 사로잡힌 존재다. 그는 매 순간 죽으며, 그의 실체의 뭔가가 끊임없이 무너져 내린다. 일상의 죽음은 하늘을 불화살로 꿰뚫는 불의 화려한 죽음이 아니다. 일상의 죽음은 물의 죽음이다. 물은 언제나 흐르고, 언제나 떨어지며, 언제나 수평선 끝에서 죽어 없어진다. 많은 예를 통해 우리는 질료화하는 상상력에 있어 물의 죽음은 흙의 죽음보다 훨씬 더 동상적이라는 것, 즉 물의 고통은 끝이 없음을 보게 될 것이다.

V

　우리 연구의 전체 계획을 제시하기 전에 우선 이 책의 제목에 대한 설명부터 하자. 이 설명이 우리의 목표를 밝혀주기 때문이다.
　이 책이 『불의 정신분석』을 잇는, 시의 4원소 법칙의 새로운 예임에도 불구하고, 우리는 앞의 시론과 짝을 이룰 수 있을 『물의 정신분석』이라는 제목을 쓰지 않았다. 우리는 『물과 꿈』이라는 좀 더 모호한 제목을 선택했다. 정직하려면 그럴 수밖에 없었다. 정신분석을 거론하려면 원초적 이미지들을 분류하되 그것들 중 어떤 이미지에도 그 최초의 특권들의 흔적을 남기지 않아야 하며, 또한 오랫동안 욕망과 꿈을 결합해온 콤플렉스들을 지적하고 또 그것들을 분리해두어야 한다. 우리는 『불의 정신분석』에서 그렇게 했다고 느낀다. 아마 사람들은 한 합리주의 철학자가 환상이나 오류에 그토록 오래 주의를 기울인다거나, 합리적 가치와 분명한 이미지를 자꾸만 그릇된 자료의 수정으로 제시하고자 하는 데 대해 놀랐을 것이다. 사실 우리는 어떤 자연스럽고, 직접적이며, 기초적인 합리성이라는 것이 불변의 지속성을 지닌다고 보지 않는다. 우리는 합리적 인식 속에 단번에 자리 잡을 수 없다. 근본적 이미지들에 대한 올바른 시각을 단번에 제공할 수 없다. 합리주의자? 우리는 합리주의자가 되려고 노력한다. 우리 문화 전체에서뿐만 아니라 사고의 디테일이나, 친숙한 이미지들의 세밀한 차원에서도 그렇게 되려고 애쓴다. 바로 그렇게 우리는 객관적 인식과 이미지화된 인식에 대한 정신분석을 통해서 불에 대해 합리주의자가 되었다. 하지만 솔직히 말해 물에 대해서는 똑같은 결과를 얻을 수 없었다고 고백하지 않을 수 없다. 물의 이미지들은 종종 그것들에 우리의 불합리한 집초을 부여하면서 그 최초의 콤플렉스 속에서 우리가 지금도 체험하고 있는 것들이며, 우리가 종합적으로 체험하고 있는 것들이기 때문이다.

잠자는 물 앞에서 나는 언제나 동일한 우울, 축축한 숲속 늪의 빛깔을 띤 아주 특별한 우울, 압박감이 없는, 생각에 잠긴, 느린, 고요한 우울을 발견한다. 물의 삶의 사소한 디테일이 종종 내게는 본질적인 심리적 상징이 된다. 예컨대 수생水生 박하의 냄새는 나의 내면에서 일종의 존재론적 상응을 불러일으켜 삶이란 하나의 향기 같은 것이요, 어떤 냄새가 물질에서 풍기듯 삶도 존재에서 풍기며, 시냇물의 수초는 물의 영혼을 발산하는 거라는 믿음을 준다…. 만약 내가 최초의 세계와 최초의 의식을 냄새에서 발견하는 콩디약Condillac의 조각상의 철학적 신화*를 내 나름대로 다시 체험해야 한다면, 나는 그 조각상처럼 "나는 장미 냄새다"라고 말하는 게 아니라 "나는 박하 냄새, 수생 박하 냄새다"라고 말해야 할 것이다. 사실 존재란 다른 무엇보다도 각성이며, 어떤 비범한 인상을 의식하면서 깨어나는 것이다. 개인이란 그가 가진 일반적인 인상들의 총합이 아니라 그의 독특한 인상들의 총합이다. 그런 식으로 우리 내면에서 친숙한

---

* 감각과 인식은 동일한 외연外延을 갖는다는 콩디약의 감각론 참조. 모든 인식, 모든 성찰, 모든 판단, 모든 상상 행위는 기억되고 변조되는, 다른 감각과 결합되거나 비교되는 감각 작용에 불과하다는 설로서, 콩디약은 오감을 하나씩 갖추며 감각 작용을 함에 따라 점점 더 많은 관념과 더 큰 오성 능력을 얻게 되는 가상의 조각상을 상정하여 자신의 감각과 인식 이론을 설명하고 전개한다.

신비들이 창조되며, 이것들은 희귀한 상징들로 지시된다. 몽상이란 발산하는 우주라는 것, 몽상가를 매체로 하여 사물들에서 발산되는 향기로운 숨결이라는 것을 내가 가장 잘 이해한 것은 물과 물의 꽃들 곁에서다. 그러므로 만약 내가 물의 이미지들의 삶을 연구하고자 한다면, 내 고향의 강과 샘들이 주역이 되어야 할 것이다.

나는 강과 시냇물의 고장에서 태어났다. 골짜기 많은 샹파뉴Champagne 지방의 한 구석, 작은 골짜기가 많아 발라주Vallage라는 이름을 가진 곳이다. 내게 세상에서 가장 아름다운 거처란 골짜기의 움푹 파인 곳이나 물이 흐르는 강기슭, 버드나무와 수양버들의 낮은 그늘 속 거처일 것이다. 특히 강 위로 피어오르는 안개와 함께 시월이 도래할 때….

아직도 나의 즐거움은 시냇물을 따라 걷는 것이다. 둑을 따라 올바른 방향으로, 흘러가는 물의 방향으로, 삶을 다른 곳, 이웃 마을로 인도하는 물의 방향으로 걷는 것이다. 나의 "다른 곳"은 그리 멀지 않다. 나는 서른이 다 되어서야 처음으로 바다를 보았다. 그래서 이 책에서도 바다 얘기는 별로 하지 않을 것이다. 시인들의 책에서 읽은 얘기들이나 간접적으로 하게 될 것이다. 무한과 관련하여 학교에서 배운 상투적인 얘기들을 하게 될 것이다. 적어도 나의 몽상에 관한 한 내가 물에서 발견하는 것은 무한이 아니라 깊이다. 보들레르Baudelaire도 바다 앞에서 꿈꾸는 인간에게 20-30리는 무한의 반경을 나타내는 거라고 하지 않았는가(*Journaux intimes*, p. 79). 발라주는 길이가 70리 폭이 50리다. 곧 하나의 세계다. 나는 그곳을 전부 다 알지는 못한다. 그 강들을 전부 다 따라가보지 못했다.

하지만 고향이란 면적이라기보다는 질료다. 화강암이거나 흙이요, 바람이거나 가뭄이요, 물이거나 빛인 것이다. 우리가 몽상을 질료화하는 것은 고향을 통해서다. 우리의 꿈이 적절한 실체를 얻는 것도 고향을 통해서요, 우리가 우리의 기본 색깔을 요구하는 곳도 고향이다. 강가에서 꿈꿀 때 나는 나의 상상력을 물에, 맑고 푸른 물, 초원을 푸르게 물들이는 물에 바쳤다. 내가 깊은 몽상에 잠기는 일 없이, 나의 행복과 재회하는 일 없이 냇가에 앉아 있는 일은 없다…. 반드시 고향의 시냇물, 고향의 물이어야 하는 것은 아니다. 익명의 물도 나의 모든 비밀을 안다. 동일한 추억이 모든 샘에서 솟아오른다.

이 연구서 제목을 물의 정신분석이라 붙이지 않은, 좀 덜 감정적이고 덜 개인적인 또 하나의 이유가 있다. 사실 이 책에서 우리는 질료화된 이미지들의 생체주의적 성격을 체계적으로 전개 — 심오한 정신분석에서는 마땅히 그렇게 해야 할 것이다 — 하지 않았다. 우리의 꿈에 지울 수 없는 흔적을 남기는 최초의 정신적 관심은 생체적 관심이다. 최초의 열띤 확신은 신체적 안락함이다. 최초의 질료적 이미지들이 탄생하는 것은 육체 속에서, 기관들 속에서다. 이 최초의 질료적 이미지들은 역동적이고 활발하다. 그것들은 놀랍도록 거친, 단순한 의지들과 결부되어 있다. 정신분석학은 유아의 리비도libido를 거론하여 많은 반발을 야기했다. 만약 이 리비도에 다시 그 모호하고 일반적인 형태를 돌려주고, 그것을 생체의 모든 기능과 결부시킨다면 아마도 리비도의 작용을 좀 더 잘 이해하게 될 것이다.

그러면 리비도는 모든 욕망, 모든 생리적 욕구와 연계된 것으로 나타날 것이다. 그것은 욕구의 한 활력소로 간주될 것이요, 또한 모든 안락한 인상을 통해 진정될 것이다. 어쨌든 확실한 것은 유아의 몽상은 질료주의적 몽상이란 점이다. 유아는 타고난 질료주의자다. 그가 꾸는 최초의 꿈은 생체적인 실체들의 꿈이다.

창작하는 시인의 꿈은 아주 깊고 자연스러워 무심결에 자신의 어린 시절 육체의 이미지를 재발견하게 되는 때가 있다. 뿌리가 아주 깊은 시들은 종종 독특한 힘을 갖는다. 어떤 힘이 그 시들을 관통하고 있어서 독자는 자기도 모르게 그 근원적 힘에 빠져든다. 그는 더 이상 근원을 알지 못한다. 원초적 이미지의 생체적 진솔함이 드러나는 두 페이지를 보자.

> 나 자신의 양量을 알고 있는 자,
> 그것은 나다. 나는 당긴다. 나의 모든 뿌리 쪽으로 소환한다. 갠지스강을, 미시시피강을,
> 오리노코강의 무성한 수풀을, 라인강의 긴 실을,
> 두 개의 방광을 가진 나일강을….[1]

풍요는 이런 식으로 전개된다…. 민간 전설에는 거인이 누는 오줌에서 유래하는 강이 무수히 많다. 가르강튀아Gargantua도 산책을 할 때마다 프랑스 시골에 홍수를 일으켰다.

---

[1] Paul Claudel, *Cinq Grandes Odes*, p. 49.

물은 귀중해지면 정액으로 변한다. 그럴 때 물은 한층 더 신비롭게 노래된다. 오직 생체주의 정신분석만이 다음과 같은 모호한 이미지를 밝힐 수 있다.

> 정액 방울이 자기 테오레마théorème*의 원소들의
> 그 풍부한 미끼를 분배하면서 수학 도형을 잉태하듯이,
> 그 영광의 물체는 진흙 아래에서 욕망한다, 밤이
> 가시성 속에 용해되기를.2

하나의 세계를 창조하고 밤을 용해하는 데는 강력한 물방울 하나면 충분하다. 그런 힘을 꿈꾸는 데는 심층에서 상상된 물방울 하나가 필요할 뿐이다. 그렇게 역동화된 물은 하나의 싹이다. 그것은 한없는 도약에 생명을 부여한다.

역시 마리 보나파르트 부인Mme Marie Bonaparte은 에드거 포Edgar Poe의 작품처럼 관념화된 작품에서도 숱한 주제의 생체적 의미 작용을 찾아냈다. 그녀는 어떤 시적 이미지들의 생리학적 성격을 말해주는 숱한 증거를 제시하고 있다.

아직은 우리가 생체적 상상력의 뿌리를 향해 멀리 나아갈 수 있을 만큼, 물의 심리학 아래에 몽환적 물의 생리학을 쓸 수 있을 만큼 충

---

* 수학에서 '정리'를 뜻하는 이 말은 '스펙터클', '축제' 등을 뜻하는 그리스어에서 유래한다.
2 Paul Claudel, *loc. cit.*, p. 64.

분한 준비가 되었다고는 느껴지지 않는다. 그러려면 의학적 소양이 필요하고 특히 신경증에 대한 많은 경험이 필요할 것이다. 우리로 말하자면 인간을 아는 수단으로 우리가 가진 것은 독서뿐이다. 인간을 그가 쓴 것에 비추어 판단하는 멋진 독서뿐이다. 인간에 대해서 우리가 다른 무엇보다도 사랑하는 것은 그에 대해 글을 쓸 수 있다는 점이다. 글로 쓰일 수 없는 것이 살 만한 가치가 있을까? 어떻든 우리는 접목接木된 질료적 상상력에 대한 연구로 만족해야만 했다.*거의 언제나 우리는 문화가 자연에 자신의 낙인을 찍었을 때 그 접목 위에서 질료화하는 상상력의 가지들을 연구하는 것으로 만족했다.

더구나 우리에게 이는 하나의 단순한 은유가 아니다. 우리가 보기에 접목은 오히려 인간의 심리를 이해하는 데 본질적인 개념인 것 같다. 우리 생각에 그것은 인간의 상상력을 명시하는 데 꼭 필요한 기호, 인간적 기호이다. 우리가 보기에 상상하는 인류는 능산적能產的 자연**을 넘어선다. 진정으로 질료적 상상력에 형상들의 풍요로움을 줄 수 있는 것이 접목이다. 형상적 상상력에 질료들의 풍부함과 농밀함을 전달할 수 있는 것이 접목이다. 그것은 야생 묘목이 꽃을 피우게 하고, 꽃에 질료를 제공한다. 은유를 떠나서, 하나의 시 작품을 만들기 위해서는 몽상 활동과 관념화 활동이 결합하지 않으면 안 된다. 예술은 접목된 자연이다.

---

* 질료 그 자체에 대한 상상 작용이 아니라 글로 표현된(즉 문화가 접목된) 상상 작용을 연구하는 것으로 만족해야 했다는 뜻이다.
** 범신론에서 만물의 생산의 근원력이 되는 자연을 이르는 말로 스피노자가 처음 사용한 용어로 알려져 있다.

물론 이미지들에 관한 우리의 연구에서 어떤 수액이 비교적 막연하다고 인정될 때는 그때그때 그 점을 지적해두었다. 대단히 관념화된 이미지들에 대해서도 우리가 그 생체적 기원들을 밝혀내지 않은 경우는 아주 드물다. 하지만 그것만으로 우리 연구가 완벽한 정신분석의 반열에 들 자격을 갖게 되는 것은 아니다. 우리의 책은 문예 미학의 한 시론으로 머물 뿐이다. 이 책은 시적 이미지들의 실체를 규정하고, 근본 질료들에 대한 형상들의 적합성 여부를 규정한다는 두 가지 목표를 갖는다.

VI

이제 우리 연구의 전체 계획을 개괄해보자.

질료화하는 상상의 축이 어떤 것인지 보여주기 위해 우리는 잘 질료화하지 않는 이미지들에서 시작할 것이다. 즉 상상력에게 질료에 작용할 시간을 주지 않은 채 원소의 표층에서만 노는 이미지들, 표층적인 이미지들을 살펴볼 것이다. 제1장은 맑은 물, 덧없고 안이한 이미지들을 주는 반짝이는 물에 바칠 것이다. 하지만 우리는 이 이미지들이 원소의 단일성으로 인해 정돈되고 조직화함을 느낄 수 있게 할 것이다. 이를 통해 우리는 물들의 시에서 물의 메타 시학 métapoétique으로의, 복수에서 단수로의 이행을 예견하게 할 것이다. 이 메타 시학의 관점에서 보면, 물은 방랑하는 명상, 간헐적이고 단속적인 일련의 몽상을 통해 알려진 이미지들의 집단이 아니다. 이때의 물은 이미지들을 떠받치는 것, 이미지들을 가져오는 것, 이미지들의 기초가 되는 원리다. 그리하여 점차 물은, 깊어지는 관조 속에서, 질료화하는 상상력의 한 원소가 된다. 달리 말하면 즐기는 시인들은 일년간의 물처럼 산다. 봄에서 겨울로 가는 물, 사계절을 편하게, 수동적으로, 가볍게 반영하는 물처럼 산다. 그러나 좀 더 깊은 시인은 뿌리 깊은 물을 발견한다. 자기 자신에게서 다시 태어나는 물, 변하지 않는 물, 자신의 이미지들에 지울 수 없는 자신의 표지를 각인하는 물, 세계의 기관器官이자 흐르는 현상들의 양식糧食인 물, 식물처럼 자라는 원소, 윤을 내는 원소, 눈물들의 육체 등을….

그러나 거듭 말하지만 우리는 무지갯빛 표면에 충분히 오랫동안 천착함으로써만 깊이의 가치를 이해하게 된다. 그러므로 우리는 표층적인 이미지들에 단일성을 부여하는 어떤 응집의 원리들을 규명하고자 애쓸 것이다. 특히 개인적 존재의 나르시시즘narcissisme이 어떻게 진정한 우주적 나르시시즘의 틀 속으로 점차 편입되는지 살펴볼 것이다. 장의 마지막에 가서는 이해하기 쉬운 순백과 우아함의 이상理想을 연구하고 이를 백조 콤플렉스complexe du cygne라는 이름으로 명명할 것이다. 사랑스럽고 경쾌한 물은 거기서 정신분석하기 아주 쉬운 상징 하나를 발견한다.

그러므로 제2장에 가서야 우리는 — 여기서 에드거 포의 메타 시학의 주된 줄기를 연구할 것인데 — 원소, 즉 실체로서의 물, 실체로 꿈꾸어진 물에 도달했다는 확신을 갖게 될 것이다.

이 확신에는 한 가지 이유가 있다. 그것은 바로 질료적 상상력이

학습하는 원초적 질료들에는 깊고 지속적인 양면 감정이 결부되어 있다는 점이다. 이 심리적 속성은 너무나 항구적이어서 우리는 상상력이 이중적으로 살게 할 수 없는 질료는 원초적 질료로서의 심리적 역할을 할 수 없다는 환위명제를 상상력의 한 원초적 법칙으로 표명할 수도 있다. 심리적 양면 감정의 계기가 아닌 질료는 끝없는 전위를 가능하게 하는 자신의 시적 분신分身을 찾을 수가 없다. 따라서 질료적 원소가 영혼에 전적으로 달라붙으려면 이중 참여 ─ 욕망과 두려움의 참여, 선과 악의 참여, 백과 흑의 조용한 참여 ─ 가 필요하다. 우리는 특히 에드거 포가 강과 호수 앞에서 명상할 때 몽상의 이러한 이원론manichéisme*을 더욱더 분명하게 보게 될 것이다. 이상주의자인 포, 지성과 논리의 인간인 포가 불합리한 질료, "번거로운" 질료, 불가사의할 만큼 생생한 질료와의 접촉을 되찾는 것은 물을 통해서다.

그러므로 우리는 에드거 포의 작품을 연구하면서 변증법의 훌륭한 한 예를 보게 될 것인데, 클로드루이 에스테브는 언어의 능동적 삶을 위해서는 그런 변증법이 필요하다는 점을 잘 이해했다. "논리학과 과학을 가능한 한 탈脫주체화해야 한다면, 이와 반대로 어휘와 통사를 탈脫객체화하는 것도 그에 못지않게 꼭 필요한 일이다."³ 대상들을 탈객체화하지 않는다면, 형상들을 탈형상화 ─ 우리가 대상 아래에서 질료를 보는 것은 이를 통해서다 ─ 하지 않는다면 이 세

---

* 대등하고 영원한 범우주적 두 원리(예컨대 선과 악)의 공존과 대립을 토대로 하는 종교 원리로 창안자인 마니의 이름을 따 '마니고'로 불린다.
3 Claude-Louis Estève, *Études philosohpiques sur l'Expression littéraire*, p. 192.

계는 잡다한 사물들로, 부동의 생기 없는 고체들로, 우리에게 낯선 대상들로 산산이 흩어져버릴 것이다. 그럴 때 영혼은 질료적 상상력의 결여로 고통 받는다. 물은 이미지를 결집시키고 실체들을 용해하면서 탈객체화 작업, 동화 작업을 수행하는 상상력을 돕는다. 또한 물은 통사syntaxe*의 유형type, 이미지들의 지속적인 연관, 이미지들의 감미로운 움직임을 가져다주어 대상들에 묶여 있는 몽상을 해방한다. 이렇게 해서 에드거 포의 메타 시학의 원소인 물은 하나의 세계에 기묘한 운동성을 부여한다. 그것은 기름처럼 조용하고 부드럽고 느린 헤라클레이토스주의**에 부합한다. 그럴 때 물은 어떤 속도의 상실 같은 것을 느끼는데, 그것은 곧 생명의 상실이다. 물은 삶과 죽음의 조형적인 매개자가 된다. 포를 읽으면서 우리는 죽은 물들의 기이한 삶을 보다 내밀하게 이해하며, 언어는 통사들 중에서 가장 지독한 통사를, 죽어가는 사물들의 통사를, 죽어가는 삶을 배운다.

 변화와 사물들의 이 통사, 삶과 죽음과 물이라는 이 3중 통사의 특징을 잘 규정하기 위해서 우리는 우리가 카론 콤플렉스complexe de Caron와 오필리아 콤플렉스complexe d'Ophélie라고 이름 붙인 두 콤플렉스를 기억해둘 것을 제안한다. 우리가 이 둘을 같은 장에 모아둔 것은 둘 다 우리의 마지막 여행과 최종 용해에 관한 사유를 상징하

---

* '질서 부여'라는 뜻을 가진 라틴어 syntaxis에서 유래한다.
** 헤라클레이토스Heracleitos(기원전 약 540-480)는 '만물은 유전'한다고 주장한 그리스 철학자. 우주에는 서로 상반하는 것의 다툼이 있고, 만물은 이와 같은 다툼에서 생겨난다고 했다.

기 때문이다. 깊은 물속으로 사라지거나 먼 수평선 너머로 사라지는 것, 심층이나 무한과 맺어지는 것, 그것이 바로 물의 운명에서 자신의 이미지를 취하는 인간의 운명이다.

이처럼 상상적인 물의 깊은 특성들과 표층적인 특성들을 분명히 규정한 후에는 질료적 상상력의 다른 원소들과 이 원소의 조합에 관한 연구를 시도해볼 수 있을 것이다. 어떤 시적 형상들은 두 개의 질료를 먹고 산다는 것, 종종 이중二重 질료주의가 질료적 상상력을 작동시킨다는 점을 보게 될 것이다. 어떤 몽상에서는 모든 원소가 결혼이나 투쟁을, 자신을 진정시키거나 자극하는 모험을 추구하는 것처럼 보인다. 또 다른 몽상에서는 상상적인 물이 타협의 원소로, 혼합의 근본 도식圖式으로 나타나기도 한다. 우리가 물과 흙의 조합에 큰 주의를 기울이는 이유가 여기에 있다. 이 조합의 현실적 계기는 반죽이다. 이때 반죽은 질료성의 근본 도식이다. 질료라는 개념 자체가 반죽이라는 개념과 긴밀하게 결속되어 있다. 형상적 요인과 질료적 요인의 실제적, 경험적 관계들을 올바로 규정하기 위해서는 반죽과 소조塑造에 대한 오랜 연구에서 출발할 필요가 있을 것이다. 잘 마무리된 선들을 이곳저곳 어루만지는 한가로운 손, 완성된 작업을 검토하는 손은 편안한 외형을 즐길 수 있다. 그 손은 노동자가 일하는 것을 보는 철학자의 철학으로 귀착한다. 미학의 영역에서 완료된 노동의 이러한 시각화는 자연스럽게 형상적 상상력의 지배로 귀착한다. 반면 일에 열중하는 강압적인 손은 사랑하면서 반항하는 육체처럼 저항하는 동시에 굴복하는 질료를 다루면서 실재의 본질적인 디나모제니dynamogénie*를 배운다. 그래서 이 손은 온갖 양면 감정을 축적한다. 이 일하는 손이 흙과 물의 적절한 혼합을 필요로 하는 것은 형상화의 능력을 가진 질료, 생명화의 능력을 가진 실체를 잘 이해하기 위해서다. 반죽하는 사람의 무의식에서 초벌이란 작품의 태아이며 찰흙이란 동상의 어머니다. 그러므로 창작하는 무의식의 심리학을 이해하기 위해서는 유동성과 전연성展延性의 경험을 아무리 강조해도 지나치지 않을 것이다. 반죽 경험에서는 분명 물이 지배적인 질료로 나타날 것이다. 물 덕택에 찰흙이 순종하는 혜택을 보게 될 때, 사람들은 물에 대해 꿈꾸게 될 것이다.

다른 원소들과 함께 자신을 구성하는 물의 성향을 제시하기 위해서 우리는 다른 구성들도 연구할 것이다. 하지만 질료적 상상력에 있어 진정한 유형의 구성은 바로 물과 흙으로 된 구성임을 기억해야 할 것이다.

질료적 원소들의 모든 구성이 무의식에서는 곧 결혼임을 이해하면, 천진한 상상력과 시적 상상력이 어째서 늘 물에 여성적 특성을 부여하는지 깨달을 수 있을 것이다. 또한 우리는 물의 깊은 모성을 보게 될 것이다. 물은 싹을 틔우고 샘을 솟아나게 한다. 물은 태어나고 불어나는 모습을 어디서나 볼 수 있는 질료다. 샘은 거역할 수 없는 탄생, 지속하는 탄생이다. 너무나 큰 이미지들이 그것들을 사랑하

* 감각적 자극이 조건이 되어 강도를 달리하는 운동을 일으키는 일을 뜻한다. 가스통 바슐라르, 『불의 정신분석』, 김병욱 옮김, 이학사, 2007, 61-67쪽 참조.

는 무의식에 영원히 각인된다. 그것들은 끝없이 몽상을 불러일으킨다. 특별히 한 장을 할애하여, 우리는 신화에 스며 있는 그 이미지들이 어떻게 지금도 여전히 자연스럽게 시 작품에 생기를 부여하는지를 제시하고자 했다.

어떤 특별한 질료에 전적으로 결부되어 있는 상상력은 쉽게 가치 부여 작용을 한다. 물은 인간 사고가 하는 가장 큰 가치 부여 중 하나, 즉 순수성이라는 가치가 부여되는 대상이다. 투명하고 맑은 물의 이미지가 없다면, 우리에게 순수한 물에 대해 말하는 이 아름다운 중복 어법이 없다면 순수성의 관념이 어떻게 되겠는가? 물은 순수성의 모든 이미지를 수용한다. 그래서 우리는 이 상징체계의 힘의 근거가 되는 모든 이유를 정리해보고자 했다. 여기서 우리는 어떤 근본적 실체[물]에 대한 명상이 가르쳐주는 일종의 자연 도덕의 한 예를 보게 될 것이다.

바닷물보다 민물이 우위에 있다는 것, 모든 신화학자가 인정한 이 우위성은 존재론적 순수성이라는 문제와 연관시켜 이해할 수 있을 것이다. 우리는 짧은 장 하나를 이 가치 부여 작용에 할애했다. 정신을 실체들에 대한 고찰로 이끌기 위해서는 이러한 장이 필요하다고 생각했다. 경험과 스펙터클 사이에서 균형을 취할 때라야만 질료적 상상력의 가르침을 잘 이해할 수 있을 것이다. 구체적인 미, 실체들의 미를 고찰하는 미학 책은 드물며, 그 드문 미학 책들 역시 대개 질료적 상상력의 실질적인 문제를 수박 겉핥기식으로 지나쳐 갈 뿐이다.

하나만 예로 들어보자. 막스 샤슬러Max Schasler는 『미학Esthétique』에서 "구체적 자연미die konkrete Naturschönheit"를 연구할 것을 제안하고 있다. 하지만 단지 10쪽만 원소들에 할애하고 있으며, 그중 3쪽을 물에 바치고 있으나 그 핵심 내용은 바다의 무한성에 관한 것이다. 그러므로 우리가 보다 흔한 자연스런 물, 몽상가를 사로잡는 데 무한을 필요로 하지 않는 물과 결부된 몽상들을 강조한 것은 바람직한 일이었다.

마지막 장에서는 이제까지와는 전혀 다른 길을 통해 물의 심리학 문제에 접근할 것이다. 이 장은 정확히 말하면 **질료적 상상력에 대한 연구가 아니라 역동적 상상력에 대한 연구**로서 우리는 다른 한 저술을 오롯이 이 연구에 바칠 수 있기를 희망한다. 이 장의 제목은 난폭한 물이다.

우선 물은 난폭함을 통해 독특한 분노를 표현한다. 달리 말하면 물은 분노형型의 모든 심리적 특징을 쉽게 수용한다. 인간은 그 분노를 재빨리 꼼짝 못하게 다스릴 수 있다고 자부한다. 그래서 난폭한 물은 곧 인간이 폭력을 가하는 물이 된다. 인간과 물결 사이에 적의에 찬 결투가 시작된다. 물은 원한을 품고, 성性을 바꾼다. 악한 존재가 됨으로써 남성이 된다. 이야말로 새로운 양식으로 나타나는, 원소에 각인된 이중성의 승리요, 질료적 상상력의 원소가 가진 본래적 가치의 새로운 징표가 아닌가!

따라서 우리는 헤엄치는 인간에게 활기를 주는 공격 의지를 살펴보고, 그런 다음 물결의 복수를, 포효하고 반향反響하는 분노의 밀물과 썰물을 살펴볼 것이다. 우리는 인간존재가 난폭한 물들과의 잦은 접촉에서 획득하는 디나모제니를 이해하게 될 것이다. 이는 상상력의 근본적인 생체적 특성을 말해주는 새로운 사례가 될 것이다. 이를 통해 우리는 로트레아몽Lautréamont의 에너지 넘치는 메타 시학에서 그 작용을 특기한 바 있는 근육적 상상력을 다시 보게 될 것이다. 하지만 이 질료적 상상력은 물과의 접촉, 질료적 원소와의 접촉을 통해 로트레아몽의 동물화된 상상력보다 더 자연스런 동시에 더 인간적인 것으로 나타나게 될 것이다. 따라서 이는 질료적 상상력에 의해 원소들에 대한 명상 속에서 형성된 상징들의 직접적인 특성을 말해주는 또 하나의 증거가 될 것이다.

우리는 이 책 전체에서 어쩌면 진력이 날 정도로 집요하게 질료적 상상력의 주제들을 강조하는 것을 의무로 여기고 있는 만큼 이 책의 결론에서 굳이 그것을 요약할 필요는 없을 것이다. 결론은 거의 전적으로 우리의 역설 가운데 가장 극단적인 역설에 바쳐질 것이다. 그것은 물의 목소리는 은유적인 게 아니라는 것, 물의 언어는 직접적인 시적 실재라는 것, 강과 시냇물은 이상할 만치 충실하게 무음의 풍경들을 음성화한다는 것, 졸졸거리는 물은 새와 인간에게 노래하는 법, 말하는 법, 따라 말하는 법을 가르쳐준다는 것, 요컨대 물의 말과 인간의 말 사이에 연속성이 있다는 것을 증명하는 일이 될 것이다. 역으로 말하면 우리는 지금까지 심히 간과되어온 사실, 즉 생체적으로 인간의 언어는 그 전체 속에 어떤 유동성, 일정한 유량을 갖고 있으며, 자음들 속에 물을 갖고 있다는 점을 강조할 것이다. 그 유동성이 특별한 정신적 흥분, 물의 이미지들을 부르는 어떤 흥분을 야기한다는 사실을 제시할 것이다.

그러면 물은 우리에게 하나의 총체적인 존재로 나타날 것이다. 말하자면 물이 몸을, 영혼을, 목소리를 갖게 되는 것이다. 아마도 물은 다른 어떤 원소보다도 더 완전한 하나의 시적 실재일 것이다. 물의 시학은 외관의 다양성에도 불구하고 분명 단일성을 지니고 있다. 물은 시인에게 원소의 단일성이라는 새로운 의무를 제시해주어야 한다. 원소의 단일성이 없다면 질료적 상상력은 충족되지 못하며, 형상적 상상력은 잡다한 여러 특질을 결합하기엔 역부족이다. 작품에 생명력이 없는 것은 실체가 결여되었기 때문이다.

VII

마침내 이 개괄적인 서론을 끝맺기에 앞서 우리의 주장을 뒷받침하기 위해 선택한 예들의 성격에 관해 몇 가지 강조를 해두고 싶다.

그 예들은 대부분 시에서 따왔다. 우리가 보기에 상상력의 심리학은 모두 상상력이 영감을 주는 시들에 의해서만 실재적으로 해명될 수 있기 때문이다.[4] 상상력이란 그 어원이 암시하듯이 실재의 이

---

4 특히 물의 심리학의 역사는 우리의 주제가 아니다. 이 주제를 다룬 저술로는 마르틴 닌크 Martin Ninck의 책 *Die Bedeutung des Wassers im Kult und Leben der Alien, Eine symbolgeschichtliche Untersuchung*, Philologus, 1921이 있다.

미지를 형성하는 능력이 아니다. 그것은 실재를 넘어서는 이미지들, 실재를 노래하는 이미지들을 형성하는 능력이다. 그것은 초인간성의 능력이다. 인간은 초인간인 정도만큼 인간이다. 인간 조건을 넘어서도록 충동하는 성향들의 총체로 인간을 정의해야 한다. 활동하는 정신의 심리학은 필연적으로 예외적인 정신의 심리학이다. 예외적인, 즉 오래된 이미지에 접목된 새로운 이미지의 유혹을 받는 정신의 심리학이다. 상상력은 사물과 드라마 이상의 뭔가를 창조한다. 새로운 생명을 창조하고, 새로운 정신을 창조한다. 그것은 새로운 유형의 비전들을 가진 눈을 뜨게 한다. 그것은 자신이 "비전들"을 가졌는지 볼 것이다. 그것은 경험으로 교육받기에 앞서 먼저 몽상으로 교육받을 때, 그런 다음 경험이 자기 몽상의 증거로 뒤따라올 때 비전들을 갖게 될 것이다. 단눈치오는 이렇게 말한다.

> 최고로 풍요로운 사건들은 영혼이 그것을 알아차리기 훨씬 전에 우리 내면에 도착한다. 그러므로 우리가 눈에 보이는 것에 눈뜨기 시작할 때쯤엔 이미 우리는 눈에 보이지 않는 것에 오래전부터 접착해 있었다.[5]

보이지 않는 것에 접착하는 것, 그것이 바로 원초적 시, 우리의 내밀한 운명에 맛을 들이게 해주는 시다. 그것은 우리에게 젊음 혹은 청춘의 느낌을 준다. 우리에게 경탄하는 능력을 부단히 되돌려주기

---

5 D'Annunzio, *Contemplation de la Mort*, trad., p. 19.

때문이다. 진정한 시는 눈을 뜨게 하는 기능을 한다.

　시는 우리를 눈뜨게 하지만, 선행하는 꿈들에 대한 추억을 보존해야 한다. 그래서 이따금 우리는 시가 표현의 문턱을 넘어서는 그 순간을 늦추고자 했다. 그런 조짐을 발견할 때마다 시에 이르는 그 몽환적 길을 되짚어보고자 했다. 샤를 노디에Charles Nodier는 『몽상Rêveries』(Renduel, p. 162)에서 이렇게 말했다. "상상 가능한 세계의 지도는 오직 꿈들 속에만 그려져 있다. 감각 세계는 무한히 작다." 몽상과 꿈은 어떤 영혼들에게는 미의 질료다. 아담은 꿈에서 깨어나면서 이브를 발견했다. 그래서 여성이 그토록 아름답다.

　이러한 확신에 힘입어 우리는 생기도 힘도 없는 교육을 통해 명맥을 이어가는 형식적이고 우의적인 신화들을, 닳아빠진 지식들을 제외할 수 있었다. 또한 우리는 평범하고 서툰 시인들이 지극히 잡다하고 지극히 뒤죽박죽인 메아리들을 부지런히 양산하는, 진정성 없는 무수한 시도 배제할 수 있었다. 우리가 신화적 사실들을 원용한 경우는 그 속에 오늘날의 사람들에게 지금도 변함없이 미치는 작용, 무의식적 작용이 있다고 인정한 경우다. 물의 신화는 전체적으로 보면 하나의 이야기에 지나지 않을 것이다. 우리는 하나의 심리학을 쓰고 싶었고, 문학 이미지와 꿈을 연결하고 싶었다. 한편 우리는 그림 같은 미관이 신화적인 힘과 시적인 힘을 다 함께 정지시킨다는 것을 종종 지적했다. 그림 같은 미관은 몽상의 힘을 분산시킨다. 어떤 환상이 활성화하려면 잡다해져서는 안 된다. 기분 내키는 대로 묘사되는 환상은 활동을 중단하는 환상이다. 환상들에는 여러 질료적 원소가 대응하며, 환상들이 힘을 갖는 것은 그것들이 자신들의 질료에 충실한 한에서, 혹은 거의 같은 얘기겠지만 원초적 꿈들에 충실한 한에서다.

　문학적인 예들을 선택한 이유는 한 가지 야심 때문이기도 한데, 마지막으로 이에 대해서도 조용히 털어놓도록 하자. 이는 만약 우리의 탐구가 주의를 끌 수 있다면, 문학비평을 혁신할 어떤 수단들, 어떤 도구들을 가져다줄 수 있지 않을까 하는 것이다. 문학 심리학에 문화 콤플렉스complexe de culture라는 개념을 도입한 목적이 여기에 있다. 성찰 작업 자체를 지배하는 비非성찰적인 태도들을 우리는 그렇게 부른다. 예를 들면 상상력의 영역에서는 사랑받는 이미지들이 그런 것들인데, 우리는 그것들을 이 세계의 경관들에서 끌어왔다고 믿지만 사실 그것들은 어두운 영혼의 투사投射일 뿐이다. 우리는 객관적으로 우리 자신이 교양을 쌓는다고 믿지만 사실 쌓이는 것은 문화 콤플렉스다. 현실주의자는 현실에서 자신의 현실을 선택한다. 역사가는 역사에서 자신의 역사를 선택한다. 시인은 자신의 인상들을 전통과 결합시키면서 정돈한다. 문화 콤플렉스가 건강하게 작동할 때, 그것은 전통을 되살리고 다시 젊어지게 한다. 나쁘게 작동할 때, 그것은 상상력 없는 작가의 교과서적인 습관이 된다.

　당연히 문화 콤플렉스는 정신분석학이 밝혀낸 보다 깊은 콤플렉스에 접목되어 있다. 샤를 보두앵Charles Baudouin이 강조했듯이 콤플렉스는 본질적으로 정신 에너지를 변형시키는 것이다. 문화 콤플렉스는 이 변형을 계속한다. 문화적 승화는 자연적 승화의 연장이다. 교양인에게 승화된 이미지는 결코 충분히 아름답게 보이지 않는 것 같다. 그는 승화를 갱신하고 싶어 한다. 그 승화가 단순한 개념의 문제라면, 이미지가 자신의 개념적 특성들에 갇히는 순간 승화는 끝날 것이다. 하지만 색깔은 넘쳐흐르고, 질료는 증식하고, 이미지들은 스스로를 가꾼다. 꿈들은 자신들을 표현하는 시 작품들에 구애받지 않고 생장을 계속한다. 사정이 이러한 만큼 이미지들의 정태적 결산으로 만족하고 싶지 않다면, 문학비평은 본원적 콤플렉스와 문화 콤플렉스의 연관을 추적하면서 상상력의 역동적 성격을 다시 체험하는 심리적 비평을 겸비하지 않으면 안 된다. 문학작품 속에서 작용하는 시화詩化하는 힘을 측정하려면 다른 방법이 없다는 것이 우리의 견해다. 심리적 묘사만으로는 불충분하다. 형상을 묘사하기보다는 질료를 검토하는 것이 중요하다.

다른 저서들에서처럼 이 책에서도 우리는, 다소 무모할지 모르겠으나, 새로운 콤플렉스들을 각각의 문화 기호로 명명하길 주저하지 않았다. 그것은 교양인이라면 누구나 아는 기호지만, 책과 담을 쌓고 사는 사람에게는 아무런 울림도 주지 않는 모호한 기호다. 책을 읽지 않는 사람에게 오필리아처럼 강물에 떠내려가는 꽃으로 장식된 주검의 비통한 매력에 대해 얘기한다면 아마 몹시 놀랄 것이다. 그런 이미지가 어떻게 성장하는지 문학비평은 아직 체험해보지 못했다. 그런 — 너무도 자연스럽지 않은 — 이미지들이 어떻게 수사법이 되었는지, 그런 수사법이 어떻게 시詩 문화 속에서 지금도 유효할 수 있는지를 제시하는 것은 흥미롭다.

우리의 분석들이 정확하다면, 분명 일상적인 몽상의 심리학에서 문학적인 몽상의 심리학으로 이행하는 데 도움이 될 것이다. 문학적 몽상은 글로 쓰이는, 글로 쓰이면서 맞춰지는 몽상이다. 최초의 꿈을 어김없이 초월하지만, 그러면서도 여전히 원소적인 몽환적 실재들에 충실히 머무는 기이한 몽상이다. 시를 낳는 꿈의 이러한 항구성을 갖기 위해서는 눈앞의 실재 이미지[實像]들 이상의 뭔가를 가져야 한다. 우리 자신 속에서 탄생하는 이디지들, 우리의 꿈속에서 사는 이미지들, 질료적 상상력의 무한한 양식인 풍부하고 농밀한 몽환적 질료가 그득한 그 이미지들을 좇아야 한다.

제1장
맑은 물, 봄의 물, 흐르는 물.
나르시시즘의 객관적 조건.
사랑에 빠진 물

홀로 자라나 그저 힘없이 바라보는 물속의
제 그림자 외에는 다른 감동이 없는 슬픈 꽃이여.
말라르메, 『에로디아드Hérodiade』

… 거울 속에서 익사한 많은 사람이 있었다….
라몽 고메즈 드 라 세르나Ramon Gòmez de la Serna,
『엉뚱한 귀스타브Gustave l'incongru』, 불역, p. 23.

I

물이 계기이거나 질료인 "이미지들"에는 흙이나 수정, 금속이나 보석이 제공하는 이미지들의 항구성과 견고성이 없다. 불의 이미지들의 왕성한 생명력도 없다. 물은 "진짜 거짓들"을 구성하지 않는다. 강물에 비친 신기루들에 진짜로 속으려면 영혼이 아주 동요되어 있어야 한다. 물의 이 달콤한 환영들은 대개 즐기는 상상력 혹은 즐기려는 상상력의 작위적인 환상들과 연결되어 있다. 봄의 햇빛이 밝게 비치는 물의 현상들은 범속한 시에 활기를 주는 진부하고, 쉽고,

화려한 은유들을 가져다준다. 이류 시인들이 그것들을 남용한다. 우리는 젊은 물의 요정들이 아주 오래된 이미지들을 한없이 갖고 노는 시구들을 어렵잖게 그러모을 수 있을 것이다.

그런 이미지들은 자연스런 것들조차도 우리를 얽어매지 못한다. 그것들은 진부하기는 매한가지인 불이나 흙의 이미지들과는 달리 우리에게 깊은 감동을 일깨우지 못한다. 덧없이 사라지기에 일시적인 인상밖에 주지 못한다. 그러나 태양이 빛나는 하늘을 향한 한 번의 눈짓은 우리를 빛에 대한 확신으로 되돌리고, 어떤 내적 결심이나 돌연한 의지는 우리를 흙의 의지로, 땅을 파고 건물을 짓는 적극적인 업무로 되돌린다. 거의 자동적으로 거친 질료의 숙명에 의해 흙의 삶은 물의 반영들을 휴식과 꿈의 계기로만 보는 몽상가를 다시 사로잡아버린다. 물의 질료적 상상력은 언제나 위험에 처해 있다. 흙이나 불의 질료적 상상력이 개입하면 언제라도 지워질 위험이 있다. 물의 이미지들은 마치 자진해서 그러듯 사방으로 흩어져버리기 때문에 물의 이미지들에 대한 정신분석이 필요한 경우는 드물다. 이 이미지들은 아무 몽상가에게 마법을 걸지 않는다. 그렇지만 — 다른 장들에서 보게 되듯이 — 물에서 태어난 어떤 형상들은 더 매력적이고, 집요하고, 농밀한데, 왜냐하면 더 질료적이고 깊은 몽상들이 개입하기 때문이다. 우리의 내밀한 존재가 더욱더 근저에 참여하고, 우리의 상상력이 좀 더 가까이에서 창작 행위들을 꿈꾸기 때문이다. 그럴 때 반영들의 시에서는 느껴지지 않았던 시적 힘이 돌연 나타난다. 물이 무거워지고, 어두워지고, 깊어진다. 물이 질료화한다. 그리하여 몽상은 질료화하면서 물의 꿈들을 좀 걸 유동적인, 좀 더 관능적인 몽상들에 결합시키는데, 그러면 몽상은 물을 바탕으로 뭔가를 구성하게 되며, 물을 한층 더 강렬하고 깊이 있게 느끼게 된다.

하지만 가장 표층에 있는 무지갯빛 형상들을 먼저 연구해두지 않으면 어떤 물의 이미지들의 "질료성"을, 어떤 환영들의 "농밀함"을 잘 가늠할 수 없을 것이다. 표층적인 시와 깊은 시를 구분 짓는 이 농밀함은 우리가 감각적인 가치들에서 관능적인 가치들로 넘어갈 때 느끼게 될 것이다. 우리는 관능적인 가치들을 감각적인 가치들과 대비시켜 잘 분류할 수 있어야 상상력의 교의를 명확하게 밝힐 수 있다고 믿는다. 오직 관능적 가치만이 "상응[상징적 일치]"을 낳는다. 감각적 가치는 단지 번역을 제공할 뿐이다. 우리가 시적 감동에 대해 진정으로 역동적인 연구를 하지 못하게 된 것은 감각적인 것과 관능적인 것을 혼동하여 감각들(대단히 지적인 요소들)의 상응을 상정한 까닭이다. 그러므로 감각들 중에서 가장 덜 관능적인 것에서, 즉 시각에서 시작하여 그것이 어떻게 관능화官能化하는지 보자. 우선 물의 단순한 치장治粧에 대한 연구에서 시작해보자. 그런 다음 점차 극히 미약한 징후들에서 물의 꾸미려는 의지를 포착해나가거나, 아니면 적어도 어떻게 물이 물을 관조하는 몽상가의 꾸미려는 의지와 일치하게 되는지 포착해나갈 것이다. 우리가 보기에 정신분석학의 교의는 나르시시즘에 대하여 변증법의 두 항, 즉 보다와 자신을 드러내다를 동일하게 강조한 것 같지 않다. 물의 시학은 이 이중 연구에 기여할 수 있게 해줄 것이다.

II

자기 자신의 이미지에 대한, 고요한 물에 비친 얼굴에 대한 인간의 사랑에 나르키소스Narcisse라는 기호를 붙이기로 한 정신분석학의 결정은 단순히 신화를 쉽게 이해하길 타라서가 아니라, 자연스런 경험들의 심리학적 역할을 진정으로 통찰했기 때문이다. 사실 인간의 얼굴은 무엇보다도 우선 유혹의 도구다. 인간은 자신을 거울에 비춰 보면서 그 얼굴, 그 시선을, 말하자면 유혹의 모든 도구를 준비하고 갈고닦는다. 거울은 공격적인 사랑의 전쟁놀이Kriegspiel다. 고전 정신분석학이 까맣게 잊어버린 이 능동적 나르시시즘을 빠르게 일별해보자. "거울의 심리학"을 개진하려면 한 권의 책이 필요할 것이다. 연구 초기 단계인 만큼 우리로서는 마조히스트적인 특질들에서 사디스트적인 특질들로 이행하는 나르시시즘, 즉 후회하는 응시도 하고 희망하는 응시도 하는, 위로하는 응시도 하고 공격하는 응시도 하는 나르시시즘의 깊은 양면 감정을 부각하는 정도로 충분하다. 거울 앞에 선 사람에게는 언제나 이 이중의 물음을 제기할 수 있다. 그대는 누구를 위해 자신을 거울에 비춰 보는가? 그대는 누구에게 맞서 자신을 거울에 비춰 보는가? 그대는 그대의 아름다움을 의식하는가, 아니면 그대의 힘을 의식하는가? 이 간단한 지적만으로도 나르시시즘이 본래부터 지닌 그 복합적 성격을 제시하기에 충분하다. 이 장에서 우리는 페이지가 거듭될수록 나르시시즘이 점점 더 복잡해지는 것을 보게 될 것이다.

우선 물의 거울의 심리학적 유용성을 이해해야 한다. 물은 우리의 이미지를 자연화하는 데 쓰인다. 우리의 내밀한 응시의 교만함을 약간은 천진하게 하고 자연스럽게 하는 데 쓰인다. 거울은 너무 다루기 쉽고, 너무 기하학적인, 너무 문명화된 물건이다. 그것은 꿈의 도구치고는 너무 선명해서 그 자체로 몽환적 삶에 적용되기는 어렵다. 루이 라벨은 도덕적으로 무척 감명 깊은 그의 책의 비유적인 서문에서 물에 비친 그림자가 갖는 자연스런 깊이와 그 반영이 암시하는 꿈의 무한성을 이렇게 강조했다. "나르키소스가 거울 앞에 있다고 상상해보라. 유리와 금속의 저항이 그의 시도들을 가로막는다. 그는 거기에 이마와 주먹을 부딪치게 된다. 거울 뒤를 둘러보아도 아무것도 발견하지 못한다. 거울은 그의 손이 닿지 않는 배후 세계를 내부에 가둬두고 있다. 그는 그 속에 있는 자신을 보지만 붙잡을 수 없다. 그 세계는 좁힐 수는 있어도 뛰어넘을 수는 없는 가짜 거리에 의해 그와 분리되어 있다. 반면 샘은 그에게 열린 길이다…."[1] 그러므로 샘의 거울은 열린 상상력의 계기다. 약간 흐릿하고 약간 창백한 반영은 이상화를 권한다. 자신의 이미지를 비춰주는 물 앞에서 나르키소스는 자신의 아름다움이 지속된다고 느끼며, 또 그것이 아직 완성되지 않았고, 그것을 완성해야 한다고 느낀다. 방의 환한 빛 속에 있는 유리 거울은 너무 안정된 이미지를 제공한다. 그것을 살아 있는 자연스런 물과 비교할 수 있을 때, 다시 자연화된 상상력이 샘과 강의 경관들의 참여를 수용할 수 있을 때, 그 거울은 살아 있는 자연스러운 거울이 다시 될 것이다.

---

[1] Louis Lavelle, *L'erreur de Narcisse*, p. 11.

여기서 우리는 자연스런 꿈의 요소들 가운데 하나, 즉 스스로를 자연 속에 깊이 새기고자 하는 꿈의 욕구를 깨닫게 된다. 우리는 대상들로는 깊이 꿈꾸지 않는다. 깊이 꿈꾸기 위해서는 질료들로 꿈꾸어야 한다. 거울에서 시작하는 시인은 자신의 완전한 시적 경험을 제공하고 싶다면 샘물에 도달해야 한다. 우리가 보기에 시적 경험은 몽환적 경험에 의존해야 한다. 말라르메의 시처럼 공들여 쓰인 시도 이 법칙에서 벗어나는 경우는 드물다. 그의 시는 물의 이미지들이 거울의 이미지들 속에 삽입되어 성장하는 예를 보여준다.

> 오 거울이여!
> 액자 속에서 권태에 얼어붙은 차가운 물,
> 몇 번이나 몇 시간 동안이나 꿈에 시달린 물이여.
> 깊은 구멍이 난 너의 유리 아래에
> 낙엽처럼 가라앉아 있는 나의 추억들을 찾아서
> 나는 아득한 그림자처럼 네 속에 모습을 나타냈다.
> 하지만 끔찍하여라! 저녁이면 너의 꾸밈없는 샘에서,
> 어수선한 내 꿈의 알몸을 알아보았으니![2]

조르주 로덴바흐Georges Rodenbach의 작품 속에 묘사된 거울들에 대한 체계적인 연구도 똑같은 결론에 이르게 될 것이다. 숨겨둔 정탐경偵探鏡espion, 즉 언제나 밝고 언제나 공격적인 탐색하는 눈동자를

---

2 Stéphane Mallarmé, *Hérodiade*.

빼놓고 보면, 로덴바흐의 모든 거울에는 베일이 드리워져 있음을 알아볼 수 있을 것이다. 그 거울들은 브뤼주Bruges를 감싸고 흐르는 운하의 물처럼 잿빛 삶을 지니고 있다. 브뤼주에서는 모든 거울이 잠자는 물이다.

III

    그래서 나르키소스는 숲속의 은밀한 샘으로 간다. 오직 거기에서만 그는 자신이 자연스럽게 이중화되어 있다고 느낀다. 그는 팔을 뻗어 자기 자신의 이미지를 향해 손을 담그고, 자기 자신의 목소리에게 말을 건다. 에코Écho는 멀리 있는 님프nymphe가 아니다. 에코는 샘의 웅덩이에서 살고 있다. 에코는 항상 나르키소스와 함께 있다. 에코는 나르키소스다. 에코는 나르키소스의 목소리를 가졌다. 에코는 나르키소스의 얼굴을 가졌다. 나르키소스는 에코의 큰 외침을 듣는 게 아니다. 이미 그는 자신의 유혹하는 목소리로, 유혹자의 목소리로 속삭이는 것 같은 에코의 속삭임을 듣는다. 물 앞에서 나르키소스는 자신의 정체성과 자신의 이중성을 문득 깨닫는다. 남성적이고 여성적인 자신의 이중적인 힘, 특히 자신의 실재성과 자신의 이상성을 문득 깨닫는다.

    그리하여 샘가에서 이상화하는 나르시시즘이 탄생한다. 우리는 그것이 상상력의 심리학에서 갖는 중요성을 얼른 지적해두고 싶다. 고전적인 정신분석학이 이 이상화의 역할을 저평가하는 듯해서 더욱

더 그럴 필요가 있는 것 같다. 사실 나르시시즘이 늘 신경증만 일으키기는 것은 아니다. 그것은 미학적 작품에서, 또한 재빠른 전위에 의해 문학작품에서도 긍정적인 역할을 한다. 승화 작용이 늘 욕망의 부정은 아니다. 늘 본능에 대항하는 승화 작용으로 나타나는 것은 아니다. 어떤 이상을 위한 승화 작용도 있다. 이때 나르키소스는 더 이상 "나는 있는 그대로 나를 사랑한다"라고 말하지 않고, "나는 나를 사랑하는 자로 존재한다"라고 말한다. 나는 뜨겁게 나를 사랑하기에 끓는 상태로 존재한다. 나는 눈에 띄고 싶고, 그러려면 나를 더욱 더 치장해야 한다. 그래서 삶에 삽화가 들어가고, 삶이 이미지들로 뒤덮인다. 삶이 성장하고, 삶이 존재를 변형시키고, 삶이 흰빛을 띠고, 삶이 꽃을 피운다. 상상력이 더없이 먼 은유들에게도 자신을 열어 온갖 꽃들의 삶에 참여한다. 이 꽃의 활력과 더불어 실재의 삶이 새롭게 비약한다. 실재의 삶에 비실재성의 적당한 휴가가 주어진다면 실재의 삶은 좀 더 건강해질 것이다.

　이 이상화하는 나르시시즘은 애무의 승화를 실현한다. 응시된 물속의 이미지는 전적으로 시각적인 애무의 윤곽처럼 나타난다. 그것은 애무하는 손을 전혀 필요로 하지 않는다. 나르키소스는 선형의, 잠재적인, 형식화된 애무로 만족한다. 금방 부서져버릴 것 같은 이 섬세한 이미지 속에는 질료적인 것이 전혀 남아 있지 않다. 나르키소스는 숨을 죽인다.

　　내가 내뿜는
　　아주 조그만 숨결 하나도

내게서 앗아가버리리라.
금빛 나는 푸른 물 위의
내가 열렬히 사랑하는 것과
하늘과 숲
그리고 물결의 장밋빛을.

(Paul Valéry, "Narcisse", *Mélanges*)

많은 연약함과 섬세함, 많은 비실재성이 나르키소스를 현재의 바깥으로 내몬다. 나르키소스의 응시는 거의 숙명적으로 희망과 결부된다. 나르키소스는 자신의 아름다움을 명상하면서 자신의 미래를 명상한다. 그러니까 나르시시즘이 일종의 자연적인 거울 점占의 원인이 되는 것이다. 사실 물 점과 거울 점의 결합은 그리 드문 일도 아니다. 들라트는 물에 비친 반영들과 샘 위에 걸린 거울에 비친 반영들을 조합하여 점을 치는 실제 사례를 제시한다.[3] 때때로 사람들은 점치는 거울을 물속에 넣어 반사하는 힘을 진짜로 배가시키기도 한다. 어떻든 물 점의 구성 요소들 가운데 하나가 나르시시즘에서 유래한다는 사실은 부인할 수 없을 것 같다. 점의 심리학적 특성들에 대해 체계적인 연구를 하려면 질료적 상상력에 아주 큰 역할을 부여해야 할 것이다. 물 점을 칠 때 사람들이 고요한 물에 이중의 시각을 부여하는 것은 물이 우리에게 우리 자신의 분신을 보여주기 때문인 것 같다.

---

[3] Delatte, *La Catoptromancie grecque et ses dérivés*, Paris, 1932, p. 111.

IV

하지만 샘가의 나르키소스는 자기 응시에만 몰입하는 게 아니다. 그 자신의 이미지는 한 세계의 중심이다. 나르키소스와 더불어, 나르키소스를 위하여 숲 전체가 자신을 비춰 보며, 하늘 전체가 자신의 장대한 이미지를 의식하러 온다. 조아킴 가스케Joachim Gasquet는 장시간 연구해볼 가치가 있는 『나르키소스Narcisse』라는 저서에서 상상력의 형이상학을 놀랍도록 농밀한 하나의 문구로 정리해준다. "세계는 자기 자신을 사색하는 하나의 거대한 나르키소스다."(p. 45) 자신의 이미지들 속보다 자신을 더 잘 사색할 수 있는 곳이 어디 있겠는가? 맑은 샘에서는 동작이 이미지들을 어지럽히고, 휴식이 그 이미지들을 복원한다. 반영된 세계는 곧 고요함의 승리다. 오직 무위無爲밖에 요구하지 않는, 오직 꿈꾸는 태도밖에 요구하지 않는 참으로 멋진 그 세상에서는 오랫동안 가만히 몽상에 잠길수록 세계가 더욱더 잘 그려지는 것을 보게 되지 않겠는가! 그러므로 우주의 나르시시즘은, 곧 우리가 그 다양한 형태를 좀 더 오랫동안 연구하겠지만, 아주 자연스럽게 자기중심적인 나르시시즘을 연장한다. "내가 아름다운 것은 자연이 아름답기 때문이요, 자연이 아름다운 것은 내가 아름답기 때문이다." 이것이 바로 창조적 상상력과 그 자연의 모델들이 나누는 끊임없는 대화다. 전일화全一化한 나르시시즘은 모든 존재를 꽃으로 변모시키고, 모든 꽃이 자신들의 아름다움을 의식하게 한다. 모든 꽃은 나르키소스화하며, 그런 꽃들에게 물은 나르시시즘의 최상의 도구다. 오직 이 우회로를 따를 때만 우리는 셸리 같은 사람들의 다음과 같은 생각이 지닌 힘과 그 철학적인 매력을 온전히 파악할 수 있다. "노란 꽃들이 수정처럼 고요한 물속에 비친 자신들의 번민하는 눈동자를 영원히 바라본다."**4** 사실주의의 관점에서 보면 이것은 잘못된 이미지다. 꽃의 눈동자라는 건 존재하지 않는다. 그러나 꿈꾸는 시인이 생각하기에 꽃들은 보아야만 한다. 맑은 물에 자신들의 모습을 비추고 있으니 말이다. 키츠Keats 역시 나르키소스의 인간적이고 우주적이며 꽃이 있는 전설을 감미로운 신선함이 가득한 하나의 페이지에 모으고 있다. 그의 시 작품 속에서 나르키소스는 우선 에코에게 말을 건다. 그때 그는 숲속의 작은 빈터에서 연못 한가운데에 비친 푸른 하늘의 공허와 청명함을 본다. 그러다 마침내 연못가에서 그림으로 그려진 아름다움을, 색깔들의 기하학적 예술을 본다.

> ... 문득 그는 고독한 꽃을 보았다.
> 전혀 도도하지 않은, 버려진 수수한 꽃 한 송이가
> 자신의 아름다움을 물결의 거울 위로 숙이고 있었다.
> 자기 자신의 슬픈 이미지에 사랑을 품고 다가가고자,
> 가벼운 미풍에도 귀 막은 채, 꼼짝도 하지 않았다.
> 고개 숙이고, 애태우고, 사랑하는 것으론 성이 차지 않는 듯했다.

아름다운 모든 사물에, 꽃 중에도 가장 소박한 꽃에 미의식을 부

---

4 Shelley, *Œuvres complètes*, trad. Rabbe, t. I, p. 93.

여하는, 도도하지 않은 나르시시즘의 섬세한 뉘앙스. 한 송이 꽃이 물가에서 태어난다는 것, 그것은 참으로 자연적인 나르시시즘, 축축하고, 소박하고, 조용한 나르시시즘에 자신을 바치는 것이다.

만약 누군가가 지금 우리가 시도하듯 어떤 개별적인 현실 앞에서의 개별적인 몽상들을 하나씩 살펴보면, 어떤 몽상들은 아주 규칙적인 미학적 운명을 갖는다는 사실을 발견하게 될 것이다. 물의 반영 앞에서의 몽상이 그런 경우다. 시냇물 근처, 그 반영들 속에서 세계는 아름다움 쪽으로 기운다. 나르시시즘은 미에 대한 최초의 의식이요, 범미주의汎美主義의 싹이다. 이 범미주의의 강점은 점진적이요, 세부적이라는 점이다. 이에 대해서는 다른 기회에 연구해볼 생각이다.

우선 우주의 나르시시즘의 여러 종류를 적시해보자. 가을날의 물을 관조할 때는 환히 빛나는 반영의 명료하고 분석적인 나르시시즘이 아니라 흐릿하고 안개 낀 나르시시즘이 생겨나는 것을 보게 된다. 스스로를 반영하려는 의지가 대상들에게 결여되어 있는 것 같다. 남아 있는 것은 하늘과, 자신들의 드라마를 그리는 데 호수 전체가 필요한 구름들이다. 성난 호수가 폭풍우에 응답할 때는 일종의 분노의 나르시시즘이 시인에게 부과되는 것을 보게 된다. 셸리는 이 성난 나르시시즘을 놀라운 이미지로 표현했다. 그때의 물은 "하늘의 이미지가 새겨지는 보석"(p. 248) 같다고 그는 말했다.

나르시시즘을 그것의 일반화 작용들을 떼어내고 축소된 형태로만 이해한다면 나르시시즘의 중요성을 충분히 이해할 수 없게 될 것이다. 자신의 아름다움을 확신하는 사람은 범미주의로 기운다. 우리는 루트비히 클라게스가 너무도 장황하게 설명한 원리, 즉 세계 속에 극極이 없으면 영혼의 극성은 확립될 수 없다[5]는 원리를 적용하여, 개인의 나르시시즘과 우주의 나르시시즘 사이의 변증법적 작용을 제시할 수 있다. 내 초상화를 먼저 그리지 않는다면 호수는 좋은 화가가 아닐 거라고 개인의 나르시시즘이 말한다. 이어 샘 한가운데에 반영된 그 얼굴은 돌연 물이 달아나지 못하게 막고는 물에게 우주의 거울로서의 기능을 되돌려준다. 엘뤼아르Éluard는 『열린 책Le Livre ouvert』(p. 30)에서 이렇게 노래한다.

여기서는 사라져버릴 수가 없다.
나의 얼굴은 맑은 물속에 있고 나는 본다.
고독한 나무가 노래하고
조약돌이 어루만지고
지평선이 비치는 것을.

아름다움이 조금씩 액자 속으로 들어온다. 그것은 나르키소스에서 세계로 확산되고, 그리하여 우리는 프리드리히 슐레겔Friedrich Schlegel의 확신을 이해하게 된다. "우리는 세계들 중에서 가장 아름다운 세계에 살고 있음을 확실히 알고 있다."(Lucinde, éd. 1907, p. 16) 범미주의는 내밀한 확신이 된다.

---

[5] Ludwig Klages, *Der Geist als Widersacher der Seele*, 3 Band. I. t., p. 1132: "Ohne Weltpol fande der seelische Pol nicht statt."

가끔은 어떤 시인에게서 이러한 우주적 신기루에 대한 저항을 느낄 때가 있다. 우리가 보기에 에우헤니오 도르스가 그런 경우다. 도르스는 분명 "흙의" 시인이다. 그에 의하면 풍경은 우선 "지질학적"이어야 한다. 물의 시에 대한 저항이 나타나는 한 페이지를 옮겨보기로 하자. [그의 관점은 우리의 관점과는 너무나 대조적이며] 그 대조가 바로 우리의 관점을 명확히 밝혀줄 것이다. 에우헤니오 도르스가 증명하고 싶은 것은 공기나 빛 같은 여건들은 풍경의 진정한 실체를 우리에게 인식시켜줄 수 없는 형용사들이라는 것이다. 예컨대 그는 해양화海洋畵가 "건축적인 견고함"을 지니길 바라는데, 그의 결론은 이렇다. "예를 들어 거꾸로 뒤집을 수 있는 해양화는 좋은 그림이 아니다. 빛이 가득한 환상적인 풍경들을 그릴 때 너무도 대담한 면모를 보이는 터너Turner조차도 뒤집을 수 있는 바다의 풍경, 즉 하늘이 물로, 물이 하늘로 간주될 수 있는 풍경을 그리는 위험은 절대 감수하지 않는다. 그럼에도 인상파 화가 모네Monet가 모호한 연작인 〈수련Nymphéas〉에서 그렇게 한 데 대해, 우리는 그가 자신의 원죄에 대한 벌을 받았다고 말할 수 있을 것이다. 사실 모네의 〈수련〉은 예술사에서 지금껏 정상적인 작품으로 취급되지 않았고 앞으로도 그런 취급을 받지 못할 것이다. 그것은 하나의 기상화奇想畵로 간주된다. 우리의 감수성을 잠시 어루만져줄지는 모르겠으나, 우리 기억의 고귀한 보관소에 받아들여질 만한 어떤 자격도 갖추지 못했다. 잠시의 기분 전환거리일 뿐이다. 그것은 여러 상업미술 작품 사이에, 완전히 장식적인 것 바로 옆에 자리 잡은 대처 가능한 오브제요, 아라베스크들, 태피스트리들, 파엔차 접시들의 형제다. 요컨대 진정으로 바라보지 않고 보는 물건, 아무 생각 없이 집어드는 물건, 잊어버려도 전혀 속상하지 않은 물건인 것이다."[6] "대체 가능한 오브제"에 대한 참으로 대단한 경멸이 아닌가! 부동의 아름다움에 대한 참으로 엄청난 욕구가 아닌가! 그러나 에우헤니오 도르스와는 달리 우리는 유동성의 환상을 주는 예술 작품을 기꺼이 받아들일 것이다. 비록 그것이 우리를 속일지라도 그 오류가 우리에게 몽상의 길을 열어주기만 한다면 말이다. 우리가 〈수련〉 앞에서 느끼는 것이 바로 그것이다. 물의 경관에 공감할 때 언제나 우리는 그 나르키소스적인 기능을 즐길 마음의 준비가 되어 있다. 물의 질료적 상상력은 그런 기능을 암시하는 작품을 즉각 이해한다.

V

아마도 자기중심적 나르시시즘과 우주적 나르시시즘의 관계에 대한 이상의 고찰들은 그 형이상학적 특성을 강조해보면 좀 더 타당한 것으로 여겨지게 될 것이다.

쇼펜하우어Schopenhauer의 철학은 미학적 관조가 사람들을 의지의 드라마에서 떼어내어 잠시나마 그들의 불행을 가라앉혀준다는 사실을 제시했다. 관조와 의지의 이러한 분리는 우리가 강조하고자 하는 한 가지 특성, 즉 관조의 의지를 지워버린다. 하지만 관조 역시 어떤

---

[6] Eugenio d'Ors, *La vie de Goya*, trad., p. 179.

의지를 결정한다. 인간은 보고 싶어 한다. 본다는 것은 직접적인 욕구다. 호기심은 인간의 정신에 활력을 부여한다. 한데 자연 그 자체 속에도 시각의 힘이 작용하고 있는 것 같다. 관조된 자연과 관조하는 자연의 관계는 긴밀하고 상호적이다. 상상적 자연은 능산적 자연과 소산적所産的 자연의 통일을 실현한다. 꿈을 꾸고 시 창작을 할 때 시인은 바로 이러한 자연의 통일을 실현한다. 이때 관조된 자연은 관조를 도와주는 것 같다. 이미 관조의 수단들을 내포하고 있는 것 같다. 시인은 우리에게 "존재하는 것을 우리 대신 관조하도록 위임한 물과 가능한 한 최대한 긴밀하게 결합할 것"[7]을 요구한다. 한데 더 잘 관조하는 것이 호수인가, 눈인가? 호수, 연못, 잠자는 물은 우리를 기슭에 멈춰 세운다. 그것은 의지에게 이렇게 말한다. 너는 더 멀리 가지 못한다. 이제 너는 멀리 있는 사물들, 저 너머의 사물들을 보아야만 하는 처지가 되었다! 네가 돌아다니는 동안 이미 이곳의 뭔가는 바라보고 있었다. 호수는 하나의 고요하고 거대한 눈이다. 호수는 모든 빛을 받아 그것으로 하나의 세계를 만든다. 호수에 의해 이미 세계는 관조되었고, 세계는 표상되었다. 호수도 '세계는 나의 표상이다'라고 말할 수 있다. 호숫가에서 우리는 능동적 시각에 대한 옛 생리학적 이론을 이해하게 된다. 능동적 시각의 관점에서 보면 눈이 빛을 투사하고, 눈 자체가 자신의 이미지들을 밝히는 것 같다. 그때 우리는 눈이 자신의 이미지들을 보려는 의지를 가졌으며, 관조 역시 의지임을 이해하게 된다.

---

7 Paul Claudel, *L'Oiseau noir dans le Soleil levant*, p. 230.

그러므로 우주는 어떤 식으로든 나르시시즘과 관련되어 있다. 세계는 자기 자신을 보고 싶어 한다. 쇼펜하우어의 관점에서 보면 의지는 관조하기 위해, 아름다움을 즐기기 위해 눈을 창조한다. 눈은 그 자체만으로도 빛나는 아름다움 아닌가? 그것은 범미주의의 징표를 지니고 있지 않은가? 아름다운 것을 보려면 눈이 아름다워야 한다. 아름다운 색깔들이 동공 속으로 들어오려면 눈의 홍채가 아름다운 색깔을 지녀야 한다. 푸른 눈이 없다면 어찌 푸른 하늘을 진정으로 볼 수 있겠는가? 검은 눈이 없다면 어찌 밤을 볼 수 있겠는가? 역으로 모든 아름다움은 빛을 수용하는 눈을 지니고 있다ocellée.* 명확히 규정하지는 않았지만 많은 시인이 보이는 것과 보는 것[시각]의 이 범미주의적인 결합을 느꼈고, 그것을 체험했다. 그것은 상상력의 기본 법칙이다. 예컨대 『해방된 프로메테우스Prométhée délivré』에서 셸리는 이렇게 쓴다. "오랑캐꽃의 우아한 눈이 푸른 하늘을 바라보고 있다. 자신의 색깔이 자신이 바라보고 있는 것과 비슷해질 때까지."[8] 실체적 모방을 수행하고 있는 질료적 상상력을 어찌 이보다 더 잘 포착할 수 있겠는가?

스트린드베리의 『백조 아가씨Swanevit』**는 매혹적인 왕자를 기다리는 동안 공작paon의 등과 꼬리를 어루만지며 말한다. "사랑스

---

* ocelle의 일차적 의미는 광光 수용 기관(눈)이다. 동시에 공작 깃털에 난 '눈 모양의 작은 반점(안상 반점)'을 의미하기도 한다.
[8] Shelley, Œuvres complètes, trad. Rabbe, t. I, p. 23.
** 아버지와 심술궂은 계모와 함께 사는 백조 공주는 이웃 나라 왕과 결혼해야 하는 처지이나 왕의 사자로 온 왕자를 사랑하게 된다.

런 파보Pavo! 사랑스런 파보! 뭘 보고 있지? 뭘 듣고 있어? 누군가가 올 것 같니? 누가 올까? 어린 왕자님일까? 그는 아름답고 매력적인 분일까? 너의 그 푸른 두 눈동자로 그분을 볼 수 있겠니? (그녀는 공작의 깃털 하나를 집어 들고 깃털의 눈을 뚫어지기 바라본다.)"⁹ 깃털의 눈이 거울로 불린다는 점도 상기하자. 이는 [동사 '보다'의] 두 분사, 보인vu[과거분사]과 보는voyant[현재분사]에 양다리를 걸치는 양면성의 새로운 증거다. 양면성의 상상력에 있어 공작은 다중화多重化된 시각이다. 크로이처에 의하면 원시 공작은 백 개의 눈을 가졌다.¹⁰

이 전일화된 시각에 곧바로 새로운 뉘앙스 하나가 끼어들어 관조의 의지적 특성을 강화한다. 스트린드베리의 이 요정극妖精劇이 그런 특성을 밝혀준다. 공작 깃털의 홍채, 이 눈꺼풀 없는 "눈", 이 끊임없는 눈[시선]이 갑자기 냉혹해진다. 관조를 하는 게 아니라 감시를 한다. 아르고스Argus*와의 연관이 경탄 어린 사랑의 다정한 매혹을 일그러뜨린다. 말하자면 '조금 전까지만 해도 넌 나를 바라보고 있었는데, 이제는 날 감시하고 있다'는 것이다. 공작을 어루만져주던 백조 아가씨가 원반 모양의 눈의 집요함을 느끼고 말한다. "못된 아르고스 같으니라고, 이제 보니 넌 감시하려고 여기 있구나…. 어리석은 녀석! 커튼을 쳐야겠어. (그녀는 커튼을 당겨 풍경은 보이도록 둔 채 공작을 가려버리고는 비둘기들 쪽으로 간다.) 희고, 희고, 흰 나의 멧비둘기들아, 이제 너

---

9 Strindberg, *Swanevit*, trad., p. 329.
10 Creuzer, *Religion de l'Antiquité*, trad. Guigniaut, t. I, p. 168.
__*__ 그리스신화에 등장하는 백 개의 눈을 가진 파수꾼.

희들은 최고로 흰 것을 보게 될 거야." 그후 마침내 유혹의 순간이 찾아오면, 공작, 백 개의 잔인한 눈을 가진 아르고스가 커튼을 당긴다 (p. 248). "누가 커튼을 당긴 거지? 누가 이 새에게 백 개의 눈으로 우리를 감시하라고 명한 거야?" 오 많은 눈을 가진 꼬리여!

사실주의적이고 논리적 확신이 강한 비평은 여기서 우리가 이 "눈"이라는 말, 공작 깃털의 원형 반점에서 기인하는 ─ 이것이 우연인가? ─ 말로 장난을 친다며 우리를 비난할 것이다. 그러나 공작이 제공하는 관조에의 초대를 진정으로 받아들일 수 있는 독자는 이 백 개의 "시선"의 집중이 주는 기묘한 인상을 잊어버리지 못할 것이다. 분명 꼬리 자체가 홀리려고 한다. 펼쳐진 꼬리의 깃털을 잘 관찰해보라. 그것은 평평하지 않다. 조개처럼 안쪽으로 휘어져 있다. 가끔 사육장의 누군가가 이 오목거울, 이 오목한 시각 한가운데를 지나치기라도 하면 오만이 격분으로 변해 깃털 속에서 분노가 인다. 꼬리 전체가 전율하고, 떨고, 희미한 소리를 낸다. 그때 구경꾼은 자신이 미의 직접적인 의지, 즉 수동적으로 머무를 수 없는 어떤 과시의 힘과 대면하고 있다는 느낌을 갖는다. 바보같이 으스대는 어떤 미에 대한 인간 심리학에서는 동물 관찰자라면 모를 수 없는 이런 공격적인 미의 특성을 찾아볼 수 없다. 이 예에 의거하여 쇼펜하우어를 공부하는 철학자는 쇼펜하우어의 분리된 가르침들을 하나의 새로운 종합으로 결합할 필요가 있음을 확신할 수 있을 것이다. 관조의 매력도 의지의 차원에 속한다는 것을 말이다. 관조한다는 것, 그것은 의지에 대립하는 것이 아니다. 그것은 의지의 다른 가지를 좇는 것이요, 일반의지의 한 요소인 미의 의지에 참여하는 것이다.

미 현상을 시각 의지에 결부시키는 적극적 상상력 이론이 없다면, 스트린드베리의 위 문장 같은 것은 이해할 수 없는 밋밋한 글이 되어버린다. 거기에서 알기 쉬운 상징들을 찾는 건 더 잘못 읽는 것이다. 올바로 읽으려면 상상력이 형상들의 삶과 질료들의 삶에 동시에 참여하지 않으면 안 된다. 살아 있는 공작은 그런 종합을 수행한다.

빅토르 위고도 이 우주적 나르시시즘과 역동적 범미주의의 결합을 놓치지 않았다. 그는 자연이 사람들에게 관조를 강요한다는 것을 이해했다. 라인강 강변의 어느 위대한 경관 앞에서 그는 이렇게 썼다. "그곳은 자연이라 불리는 멋진 공작이 꼬리를 펼치고 있는 듯한 장소들 가운데 하나였다."[11] 그러므로 공작은 우주적 범미주의의 한 소우주라고 말할 수 있을 것이다.

이처럼 우리는 서로 너무나 무관한 여러 저자에게서 너무나 다양한 계기에 따라 너무나 다양한 형태로 보는 것과 보이는 것의 부단한 교환이 이루어지고 있음을 볼 수 있다. 보이는 모든 것은 본다. 라마르틴은 「그라지엘라Graziella」에서 이렇게 쓴다. "덧문 틈새로 번개가 끊임없이 솟아오른다. 마치 내 방 벽 위에서 불의 눈동자가 깜박이는 것 같다."[12] 이처럼 번쩍이는 번개도 바라보는 것이다.

한데 다른 사물들의 시선이 다소 순하다면, 약간 심각하고 약간 사색적인 것이 물의 시선이다. 상상력에 대한 검토는 우리를 이 역설, 즉 전일화된 시각의 상상력에서 물은 뜻밖의 역할을 수행한다는

---

[11] Victor Hugo, *Le Rhin*, II, p. 20.
[12] Lamartine, *Confidences*, p. 245.

역설로 이끈다. 대지의 진정한 눈, 그것이 물이다. 우리의 눈 속에서 꿈꾸는 것은 물이다. 우리의 눈이라는 것은 "신이 우리의 심층에 넣어둔 전인미답의 액상 빛의 물웅덩이"[13]가 아닐까? 자연 속에서도 물이 보고, 물이 꿈꾼다. "호수는 정원을 이루었다. 모든 것은 이 사색하는 물을 중심으로 구성된다."[14] 꿈과 관조의 힘을 모두 모아 상상력의 지배 속으로 완전히 몰입할 때라야 우리는 폴 클로델의 다음과 같은 사유의 깊이를 이해할 수 있다. "이렇듯 물은 대지의 시선이다. 시간을 바라보는 대지의 도구다⋯."[15]

VI

형이상학적인 여담은 이 정도로 하고, 이제 물의 심리학의 가장 단순한 특성들로 되돌아가도록 하자.

이미지를 반영하는 모든 맑은 물의, 봄의 물의 유희에 이 두 물의 시의 구성 요소 하나를 첨부해야 한다. 그것은 바로 신선함이다. 나중에 우리는 순수성의 신화들을 연구할 때 물의 부피에 속하는 이 특질을 다시 보게 될 것이다. 그때 우리는 이 신선함이 각성의 힘임을 보게 될 것이다. 하지만 지금 당장 이 특질을 강조해야 하는데,

---

[13] Paul Claudel, *L'Oiseau noir dans le Soleil levant*, p. 229.
[14] *Ibid*.
[15] *Ibid*.

왜냐하면 그것이 다른 직접적인 이미지들과 함께 구성에 참여하기 때문이다. 상상력의 심리학은 미의식의 모든 직접적 자료를 다 함께 고려할 필요가 있다.

우리가 시냇물에 손을 씻을 때 맛보는 이 신선함은 자연 전체로 펼쳐지고, 자연 전체로 퍼지고, 자연 전체를 사로잡는다. 그것은 순식간에 봄의 신선함이 된다. 형용사 '봄의printanier'가 물보다 더 강하게 결합할 수 있는 실사實辭는 없다. 프랑스인들의 귀에 봄의 물이라는 말보다 더 신선한 말은 없다. 신선함은 졸졸 흐르는 물로 봄을 적신다. 그것은 재생의 계절 전체에 가치를 부여한다. 반면 공기의 이미지들이 지배하는 세계에서는 신선함이 경멸적 의미를 띤다. 서늘한 바람은 이미 냉기를 풍긴다. 그것은 열광을 식힌다. 이처럼 모든 형용사는 질료적 상상력이 잽싸게 붙잡는 자신의 특권적 실사를 갖는다. 신선함은 물의 형용사다. 물은 어떤 의미에서는 실사화된 신선함이다. 그것은 하나의 시적 분위기를 나타낸다. 이를테면 푸른 에린[아일랜드의 옛 이름]과 붉은 스코틀랜드, 풀 대對 히스를 대비시킨다.

시적 특질의 실체적 뿌리를 찾아내면, 형용사의 질료, 질료적 상상력의 작용의 밑바탕이 되는 질료를 진짜로 찾아내면 깊이 뿌리내린 모든 은유는 저절로 전개된다. 실체들에 결부되어 있는 관능적 가치들 ― 더 이상 감각들이 아니다 ― 이 상응을 일으킨다. 예컨대 초원처럼 푸른 향기는 분명 신선한 향기다. 그것은 윤나는 신선한 살, 어린아이의 살처럼 충만한 살이다. 이 모든 상응은 원초적인 물, 관능적인 물, 우주적 원소의 지지를 받는다. 질료적 상상력은 어떤 은유의 존재론적 가치를 인식했을 때 자기 확신을 갖는다. 반면 현상주의現象主義phénoménisme는 시에서는 무력한 학설이다.

VII

강의 노래도 신선하고 밝다. 물소리가 극히 자연스럽게 신선함과 밝음의 은유를 취한다. 웃는 물, 빈정거리는 시냇물, 떠들썩하게 즐거워하는 폭포 등이 더없이 다양한 문학의 풍경 속에 있다. 그 웃음, 그 졸졸거림은 '자연'의 유아어 같다. 시냇물에서는 어린아이인 '자연'이 말을 한다.

이 어린아이의 시정詩情에서 벗어나기란 쉽지 않다. 많은 시인의 작품에서 시냇물은 어린 영혼을 자음이 빈약한 2음절어, 즉 다다dada, 보보bobo, 로로lolo, 코코coco 속에 가둬버리는 "어린이 방" 특유의 어조로 졸졸거리며 말하는 일이 너무나 잦다. 어른들이 지은 동화에서 시냇물은 그렇게 노래한다.

그러나 순수하고 깊은 조화의 이 과도한 단순화, 이 집요한 유치함, 많은 시편의 결함인 이 시적 유치증 때문에 물의 젊음, 생기에 찬 물이 우리에게 주는 발랄함의 교훈을 과소평가해서는 안 된다.

숨겨져 있기 일쑤인 작은 숲의 샘들 "발트크벨른Waldquellen", 우리는 그들을 보기 전에 그들의 소리를 먼저 듣는다. 잠이 깨면서, 꿈에서 빠져나오면서 그들의 소리를 듣는다. 바로 그렇게 파우스트Faust도 페네이오스 강변에서 그들의 소리를 듣는다.

Scheint die Welle doch ein Schwätzen

(물결이 재잘거리는 것 같군)

그러자 님프들이 대답한다.

Wir säuseln, wir rieseln
Wir flüsten dir zu.

"우리가 졸졸 흐를게요, 우리가 흘러내릴게요, 우리가 당신에게 종알거릴게요."("Le Péné", *Second Faust*, IIe acte)

한데 이런 신화가 진정한 힘을 갖고 있을까? 시냇물의 신선한 노래에, 살아 있는 자연의 실제 목소리에 잠이 깨는 자는 행복하다. 그에게는 새로운 하루하루가 탄생의 원동력이다. 여명에 듣는 시냇물의 노래는 젊음의 노래, 청춘의 충고다. 누가 우리에게 그런 자연스런 깨어남, 자연 속의 깨어남을 돌려주겠는가?

VIII

반영들의 얄팍한 시는 아주 시각적이고 작위적이며 종종 현학적인 성적 의미 부여와 결합하곤 한다. 그것은 책 냄새 풍기는 나이아데스들naïades[물의 요정들]과 님프들을 환기시킨다. 그리하여 욕망과 이미지들의 덩어리, 즉 **나우시카 콤플렉스**complexe de Nausicaa라고 할 만한 진짜 문화 콤플렉스가 형성된다. 사실 님프들과 네레이데스들néréides[바다의 요정들], 드리아데스들dryades[숲의 요정들], 하마드리아데스들hamadryades[수목의 요정들]은 교과서적인 이미지들에 지나지 않는다. 그것들은 고교 교육을 받은 부르주아계급의 산물이다. 시골에 고교 시절의 추억을 옮겨놓고, i 위에 분음 부호[ï, ë, ü 의 ¨]를 얹어 습음화濕音化하면서 그리스어를 스무 마디 정도 인용하는 부르주아는 님프 없는 샘을, 왕의 딸 없는 그늘진 작은 만灣을 상상하지 못한다.

아마 우리는 이 장 끝에서 전통적인 상징들 속의 말과 이미지를 종합적으로 검토할 때 이 문화 콤플렉스를 좀 더 잘 특징지을 수 있을 것이다. 이제 그런 상상의 은유들의 기원이 되는 실제 광경들에 대한 검토로 되돌아가보자.

시인들이 묘사하거나 암시하는, 또한 화가들이 그리는 그런 목욕하는 여인은 우리의 시골에서는 찾아볼 수 없다. 이제 목욕은 하나의 스포츠일 뿐이다. 스포츠인 만큼 여성적 수줍음과는 정반대이다. 수영은 곧 군중이다. 그것은 소설가들에게나 하나의 "배경"으로 쓰인다. 그것은 더 이상 자연의 진정한 시를 제공하지 못한다.

더구나 저 원초적 이미지, 반짝이는 반영 속에서 목욕하는 여자의 이미지는 거짓이다. 목욕하는 여자는 물을 휘저어 자신의 이미지를 없애버린다. 목욕하는 사람은 자신을 반영하지 않는다. 그러므로 상상력이 현실을 보충해야 한다. 그래서 상상력이 욕망을 현실화한다.

그렇다면 강의 성적 기능은 무엇인가? 그것은 여성의 나체를 환기시키는 것이다. 여기에 참 맑은 물이 있다고 산보객이 말한다. 그런 물이라면 그 무엇보다 아름다운 이미지를 반영하지 않겠는가! 그런 물에서 목욕하는 여인은 당연히 희고 젊을 것이다. 당연히 그녀는 나체일 것이다. 더욱이 물은 자연의 나체를, 때 묻지 않은 순수함을 지닐 수 있는 나체를 환기시킨다. 상상력이 지배하는 세계에서 털 없는 몸매를 지닌 진짜 벌거벗은 존재들은 언제나 대양에서 나온다. 물에서 나오는 존재는 점차 질료화하는 반영이다. 그것은 존재이기 이전에 이미지요, 이미지이기 이전에 욕망이다.

어떤 몽상들에서는 물에 반영되는 것은 모두 여성으로 각인된다. 그런 환상의 좋은 예를 하나 들어보자. 장파울의 한 작중인물이 물가에서 몽상에 잠겨 아무 설명 없이 문득 이렇게 말한다. "호수의 맑은 물결 한가운데에서 언덕이며 산꼭대기가 솟아오르는데, 마치 목욕하는 여인들이 물에서 나오는 것 같았다…."[16] 어떤 사실주의자에게 물어보더라도 그는 이 이미지를 설명하지 못할 것이다. 어떤 지리학자에게 물어보더라도 그는 지상을 떠나 꿈의 세계로 가지 않는 한 산악의 윤곽과 여성의 윤곽을 혼동하지 않을 것이다. 이를 이해하려면 우리가 제안하는 심리적 설명의 긴 우회로를 통하는 수밖에 없다.

IX

문학에서 백조는 나체 여성의 대용이다. 그것은 허용된 나체, 순

---

[16] Jean-Paul, *Le Titan*, trad. Chasles, t. I, p. 36.

결하되 보란 듯이 과시하는 순백이다. 어쨌든 백조는 자신을 보여주지 않는가! 백조를 보고 감탄하는 이는 목욕하는 여인을 갈망한다.

『파우스트 II』의 한 장면은 액자가 어떻게 인물을 탄생시키는지, 또한 몽상가의 욕망이 어떻게 여러 가면을 쓰고 진화하는지 자세히 보여준다. 우리는 그 장면을 세 장의 그림, 즉 풍경 – 여인 – 백조로 나누고자 한다.[17]

먼저 아무도 없는 풍경.

"부드럽게 살랑대는 무성한 수풀의 서늘함을 헤치고 강물이 미끄러지듯이 흐른다. 졸졸 흐르지 않고, 그저 흐를 뿐이다. 사방에서 수많은 샘이 목욕하기 알맞게 평평하게 팬 반짝이는 맑은 분지로 모여든다."

"목욕하기 알맞게 평평하게 팬 분지Zum Bade flach vertieften Raum."

마치 자연이 목욕하는 여인들을 숨기기 위해 지하 동굴들을 만든 것 같다. 곧 이 시에서, 물의 상상력의 법칙에 따라, 움푹 팬 이 서늘한 공간에 사람들이 모여든다. 그 두 번째 그림은 이렇다.

"활짝 핀 젊은 여인들의 모습이 물의 거울을 통해 이중화되어, 매혹된 눈동자에게 주어진다. 그녀들은 모두 즐겁게 목욕하면서 마음껏 헤엄도 치고 조심조심 걸어보기도 한다. 그러다가 마침내 비명을 지르며 물싸움을 한다!"

이때 욕망이 응축되고 분명해지고 내면화된다. 이제는 단순히 눈만 즐거운 것이 아니다. 완전하고 생생한 이미지가 마련된다.

---

[17] Gœthe, *Faust*, 2ᵉ partie, acte II, trad. Porchat, p. 342.

"나로선 이 아름다운 여인들로 족하고, 나의 눈동자도 이로 만족해야겠지만, 나의 욕망은 언제나 좀 더 멀리 나아가는구나. 나의 시선은 저 은신처 속을 힘차게 뚫고 들어가는구나. 총총한 녹음의 무성한 잎사귀가 고귀한 여왕을 숨기고 있구나." 그리하여 몽상가는 그 숨어 있는 것을 진짜로 응시한다. 실재로써 신비를 만든다. 그리하여 "덮개" 썬 이미지들이 모습을 드러낸다. 이제 우리는 환상의 핵심에 있다. 꼭꼭 덮인 핵이 증식하기 시작하고, 곧 더없이 먼 이미지들을 응결시킨다. 그리하여 먼저 백조들이 나타나고, 뒤이어 '백조'가 등장한다.

"참으로 신기하도다! 백조들이 순수하고도 당당한 동작으로 자신들의 은신처에서 헤엄쳐 나오는구나. 조용히 다정하고 친숙하게 떠다니나, 저 머리와 부리는 얼마나 자신만만하고 오만하게 움직이는가…. 그들 가운데 한 마리가 유난히 더 대담하게 으스대는 듯하더니, 다른 모든 백조를 가로질러 빠르게 앞으로 나아가는구나. 깃털을 한껏 부풀리고서, 물결을 크게 일렁이며, 신성한 은신처를 향해 나아가는구나…"

괴테는 말줄임표 — 고전기 독일어에서는 아주 드물다 — 를 적절한 곳(7,300행과 7,306행. Édition Hermann Bohlau, Weimar, 1888)에 사용했다. 종종 그렇듯이 말줄임표들은 텍스트를 '정신분석'한다. 말줄임표는 명시적으로 언명될 수 없는 것을 보류시킨다. 우리는 포르샤의 번역본에서 독어 원문에 없는 많은 말줄임표를 제거했다. 그 말줄임표들은, 정신분석을 요하는 회피回避들과 비교해볼 때, 맥없는, 진실 없는 회피들을 암시하기 위해 덧붙여진 것들이다.

아무리 정신분석을 잘 모르는 초심자라 하더라도 이 마지막 백조 이미지에서 남성적 특징들을 찾기는 어렵지 않을 것이다. 무의식에서 활동하는 모든 이미지가 그렇듯이 백조 이미지는 양성兩性을 가진 이미지다. 백조는 반짝이는 물을 응시할 때는 여성이지만, 그 활동에 있어서는 남성이다. 무의식에게 활동이란 곧 행위다. 무의식에게는 오직 하나의 행위밖에 없다…. 행위를 암시하는 이미지는 무의식에서, 여성에서 남성으로 진화하게 마련이다.

그러므로 『파우스트 II』의 이 페이지는 소위 완전한 이미지, 혹은 완전히 역동화逆動化된 이미지의 좋은 예라 할 수 있다. 때로 상상력은 이미지들을 관능 쪽으로 그러모은다. 처음에는 아득히 먼 이미지들을 품는다. 넓은 파노라마 앞에서 꿈꾼다. 그러다가 비밀 장소를 하나 분리하여, 거기에서 좀 더 인간적인 이미지들을 모은다. 눈의 즐거움에서 좀 더 내밀한 욕망으로 옮겨 간다. 그러다 결국 유혹의 꿈의 정점에 이르면 눈으로 본 광경이 성적 표적이 된다. 그것은 행위를 암시한다. 그래서 "깃털이 부풀고, 백조는 신성한 은신처를 향해 나아가는…" 것이다.

이 정신분석 속으로 한 걸음 더 나아가면 죽음 직전의 백조의 노래가 애인의 웅변적인 서약으로, 최고의 순간 직전의, 정말로 "사랑의 죽음"이 될 만큼 고조된 그 너무도 치명적인 종말 직전의 유혹자의 뜨거운 목소리로 해석될 수 있음을 이해하게 될 것이다.

이 백조의 노래, 이 성적 죽음의 노래, 진정되기 직전의 이 고조된 욕망의 노래가 콤플렉스의 의미를 띠고 나타나는 경우는 드물다. 이제 더 이상 우리의 무의식에 반향을 일으키지 않는다. 왜냐하면 이 백조의 노래는 닳고 닳은 은유이기 때문이다. 그것은 우리가 작위적인 상징으로 사용하여 짓뭉개버린 은유다. 라퐁텐La Fontaine의 백조가 요리사의 식칼 아래에서 "자신의 마지막 노래"를 토해낼 때, 시는 삶을 중단한다. 더 이상 감동을 주지 못한다. 고유의 의미 작용을 상실하고서 관례적인 상징이나 케케묵은 사실주의적 의미를 취하게 된다. 사실주의 전성기의 사람들은 백조의 목이 진짜 노래를 할 수는 있는지, 단말마의 비명이나마 지를 수 있는지 의문을 품었다. 백조의 노래의 은유는 관례나 현실, 그 어느 쪽에서도 설명될 수 없다. 다른 많은 은유가 그렇듯이 설명의 동기는 무의식에서 찾아야 한다. 반영들에 대한 우리의 일반적 해석이 정확하다면 "백조" 이미지는 언제나 욕망이다. 그러니까 백조는 욕망으로서 노래하는 것이다. 한데 죽으면서 노래하는 것, 노래하면서 죽는 것은 오직 한 가지 욕망, 성적 욕망뿐이다. 그러므로 백조의 노래는 절정에 이른 성적 욕망이다.

우리의 이러한 해석은 예컨대 니체의 다음과 같은 아름다운 한 페이지[18]의 무의식적이고 시적인 모든 울림을 설명할 수 있는 유일한 방법인 것 같다. 이 비극적 신화는 현상계가 스스로를 부정하고 진실하고 유일한 실재 속으로 되돌아가고자 할 만큼 현상계를 극단으로 밀어붙이는데, 거기에서 현상계는, 이졸데처럼, 백조의 이 형이상학적 노래를 흥얼거리는 것 같다.

---

[18] Nietzsche, *La naissance de la tragédie*, trad. G. Bianquis, p. 112.

환희의 바다

그 일렁이는 물결 속에,

향기로운 파도들의

그 요란한 소음 속에,

우주의 고동

그 유동적인 통일성 속에,

무의식중에 삼켜져버리는 것 —

파묻혀버리는 것 — 최고의 쾌락 아니랴!

   존재를 향기로운 파도 속에 침몰시켜 없애는, 존재를 언제나 고동치며 물결처럼 요동치는 우주와 하나로 결합시키는 이 희생은 무엇인가? 자신의 죽음도 행복도 의식하지 못하는 존재의 이 황홀한 — 또한 노래하는 — 희생은 무엇이란 말인가? 아니다. 이는 최종적인 죽음이 아니다. 어느 하룻저녁의 죽음이다. 낮이 물 위에 드리워진 백조의 이미지를 되살리듯이 어느 찬란한 아침에 되살아날 충족된 욕망이다.[19]

---

[19] 어쩌면 우리는 말라르메의 「백조」에서 사랑의 나르시시즘과 죽음[연애사戀愛死]의 나르시시즘의 융합을 포착할 수 있을 것이다. 클로드루이 에스테브는 말라르메에 관한 연구(*Études philosophiques sur l'Expression littéraire*, p. 146)에서 다음과 같이 종합적으로 말한다. "(다리가 아니라) 목으로 새하얀 고통을 흔들거나, 혹은 얼음덩어리 속에 굳어버린, 나르키소스적인 쇠약함과 아름다움을 지닌 말라르메의 백조는 여전히 '순수'와 '장엄'으로 남아 있다."

X

우리가 방금 언급한 백조 콤플렉스 같은 콤플렉스가 자신의 시화詩化하는 힘을 온전히 발휘하려면 시인의 마음속에서 은밀하게 작용하지 않으면 안 된다. 물 위의 백조를 오랫동안 응시하는 시인 자신도 자신이 뭔가 좀 더 다정한 모험을 욕망하고 있음을 몰라야 한다. 괴테의 몽상이 바로 그런 경우다. 파우스트의 몽상의 자연스러움을 강조하기 위해서 이를 상징들이 분명 인위적으로 만들어지고 거칠게 조합된 듯이 보이는 두 번째 예와 대조해보자. 이 두 번째 예에서 우리는 문화 콤플렉스들의 특징을 잘 보여주는 조악한 헬레니즘이 작용하는 것을 보게 된다. 여기서는 욕망과 상징의 융합이 이루어지지 않으며, 원초적 이미지가 본연의 삶을 살지 않는다. 학습된 신화의 기억에 일찌감치 점거되어버린 것이다. 우리는 피에르 루이Pierre Louys의 단편집 『님프들의 황혼Le Crépuscule des Nymphes』(éd. Montaigne)에 수록된 한 단편에서 그 예를 인용하고자 한다. 이 책에는 아주 아름다운 페이지들이 많다. 우리는 문학적 관점에서 이 책을 판단하지 않을 것이다. 우리가 관심을 두는 것은 심리학적 관점이다.

단편「레다 혹은 행복한 어둠의 찬가Lêda[20] ou la louange des bienheureuses ténèbres」에서 백조 콤플렉스는 인간적인, 너무도 인간적인 특징들을 즉시 드러낸다. 덮개 이미지들이 제 역할을 하지 않는다. 여기서는 너무 또렷이 보인다. 색을 탐하는 독자는 곧바로 서비스를

---

20 저자가 선택한 철자 그대로 인용한다.

받고, 직접 서비스를 받는다. "그 아름다운 새는 여인의 몸처럼 희었고, 빛처럼 찬란한 장밋빛이었다."(p. 21) 그러나 여인의 몸처럼 흰 그 새는 님프 주위를 돌며 님프를 "곁눈질하는" 순간부터 이미 모든 상징적 가치를 저버렸다. 그 새가 레다에게 다가간다(p. 22). 백조는 "(레다와) 아주 가까이 있었지만, 더 가까이 다가갔고, 크고 붉은 다리 위의 몸을 곧추세우고는, [레다의] 푸르스름한 싱싱한 넓적다리 앞에서 둔부 위의 부드러운 주름까지 우아하게 물결치는 자신의 목을 최대한 높이 뻗었다. 레다의 놀란 두 손이 그의 작은 머리를 조심스레 잡고 애무하며 감쌌다. 새는 온 깃털을 떨며 전율했다. 자신의 넓고 포근한 날개 속에서 새는 레다의 벌거벗은 두 다리를 꽉 죄어 무릎을 접게 했다. 레다는 저항하지 않고 땅바닥에 쓰러졌다." 그리고 두 페이지 뒤에서 모든 것이 이루어진다. "레다는 강의 푸른 꽃처럼 그에게 자신을 열어주었다. 그녀는 자신의 차가운 두 무릎 사이에서 새의 몸의 열기를 느꼈다. 문득 그녀가 비명을 질렀다. 아…! 아…! 그녀의 두 팔이 가냘픈 나뭇가지처럼 떨렸다. 새의 부리가 그녀를 무섭게 꿰뚫었고 백조의 머리가 그녀 안에서 격렬하게 움직였다. 마치 새가 그녀의 내장을 맛있게 먹기라도 하는 것 같았다."

이런 페이지들은 모든 신비를 잃어버려서 해명해줄 정신분석가를 필요로 하지 않는다. 여기서 백조는 전혀 쓸모없는 완곡어법이다. 그는 이제 더 이상 물의 주민이 아니다. 레다는 어느 모로 보나 "강의 푸른 꽃"의 이미지와는 아무런 관계가 없다. 물의 어떤 장신구도 여기서는 제자리에 있지 않다. 피에르 루이의 위대한 문학적 재능에도 불구하고 「레다」는 시적인 힘을 지니지 못했다. 이 단편 「레다 혹은 행복한 어둠의 찬가」에는 다양한 이미지를 하나의 근본적 이미지와 연결시키고자 하는 질료적 상상력의 법칙이 결여되어 있다.

피에르 루이의 다른 많은 페이지에서도 우리는 백조 이미지 아래에 숨은 이런 문학적 나체주의의 예를 찾아낼 수 있을 것이다. 「프시케Psyché」에서 피에르 루이는 아무런 준비도 분위기도 없이, 아름다운 새나 물을 암시하는 일조차 없이 이렇게 쓴다(p. 63). "아라퀼리는 제정 시대 양식의 장롱 맨 위 서랍 속에 알몸으로 앉아 있었는데, 마치 자물쇠에서 날개를 펼치고 있는 커다란 황동 백조의 레다 같았다." 아라퀼리가 "언제나 좀 더 아름답게 다시 태어나기 위해 그녀의 품에서 죽는" 애인 얘기를 한다는 사실도 특기할 필요가 있을까?

민속 역시 백조들의 "나체주의"의 영향을 받았다. 이 나체주의가 신화학적 과잉 없이 나타나는 전설을 하나만 예로 들어보자. "웨상의 한 젊은 목동은 어느 연못가에서 양을 치던 중 놀라운 광경을 보았다. 흰 백조 떼가 쉬려고 연못으로 날아들었는데, 거기에서 아름다운 처녀들이 나와 목욕을 한 후 다시 백조 가죽을 껴입고 날아가는 것이었다. 그가 자신의 할머니에게 이 얘기를 들려주자 할머니는 그에게 그들은 백조-처녀들이며, 그들의 옷을 빼앗을 수만 있다면 그들을 압박하여 네 개의 황금 사슬에 매달려 구름 속에 떠 있는 아름다운 궁전으로 그를 데려가게 할 수 있다고 말했다." 목욕하는 여인들의 옷을 훔치는 것은 악동들의 장난이 아닌가! 꿈속에서 우리는 종종 그런 봉변을 경험한다. 여기서 백조는 그야말로 덮개의 상징이다. 백조-처녀는 밤의 꿈보다는 몽상에 속한다. 그것은 실낱같은 계기만 있어도 물의 몽상 속에 나타난다. 더러는 단 하나의 줄기가 그것을 가리키는데 이는 그것의 일관된 특성을 말해주는 증거다. 예를 들면 때 묻지 않은 순백들이 쌓이는 장파울의 꿈에서는 "흰 백조들이 팔처럼 날개를 활짝 펼치고" 나타난다. 이 이미지는 그 기초적인 외양에서 많은 것을 말해준다. 그것은 충동적 상상력, 다시 말해 하나의 충동으로 이해해야 할 상상력의 특징을 갖는다. 펼친 팔인 날개들은 지상의 행복을 가리킨다. 그것은 날개인 팔들, 우리를 하늘로 데려가는 팔들에 반대되는 이미지다.

XI

신화학적 과잉을 보여주는 피에르 루이의 백조의 예는 문화 콤플렉스의 정확한 의미를 이해하게 해줄 수 있다. 대개 문화 콤플렉스는 학교 문화, 즉 전통적인 문화와 결부된다. 피에르 루이에게는 백조라는 상징의 단일성과 다양성을 모두 다 헤아려보기 위해 여러 문학 작품에 나타나는 신화와 콩트를 수집했던 파울루스 카셀[21] 같은 학자의 인내심이 있었던 것 같지 않다. 피에르 루이는 소설을 쓰면서 학교에서 배우는 신화를 참조했다. 신화를 학교에서 배워서 알고 있는 "입문자들"이나 그의 소설을 읽을 수 있을 것이다. 그런 독자가 만족을 한다고 해도 그의 만족은 불순하다. 그는 자신이 그 내용을 좋아하는지 그 형태를 좋아하는지 알지 못한다. 그는 자신이 이미지

---

[21] Paulus Cassel, *Der Schwan in Sage und Leben*, Berlin, 1872.

들을 연결하는지 열정들을 연결하는지 알지 못한다. 종종 상징들은 그 상징적 진화에 대한 고려 없이 결합된다. 레다 얘기를 하는 사람은 백조와 알 얘기를 하게 마련이다. 동일한 콩트가 알의 신화적 특성에 대한 통찰 없이 두 이야기를 결합할 것이다. 피에르 루이의 소설에서 레다는 자신이 "사티로스들이 하는 것을 본 적이 있어, 알을 뜨거운 재 속에 넣어 익힐" 수 있으리라는 생각까지 한다. 더욱이 우리는 문화 콤플렉스가 종종 깊고 진실한 콤플렉스들과의 접촉을 상실하는 것을 본다. 그것은 곧 잘못 이해한 전통, 혹은 결국 같은 말이지만, 유치하게 합리화된 전통의 동의어가 된다. 마리 델쿠르 부인이 잘 제시했듯이[22] 고전적인 교양은 신화가 지니고 있지 않은 합리적이고 공리적인 연관을 신화에 부여한다.

그러므로 문화 콤플렉스에 대한 정신분석은 언제나 아는 것과 느끼는 것 사이의 분리를 요구할 것이다. 그것은 상징에 대한 분석이 보는 것과 욕망하는 것 사이의 분리를 요구하는 것과 같다. 그렇게 해야 우리는 어떤 오래된 상징이 여전히 상징적 힘을 지니고 있는지 자문할 수 있고, 이따금 옛 이미지들을 되살리곤 하는 미학적 변이變 異들을 평가할 수 있다.

진정한 시인의 손을 거치면 문화 콤플렉스들에서도 그 관습적 형태들이 지워질 수 있다. 그럴 때 그것들은 역설적인 이미지들을 지탱할 수 있다. 가브리엘레 단눈치오의 『백조 없는 레다Lêda sans cyg-

---

[22] Marie Delcourt, *Stérilités mystérieuses et naissances maléfiques dans l'antiquité classique*, 1938, *passim*.

ne』의 형상이 그러하다. 그 이미지의 시작은 이렇다(trad., p. 51). "지금 백조 없는 레다는 에우로타스 강의 강물에 참으로 말끔히 씻겨 손가락에 손금이 없을 정도로 매끄러운 모습으로 거기에 있다." 여기서 백조는 물이 빚어낸, 물살에 매끈해진 미美인 것 같다. 오랫동안 사람들은 백조가 배의 최고 모델이라고, 쪽배의 최상의 외형이라고 믿었다. 돛은 미풍에 펼쳐진 날개의 진기한 모습을 모방한 것이리라.

한데 단눈치오의 이 은유의 일차적 동기로 보이는 선들의 이러한 순수함과 단순함은 너무나 형상적인 상상력에 부응한다. 백조 이미지가 하나의 형상으로 상상력에 제시되면 곧바로 물이 솟아나야 하고, 백조를 둘러싼 모든 것이 물의 질료적 상상력의 충동을 좇아야 한다. 바로 그런 견지에서 단눈치오의 시에 활기를 부여하는 격렬한 변신들을 뒤쫓아보라. 여인은 물결 속에서 출현하지 않는다. 그녀는 흰 그레이하운드들에 둘러싸인 모습으로 출현한다. 하지만 그 여인은 너무도 아름답고 너무도 탐스러워 레다와 백조가 혼합된 상징이 지상에서도 형성된다(p. 58). "변신의 고대 리듬이 지금도 여전히 이 세계를 순환하고 있다." 물이 도처에서, 존재의 안과 바깥에서 솟아나온다. "그 젊은 여자는 자연의 젊음 속에 다시 들어가 재창조된 것 같았고, 그녀 안에 샘이 있어 수정 같은 두 눈으로 넘쳐흐를 것만 같았다. 그녀는 자기 자신의 샘이요, 강이요, 강기슭이었고, 플라타너스 그늘, 갈대의 수런거림, 벨벳 같은 이끼였다. 날개 없는 큰 새들이 그녀를 습격했고, 그리하여 그녀가 그들 중 하나에게 손을 뻗어 그 깃털 난 목을 잡았을 때, 그것은 두말할 나위 없이 바로 테스티오스의 딸[레다]의 몸짓을 되풀이한 것이었다." 상상의 물의 내재성을 이 보다 더 잘 말할 수 있을까? 주어진 것은 — 이탈리아의 하늘 아래, 이탈리아의 땅 위의 — 개들과 한 여인뿐이다. 하지만 작가가 명명하길 거부하는, 부재하는, 지워진, 잠재적인 백조 이미지의 배후에는 백조 없는 레다의 물이 있어, 그것이 무대로 흘러들고, 등장인물들을 목욕시키고, 자신의 전설적인 삶을 말하고 있다. 이런 페이지들은 단순한 "관념들의 연합", "이미지들의 연합"에 준거해서는 제대로 판단할 수 없다. 이는 좀 더 직접적인 충동과 관계된 문제요, 질료적 상상력의 한 원소적 실재에 참여하기에 깊은 동질성을 갖는 이미지들의 생산과 관계된 문제다.

XII

백조 이미지처럼 활동적인 이미지들은 온갖 종류로 확대될 수 있다. 앞에서 우주적 나르시시즘 얘기를 했듯이 어떤 페이지들에서 우리는 우주적 백조를 인식할 수도 있다. 피에르 르베르디는 이렇게 말한다. "우주적 드라마와 인간의 드라마는 서로 어깨를 나란히 하려는 경향이 있다."[23] 거대한 욕망은 스스로를 우주적 욕망으로 여긴다.

물에 비친 백조라는 주제와 관련하여 우리는 알베르 티보데Albert

---

23 Pierre Reverdy, *Le gant de crin*, p. 41.

Thibaudet의 젊은 시절 작품 『붉은 백조Le Cygne Rouge』에서 거대화에 의한 승화의 한 예를 찾아볼 수 있다. 이는 극적인 신화, 계발된 태양 신화다(p. 175). "저물녘 수평선 깊은 곳에서 붉은 백조는 언제나 자신의 영원한 도전을 펼치지…. 그는 공간의 왕이요, 바다는 밝은 왕좌 밑에 엎드린 노예처럼 넋을 잃어. 하지만 그는 거짓으로 이루어져 있어. 내가 살로 이루어져 있듯이…." 전사戰士가 그렇게 말하자 여인이 맞장구친다(p. 176). "종종 그 붉은 백조는 분홍색이 감도는 진주모珍珠母빛 광채 한가운데에 자리 잡고서 천천히 미끄러지기도 해. 그러면 그 그림자가 침묵의 긴 천처럼 사물들 위에 드리워지고…, 그의 반영들은 스치는 입맞춤처럼 바다 위에 떨어지지." 두 등장인물은 상징을 양식으로 삼고 있지만, 이미지들은 일관성이 있다. 저자는 자신의 이 이미지들이 전사의 권력 차원에 속하는 것이라고 믿는다. 하지만 사실은 성적인 증거들이 차고 넘친다. 붉은 백조는 소유하고 정복해야 하는 여성인 것이다. 따라서 티보데가 구축한 이 신화는 명시적으로 표현된 이미지들의 상징성과 성적 의미 작용의 상징성으로 나뉜 분열 상징dissymbolisme의 좋은 예다. 이 분열 상징을 잘 음미해보면 마치 마음은 욕망을 집적하고, 시각vue은 이미지를 그러모으는 것 같은 느낌이 든다. 감정적 상상력은 형상적 상상력의 기반이 된다. 상징성이 자신의 힘을 마음 그 자체에서 길어오니, 보는 것들visions이 얼마나 커지겠는가! 그럴 때는 그 보는 것들이 사유를 하는 것 같다. 『붉은 백조』 같은 작품은 명상이 응시를 지속하는 듯한 느낌을 준다. 그래서 은유들이 일반화된다. 은유들이 하늘을 침범하는 것도 이 때문이다.

융은 어째서 백조가 물에 비치는 빛의 상징인 동시에 죽음의 찬가의 상징인지를 우주적 구도에서 이해할 수 있게 해주는 여러 논증을 제시한다. 그것은 참으로 죽어가는 태양의 신화다. 백조를 가리키는 독일어 *Schwan*은 *Sonne*처럼 태양과 어조를 뜻하는 어근 *Swen*에서 유래하는 말이다.[24] 또 다른 페이지(p. 156)에서 융은 노래하는 백조의 죽음이 물 아래로의 사라짐으로 묘사된 시를 인용한다.

> 양어장에서 백조가 노래하네,
> 종횡으로 미끄러지기도 하고
> 갈수록 잦아드는 목소리로 노래하다가
> 가라앉아 마지막 숨을 거두네.

우주적 차원으로 상승한 백조 은유의 다른 예를 찾기란 어렵지 않다. 달도 태양처럼 이 이미지를 연상시킬 수 있다. 장파울의 한 이미지가 그런 경우다. "달, 하늘의 이 아름다운 백조는 자신의 흰 깃털을 베수비오 화산에서 창공 꼭대기까지 산책시키곤 했다…."[25] 반면 쥘 라포르그에게 백조는 낮달의 "대용품"으로 나타난다.[26]

라포르그는 『전설적인 교훈극들 Moralités légendaires』에서 이렇게 적는다(p. 115). "백조는 자신의 두 날개를 펼친다. 그리고 다시 한번

---

[24] C. G. Jung, *Métamorphoses et symboles de la Libido*, p. 331.
[25] Jean-Paul, *Titan*, trad. Chasles, t. II, p. 129.
[26] Jules Laforgue, *Lettres*, N. R. F., mars 1941, p. 432.

위엄 있게 몸을 떨며 몸을 곧추세운 채, 돛들을 활짝 펼치고서 나아가 달 저편으로 모습을 감춘다.
 오, 자신의 배들을 불살라버리는 숭고한 방식이 아닌가! 고귀한 약혼자여."
 은유에 대한 사실주의적 학설로는 설명이 되지 않는 이 모든 산만한 이미지는 물의 시의 가장 근본적인 주제의 하나인 반영들의 시에 의해서만 진정으로 단일성을 갖는다.

제2장
깊은 물 – 잠자는 물 – 죽은 물.
에드거 포의 몽상 속의 "무거운 물"

이미지를 이해하려면 화가를 꿰뚫어 보아야 한다.
니체, 『쇼펜하우어Schopenhauer』, p. 33.

I

상상력처럼 변화하기 쉽고 유동적이고 다채로운 능력을 연구하는 심리학자가 상상력의 단일성이라는, 단일성 중에서도 가장 드문 단일성을 타고난 시인, 그런 천재를 알게 되는 것은 참으로 유익한 일이다. 에드거 포야말로 참으로 그런 시인, 그런 천재다. 그의 작품에서 상상력의 단일성은 때때로 지적 구성에 의해, 논리적 연역에 대한 애착에 의해, 수학적 사고에 대한 취향에 의해 숨겨지곤 한다. 가끔은 잡다한 잡지들을 읽는 앵글로색슨 독자들이 요구하는 유머 때문에 창조적인 몽상의 그 깊은 음조가 덮이고 숨겨지기도 한다. 그러나 시가 자신의 권리, 자신의 자유, 자신의 삶을 되찾는 순간, 에드거 포의 상상력은 그 기이한 단일성을 되찾는다.

마리 보나파르트 부인은 에드거 포의 시와 콩트에 대한 면밀하고 깊은 분석에서 이 단일성의 지배적인 심리학적 동기를 밝혀냈다. 그의 상상력의 이 단일성이 지워지지 않는 어떤 기억에 대한 충실성임을 입증해냈다. 그 모든 과거 회상과 관련된 정보를 파헤친 이런 탐구, 논리적이고 의식적인 심리학의 저편까지 파고들어간 이런 탐구를 어떻게 더 심화할 수 있을지 우리는 알지 못한다. 그러므로 우리는 보나파르트 부인의 책에 축적된 그 심리학적 교훈들을 최대한 많이 이용할 생각이다.

한데 우리는 에드거 포의 작품에서 그런 무의식적 단일성 외에도 표현 수단의 단일성, 그의 작품을 천재적인 모노톤으로 만드는 언어의 톤을 특징지을 수 있다고 생각한다. 위대한 작품들은 언제나 이 두 가지 징표를 지니고 있다. 그런 대작들에서 심리학은 어떤 은밀한 진원震源을 발견하고, 문학비평은 어떤 독창적 언어를 발견하게 되는 것이다. 에드거 포 같은 대시인의 언어는 물론 풍부하지만 하나의 위계位階를 갖추고 있다. 상상력은 자신의 온갖 형상 아래에 특별 대우하는 어떤 실체, 표현의 통일성과 위계를 결정하는 하나의 능동적인 실체를 숨기고 있다. 우리는 포의 경우 그렇게 특별 대우를 받는 질료가 바로 물이라는 것, 좀 더 정확하게 말하면 어떤 특별한 물, 자연에서 찾아볼 수 있는 모든 깊은 물보다, 모든 죽은 물보다, 모든 잠자는 물보다 더 깊고, 더 죽어 있고, 더 잠들어 있는 무거운 물이라는 것을 어렵지 않게 증명할 수 있을 것이다. 에드거 포의 상상력에서 물은 하나의 최상급이요, 실체 중의 실체, 어머니 같은 실체다. 그러므로 우리에게 에드거 포의 시와 몽상은 이미지들 각각이 지닌 내적 몽상의 무게와 내밀한 질료를 고정시키면서 이미지 연구를 할 수 있다고 믿는 이 시의 화학의 중요한 한 원소의 특색을 드러내줄 전형이 될 수 있을 것이다.

II

우리가 아주 독단적으로 비쳐지는 것도 두려워하지 않는 까닭은 즉시 훌륭한 증거를 제시할 수 있기 때문이다. 즉 에드거 포의 작품에서 물의 이미지의 운명은 바로 죽음의 몽상이라는 그의 주된 몽상의 운명을 따라가기 때문이다. 사실 보나파르트 부인이 더할 나위 없이 명료하게 밝힌 것은 에드거 포의 시학을 지배하는 이미지가 죽어가는 어머니의 이미지라는 것이다. 죽음이 빼앗아갈 사랑하는 모든 여인, 헬렌, 프랜시스, 버지니아는 이 최초의 이미지를 되살아나게 하고, 가련한 고아에게 영원히 각인된 그 최초의 고통을 다시 일깨우게 된다. 포의 작품에서 인간이란 곧 죽음이다. 삶은 죽음을 통해 그려진다. 풍경 역시 — 뒤에 가서 살펴보겠지만 — 이 근본적인 꿈, 즉 죽어가는 어머니를 끊임없이 다시 만나는 몽상에 의해 결정된다. 더구나 그 결정은 실재와 전혀 부합하지 않아 더욱더 교훈적이다. 사실 에드거 포의 어머니 엘리자베스는 여자 친구인 헬렌이나 의모인 프랜시스, 아내 버지니아와 마찬가지로 침대 위에서 도시인의 죽음을 맞았다. 그녀들의 무덤은 묘지, 미국의 어느 묘지의 한 구석에 있으며, 이 묘지는 렐리아*가 안장될 카말돌리 수도회의 낭

---

* 조르주 상드의 소설 『렐리아 Lélia』의 주인공. 제3장 144쪽 각주 18번 부근 참조.

만적인 묘지와는 어떤 공통점도 없다. 사실 에드거 포는 렐리아처럼 사랑하는 사람의 육신을 호수의 갈대숲에서 찾아내지는 않았다. 어느 죽음을 중심으로, 어느 죽음을 위해서 영원한 휴식의 방향으로 생기를 띠는 것은, 잠들면서 생기를 띠는 것은 하나의 고장 전체다. 인간의 불행 전체를 매장하기 위해서, 인간의 죽음 자체의 고향이 되기 위해서 파이고 어두워지는 것은, 헤아릴 수 없이 깊어지는 것은 하나의 골짜기 전체다. 결국 죽음을 자신의 내밀함 속에서 무의식적으로 생존할 수 있을 만큼 총체적이지만 결코 꿈의 힘을 능가하지는 않는 그러한 하나의 본질로서, 하나의 억눌린 삶으로서, 하나의 총체적 추억으로서 받아들이는 것은 질료적 원소[물]다.

그래서 원초적으로 맑은 모든 물은 에드거 포에게는 어두워져야만 하는 물, 어두운 고뇌를 흡수하게 되는 물이다. 생동하는 모든 물은 느려질, 무거워질 운명을 가진 물이다. 한데 역동적인 시에서 사물은 있는 그대로의 것이 아니라 뭔가가 되어가는 것이다. 이미지들 속에서 사물은 그것이 우리의 몽상, 우리의 끝없는 꿈속에서 되어가는 것이 된다. 물을 응시한다는 것은 곧 물에 떠내려가는 것이요, 물에 용해되는 것이요, 죽는 것이다.

얼핏 보면 에드거 포의 시에도 시인들에 의해 보편적으로 노래된 다양한 물이 있다고 생각할 수도 있다. 특히 두 가지 물, 즉 기쁨의 물과 고통의 물을 찾아낼 수 있다. 하지만 추억은 하나뿐이다. 무거운 물이 가벼운 물이 되거나 어두운 물이 밝아지는 일은 절대 없다. 언제나 그 역이다. 이 물의 콩트는 죽어가는 물의 인간적 콩트다. 때로는 몽상이 무한한 반영들을 품고서 맑은 음악 소리를 내는 투명한 물 앞에서 시작되기도 한다. 하지만 그것은 슬프고 어두운 물 한가운데에서, 기이하고도 음울한 속삭임을 전하는 물 한가운데에서 끝난다. 물 곁에서 하는 몽상 역시 죽은 이들을 되찾으면서 물에 가라앉은 세계처럼 죽는다.

III

우리는 상상된 물의 삶, 강력한 질료적 상상력에 의해 단단히 개성화된 한 실체의 삶을 자세히 추적해보고자 한다. 우리는 그것이 죽음에 끌린 삶, 죽기를 원하는 삶의 도식들을 조합한다는 사실을 보게 될 것이다. 좀 더 정확하게 말하면 물이 특별한 죽음에 끌린 특별한 삶의 상징을 제공한다는 사실을 보게 될 것이다.

우선 원소적인 물에 대한, 창조적 몽상의 이상을 실현하는 상상의 물에 대한 에드거 포의 사랑을 제시하는 것에서부터 출발해보자. 이 상상의 물이 창조적 몽상의 이상을 실현하는 것은 소위 반영의 절대라는 것을 소유하고 있기 때문이다. 사실 어떤 시들, 어떤 콩트들을 읽다 보면 반영이 실재보다 더 진짜 같아 보이기도 한다. 더 순수하기 때문이다. 삶이 꿈속의 꿈이듯 우주는 반영 속의 반영이다. 우주는 하나의 절대적 이미지다. 하늘의 이미지를 고정시키면서 호수는 자기 속에 하나의 하늘을 창조한다. 호수의 젊고 투명한 물은 별들이 새로운 삶을 얻는 전도된 하늘이다. 그래서 포는 물가에서의 이 응시를 통해 호수의 포로가 된 물의 별과 하늘의 섬인 별, 즉 별-섬 starisle이라는 기이한 이중 개념을 만들어낸다. 세상을 떠난 어느 사랑하는 이에게 에드거 포는 이렇게 속삭인다.

> *Away, then, my dearest*
> *Oh! hie thee away.*
> …
> *To lone lake that smiles*
> *In its dream of deep rest,*
> *At the many star-isles*
> *That enjewel its breast.*

자, 그러니 사랑하는 이여, 멀리,
오, 멀리 가라.
…
깊은 휴식의 꿈에 젖어,
자신의 가슴에 금을 내는
수많은 별-섬에게 미소 짓는
어느 쓸쓸한 호수를 향하여.

(*Al Aaraaf*, trad. Mourey, p. 162)

실재는 어디에 있는가? 하늘에 있는가, 아니면 물속에 있는가? 몽상 속에서 무한은 물결 아래에서만큼이나 하늘에서도 깊다. 상상력의 심리학에서는 별-섬 같은 이중 이미지에 대해 아무리 주의를 기울여도 지나치지 않다. 그런 이미지는 꿈의 전환점이며, 꿈은 그런 이미지에 의해 경역境域을 변화시키고 질료를 변화시킨다. 여기 이 전환점에서는 물이 하늘을 얻는다. 꿈이 물에 가장 먼 고향, 하늘에 있는 고향의 느낌을 부여한다.

콩트들에서는 이러한 절대적인 반영의 구조가 더욱더 교훈적이다. 콩트들은 종종 어떤 사실성, 어떤 논리, 어떤 실재성을 요구하기 때문이다. 아른하임 영지 쪽으로 난 운하 속에서 "배는 마치 건너갈 수도 돌파할 수도 없는 무성한 나뭇잎으로 이루어진 벽과, 울트라마린 색의 새틴 천으로 만들어진 천장이 있는, 바닥이 없는 마법의 원 속에 갇힌 것 같았다 — 배의 용골은 마치 진짜 배를 지탱하기 위함인 듯 진짜 배와 함께 떠 있는, 위에서 아래로 뒤집힌 환상의 배의 용골과 기막힌 균형을 이루며 흔들리고 있었다."[1] 이처럼 물은 반영으로 세계를 이중화하고, 사물들을 이중화한다. 또한 몽상가를 어떤 공허한 이미지로가 아니라 새로운 몽환적 경험 속으로 끌어들임으로써 몽상가도 이중화한다.

사실 부주의한 독자라면 여기서 닳고 닳은 하나의 이미지만 볼 수 있을 것이다. 이는 그가 반영들의 감미로운 시각적 효과opticité를 즐기지 않았기 때문이다. 이 자연 회화, 더없이 강렬한 색깔들에 습기를 부여하는 이 기이한 수채화의 상상적 역할을 경험하지 않았기 때문이다. 그런 독자가 어찌 환상적인 것의 질료화를 추구하는 이 콩트 작가의 과업을 따라갈 수 있겠는가? 어찌 그가 유령들의 배, 돌

---

[1] Edgar Poe, *Histoires grotesques et sérieuses*, trad. Baudelaire, p. 280.

연 ― 상상적 전도가 마침내 실현되었을 때 ― 실제 배 아래에서 미끄러지듯 나아가는 그 배에 승선할 수 있겠는가? 사실주의적인 독자는 반영들의 스펙터클을 어떤 몽환적 초대로 받아들이려 하지 않는다. 그러니 어찌 그가 꿈의 역동성과, 경쾌함의 놀라운 인상들을 느낄 수 있겠는가? 독자가 시인의 모든 이미지를 실감한다면, 자신의 사실주의를 배제한다면, 그제야 그는 그 여행에의 초대를 온몸으로 느낄 것이요, 그 역시 곧 "묘한 기이함의 감정에 감싸이게" 될 것이다. "자연의 느낌이 아직은 남아 있었으나 이미 변질이 되었고, 그 성격에 야릇한 변화가 생겼다. 그것은 신비롭고 장엄한 대칭, 감동적인 단조로움, 이 새로운 건축물 속의 마술적 수정이었다. 죽은 나뭇가지 하나, 마른 나뭇잎사귀 하나 눈에 띄지 않았다. 떨어진 돌멩이 하나, 갈색 흙덩이 하나 보이지 않았다. 투명한 물이 매끄러운 화강암이나 눈을 두렵게 하는 동시에 황홀하게 하는 예리한 선을 가진 깨끗한 이끼 위로 미끄러지듯 스며들었다."(p. 282) 그러니까 여기서 반영된 이미지는 체계적인 이상화를 따르고 있다. 다시 말해 신기루가 실재를 수정하여 실재의 얼룩과 근심거리를 떨쳐버리는 것이다. 이렇게 창조된 세계에 물은 플라톤적 장엄함을 부여한다. 거기에 쇼펜하우어적인 면모를 상기시키는 개인적 특성도 부여한다. 그토록 순수한 거울 속에서는 세계란 곧 나의 비전인 것이다. 나는 차츰 스스로를 나 혼자 보는 것, 나의 관점에서 보는 것의 저자로 느끼게 된다. 『요정의 섬L'Ile de la Fée』을 보면 에드거 포는 반영들에 대한 이 고독한 비전의 가치를 알고 있다. "많은 투명한 호수에 비친 하늘을 응시했을 때 내가 느낀 흥미는 … 나 혼자 그것을 응시한다는 … 생각으로 인해 더욱더 증대되었다."² 순수한 비전, 고독한 비전은 반영하는 물의 이중 은혜다. 티크 역시 『프란츠 슈테른발트의 여행Les Voyages de Sternbald』에서 고독의 의미를 강조한다.

아른하임 영지로 이어지는 몹시 꾸불꾸불한 그 강을 따라 계속 여행을 해보면 시각의 자유에 대해 새로운 느낌을 갖게 될 것이다. 실제로 우리는 반영과 실재의 이원성이 완전한 균형을 취하는 중앙 연못에 도달한다. 에우헤니오 도르스가 회화에서 금지해야 한다고 말한 그 상하 역전의 예가 여기서 문학의 양식으로 제시된 것은 대단히 흥미롭다. "그 못은 대단히 깊었지만, 물이 너무도 투명해서 작은 백대리석 조약돌들이 두터운 층을 이룬 듯한 밑바닥이 번개가 칠 때마다 — 다시 말하면 뒤집힌 하늘 밑바닥에서 물에 비친 언덕의 꽃들을 눈이 보지 못하게 될 때마다 — 또렷이 눈에 띄었다."(*loc. cit.*, p. 283)

다시 한번 말하지만 이런 텍스트를 읽는 방식은 두 가지다. 실증적인 정신을 발휘하여 실증적으로 경험을 추구해보는 것, 즉 인생이 우리에게 알려준 풍경들 중 화자의 방식으로 살고 생각할 수 있는 어떤 장소를 환기하면서 읽는 것이 그중 하나다. 그런 읽기 원칙을 따른다면 현재의 텍스트는 너무나 빈약해 보여서 완전히 읽어내기가 적잖이 어려울 것이다. 한데 이런 페이지들은 창조적 몽상을 통한 공감을 시도하면서 읽을 수도 있다. 문학 창작의 몽환적 핵심까지 파고들어가고자 하면서, 시인의 창작 의지와 무의식적으로 소통

---

2 Edgar Poe, *Nouvelles histoires extraordinaires*, trad. Baudelaire, p. 278.

하면서 읽을 수도 있다. 그럴 때 이런 묘사들은 그 주관적 기능을 되찾고 정태적 사실주의에서 해방되어 세계에 대한 다른 시각, 나아가서는 다른 세계에 대한 시각을 제공한다. 에드거 포의 가르침에 따라 우리는 질료화하는 몽상 — 질료를 꿈꾸는 몽상 — 이 형상들의 몽상 너머에 있음을 깨닫게 된다. 한마디로 질료란 형태의 무의식임을 깨닫게 된다. 더 이상 물의 표면이 아니라 덩어리로서의 물 자체가 우리에게 자신의 반영들의 집요한 메시지를 보낸다. 오직 질료만이 여러 인상과 감정의 짐을 수용할 수 있다. 질료는 감정적 재산이다. 그러므로 에드거 포가 그런 응시에서 "관찰자가 받은 인상은 부유함, 열기, 색깔, 정적, 통일성, 부드러움, 섬세함, 우아함, 관능, 그리고 문화의 기적적인 기괴함 등의 느낌이었다"(loc. cit., p. 283)라고 한 것은 진지하게 한 말이다.

그런 깊은 응시를 할 때 주체는 자신의 내밀한 세계도 의식한다. 그러므로 그런 응시는 직접적인 [매개 없는] 감정이입Einfühlung이 아니요, 무절제한 융합도 아니다. 그보다는 세계에 대한, 그리고 우리 자신에 대한 심화된 시각이다. 그것은 세계 앞에서 거리를 둘 수 있게 해준다. 깊은 물 앞에서 당신은 당신의 시각을 선택한다. 마음이 내키는 대로 바닥이나 물살을 볼 수 있고, 강변이나 무한을 볼 수 있다. 당신에겐 볼 수도 있고 보지 않을 수도 있는 양의적인 권리가 주어진다. 뱃사공과 함께 살 수도 있고, 아니면 "이상적인 취향을 지닌, 아주 멋지고 세심하고 부지런한 새로운 요정 종족"과 함께 살 수도 있다. 신기루의 수호자인 물의 요정은 하늘의 모든 새를 제 손에 쥐고 있다. 물웅덩이는 우주를 내포한다. 꿈의 한순간은 한 영혼 전체를 내포한다.

이러한 몽환적 여행을 거쳐 아른하임 영지의 핵심에 도달하면 거기서 우리는 내면의 성을 보게 된다. 꿈을 건설하는 네 건축가, 근본적인 몽환적 원소들의 위대한 네 거장에 의해 건축된 성이다. "그 성은 — 툭 튀어나온 창문들과 전망대, 첨탑, 망루 등을 붉은 햇살 아래에서 번쩍이면서 — 마치 기적처럼 허공에 걸려 있는 듯했고, 공기의 정령들, 전설의 요정들, 마신들, 땅의 정령들이 모두 힘을 합해 만든 환상적인 작품 같았다." 온통 물의 공중 건축물의 영광에 바쳐진 이 느린 도입부는 '자연'이 감동적인 반영들 위에 꿈의 성을 준비하는 질료가 바로 물임을 아주 분명하게 말해주고 있다.

때로는 반영들의 건축물이 그리 장대하지 않을 수도 있다. 그럴 때 현실화의 의지는 더한층 놀랍다. 예컨대 『란도르 별장Cottage Landor』의 작은 호수는 "위에 있는 모든 사물을 아주 선명하게 반영하고 있어서 실제 기슭이 끝나고 비친 기슭이 시작되는 지점을 정하기가 참으로 어려웠다.[3] 이 호수에 우글거리는 송어와 다른 몇몇 물고기는 정녕 하늘을 나는 물고기 모습을 하고 있었다. 그 물고기들이 하늘에 매달려 있는 게 아니라고 생각하는 건 거의 불가능했다." 이처럼 물은 일종의 우주적 고향이 되어 하늘에 물고기들을 살게 한다. 이미지들의 공생이 깊은 물에 새를 주고 창공에 물고기를 준다. 별-섬이라는 부동의 양면적 개념을 즐기던 전도轉倒가 여기서는 새-물고기라는 생동하는 양면적 개념을 즐긴다. 상상력을 발휘하여 그

---

[3] 같은 이미저리가 L'Ile des fées, p. 279에서 반복된다.

런 양면적 개념을 구성하고자 애써보라. 그러면 아주 하찮은 어떤 이미지가 문득 취하는 감미로운 양면성을 맛보게 될 것이다. 물의 위대한 광경들이 가진 가역성의 특수한 경우를 즐기게 될 것이다. 돌연한 이미지들을 생산해내는 이 유희를 곰곰이 성찰해보면 상상력이 부단히 변증법을 필요로 함을 이해하게 될 것이다. 잘 이원화된 상상력에게 개념이란 유사성에 의해 모여드는 이미지들의 중심이 아니다. 개념은 이미지들의 교차점, 예리하고 결정적인 직각의 교차점이다. 교차한 이후에 개념은 한 가지 특성을 더 갖게 된다. 물고기가 날기도 하고 헤엄도 치는 것이다.

이미 우리가 『말도로르의 노래Chants de Maldoror』에 대한 글[4]에서 혼란스런 형태로나마 한 가지 사례를 연구한 바 있는 이 하늘을 나는 물고기라는 환상은 에드거 포의 경우에는 악몽 속에서 만들어진 것이 아니다. 그것은 더없이 감미롭고 느린 몽상의 산물이다. 하늘을 나는 송어는 드라마 없는 이야기, 미스터리 없는 콩트 속에서 친숙한 몽상처럼 자연스럽게 나타난다. 『란도르 별장』이라는 작품에 과연 하나의 이야기가 있고, 하나의 콩트가 있을까? 그러므로 이 예는 어떻게 몽상이 '자연'에서 나오며, 어떻게 몽상이 자연에 속하게 되는지, 충실하게 응시된 질료가 어떻게 꿈을 생산해내는지를 우리에게 제시해주기에 아주 적합하다.

다른 많은 시인도 반영과 깊이를 동시에 보는 응시로 물의 은유적인 풍부함을 느꼈다. 예컨대 워즈워스Wordsworth의 『서곡Prélude』에

---

[4] Bachelard, *Lautréamont*, éd. José Corti, p. 64 참조.

는 이런 글이 있다. "고요한 물 한가운데에서 느린 배의 가장자리 너머로 몸을 숙인 채, 눈이 물 밑바닥에서 발견하는 것들을 즐기는 사람은 온갖 아름다운 것 — 수초, 물고기, 꽃, 동굴, 조약돌, 나무뿌리 — 을 보며 그보다 더 많은 것을 상상한다."(trad. E. Legouis, IV, pp. 256-273) 그가 더 많은 것을 상상하는 이유는 그 모든 반영과 모든 심층의 대상이 그를 이미지의 도상에 올려놓기 때문이며, 하늘과 깊은 물의 결혼에서 무한하고도 정확한 은유들이 생겨나기 때문이다. 워즈워스는 이렇게 계속한다. "한데 그는 종종 당황한다. 그림자와 실체를 분리할 수 없고, 맑은 물의 심층에 비친 바위와 하늘과 산과 구름을, 거기에 살고 있는, 거기가 진짜 거처인 사물들과 구별할 수 없다. 어떤 때는 그 자신의 이미지가 그것을 관통하고, 어느 때는 햇살이 관통하며, 어디에서 오는지 알 수 없는 물결들이 관통하는데, 이런 장애들이 그의 노고에 즐거움을 더한다." 물이 이미지들을 교차시킨다는 사실을 이보다 더 잘 말할 수 있을까? 물이 지닌 은유의 힘을 이보다 더 잘 이해시킬 수 있을까? 더욱이 워즈워스가 이런 긴 이미저리를 펼친 것은 하나의 심리적 은유를 준비하기 위함인데, 우리가 보기에 그것은 **심층의 근본적 은유**인 것 같다. 그는 이렇게 말한다. "바로 그런 불확실성과 함께 나는 흘러간 시간의 표면을 오랫동안 기쁘게 들여다보았다." 과연 우리가 어던 과거를 심층의 이미지들 없이 묘사할 수 있을까? 깊은 물가에서 명상하지 않고도 **충만한 심층의 이미지**를 얻을 수 있을까? 우리 영혼의 과거는 깊은 물이다.

    그렇게 모든 반영을 볼 때 문득 우리는 물 자체를 바라보게 된다. 그때 우리는 한창 미美를 만들고 있는 물을 불시에 포착하는 느낌을 받으며, 물이 그 부피의 측면에서 아름답다는 것, 물이 내적 아름다움, 능동적 아름다움을 지녔다는 것을 깨닫게 된다. 부피를 재는 나르시시즘 같은 것이 질료 자체에 스며든다. 그러면 우리는 꿈의 모든 힘을 동원하여 팔로미드와 알라딘의 마테를링크적maeterlinckien인 다음 대화를 좇게 된다.

푸른 물은 "부동의 기이한 꽃들로 가득하다…. 그대는 다른 꽃들 아래에서 피어난 가장 큰 저 꽃을 보았는가? 그것은 마치 리듬 있는 삶을 살고 있는 것 같다…. 그리고 저 물…. 저것은 물인가? 저것은 지상의 물보다 더 아름답고, 더 순수하고, 더 푸른 것 같다….

— 이제 더 이상 그것을 감히 바라볼 수가 없다."

영혼 역시 얼마나 거대한 질료인가! 우리는 감히 그것을 바라볼 수가 없다.

IV

에드거 포의 시학에 나타나는 물의 상상력의 일차적 상태는 이상과 같다. 이 상태는 청정성과 투명성의 꿈, 맑고 행복한 색깔들의 꿈에 상응한다. 그것은 이 불행한 이야기꾼의 작품과 삶에 나타나는 덧없는 꿈이다.

이제 에드거 포의 시학에 나타나는 물의 운명을 좇아가보자. 우리는 그것이 질료를 심화시키는 운명, 거기에 인간의 고통을 실어 그 실체를 불리는 운명임을 알게 될 것이다. 표면의 특질들과 부피의,

즉 "전능한 자가 보기에 아주 중요한 고려 사항" ― 참으로 놀라운 경구다! ― 인 부피의 특질들이 대립하는 것을 보게 될 것이다(*L'Ile des Fées*). 물은 어두워질 것이다. 그러기 위해 물은 그림자들을 질료적으로 흡수할 것이다.

그러므로 햇살 가득한 호수들에서 시작하자. 그리고 어떻게 그림자들이 돌연 호수들에 작용하는지를 보자. 전경의 한쪽인 요정들의 섬 주변은 밝게 남아 있다. 그쪽의 물의 표면은 "하늘의 서쪽 샘들이 토해내는 황금색과 진홍색의 휘황찬란한 폭포"에 환히 비치고 있다. "다른 쪽, 섬 쪽은 좀 더 검은 그림자 속에 가라앉아 있다."(p. 278) 그러나 이 그림자가 단지 하늘을 감추는 나무들의 막 때문에 생긴 것은 아니다. 그것은 좀 더 실재적인 것으로, 질료적 상상력에 의해 한층 더 질료적으로 실재화된 것이다. "나무 그림자가 물 위에 무겁게 떨어져 원소의 심층을 어둠으로 적시던서 거기에 파묻히는 것 같았다."(p. 280)

이때부터 형상과 색깔의 시는 질료의 시에 자리를 양보한다. 실체들의 꿈이 시작된다. 객체의 내밀함이 원소 속으로 파고들어가 몽상가의 속내 이야기들을 질료적으로 받아들인다. 그럴 때는 물이 실체이듯 밤도 실체다. 밤의 실체가 물의 실체에 내밀하게 뒤섞이게 된다. 공기의 세계는 자신의 그림자들을 시냇물에게 주게 된다.

여기서 주다라는 동사는 꿈에 나타나는 모든 것과 같이 구체적인 의미로 받아들여야 한다. 여름철에 그늘을 주어 잠자는 이의 낮잠을 보호해주는 잎 무성한 나무 얘기를 하는 정도로 그쳐서는 안 된다. 에드거 포의 몽상에서는, 에드거 포처럼 꿈의 통찰력에 충실한 살아 있는 몽상가에게는 마치 오징어가 먹물을 만들 듯 그림자를 만드는 것이 식물의 여러 기능 중 하나다. 생의 매 시간마다 숲은 밤이 세계를 어둡게 하는 것을 도와야 한다. 나무는 해마다 잎사귀들을 생산하고 버리듯이 날마다 그림자를 생산하고 버린다. "나는 태양이 더 낮게, 계속해서 더 낮게 내려옴에 따라 각각의 그림자가 자신을 낳아준 나무줄기에서 마지못해 떨어져 시냇물에 흡수당하고, 그 사이 또 다른 그림자들이 시시각각으로 나무에서 태어나, 죽은 그 선임들의 자리를 대신한다고 상상하곤 했다."(p. 280) 그림자들은 나무에 붙어 있는 한 살아 있으며, 나무를 떠나면서 죽는다. 그들은 죽으면서 나무를 떠난다. 마치 좀 더 검은 죽음 속에 파묻히듯 물속에 파묻히면서 나무를 떠난다.

이처럼 자기 자신의 일부인 일상의 그림자를 주는 것, 그것은 곧 죽음과 함께 지내는 것이 아니겠는가? 그럴 때 죽음은 길고도 고통스런 이야기가 된다. 그것은 단순히 어떤 치명적인 시간의 드라마가 아니다. 그것은 "우울한 시듦 같은 것"이다. 그래서 몽상가는, 시냇가에서 "마치 나무들이 자신들의 그림자를 하나씩 차례로 되돌려주듯이, 죽음에 이를 때까지 자신들의 실체를 서서히 소진시키며 자신들의 삶을 조금씩 신에게" 되돌려주는 존재들을 생각한다. "소진되는 나무와, 그 나무의 그림자를 마시고서 자신이 삼킨 먹이 덕에 한층 더 검어지는 물, 그들의 관계란 '요정'의 생명과, 그것을 삼켜버리는 '죽음'의 관계 같은 것이 아닐까?"

인간의 행동을 물질적 원소에 부여하는 이 새로운 전도轉倒에 대해 특기해두자. 이제 물은 더 이상 우리가 마시는 실체가 아니라, 뭔가를 마시는 실체다. 물은 검은 시럽을 삼키듯 그림자를 삼킨다. 이는 어떤 예외적인 이미지가 아니다. 갈증의 환상들에서 아주 쉽게 찾아볼 수 있는 이미지다. 그것은 시적 표현에 독특한 힘을 줄 수 있는데, 이는 그것의 깊은 무의식적 특성을 말해주는 증거다. 예컨대 폴 클로델은 이렇게 외친다. "신이시여…. 저의 내면에서 목말라하는 이 물들을 불쌍히 여기소서."[5]

그림자의 흡수를 진정한 의미에서 실재화한다면, 우리가 에드거 포의 시 속에서 역청瀝靑 냇물, 즉 「애니를 의하여For Annie」에 나오는 "나프탈렌 강"을, 그리고 다른 시(「울랄루메Ulalume」)의 유황 물줄기를 지닌 용암의 강, 사프란의 강을 볼 때 그것들을 우주의 기괴함으로 여기지 않아야 할 것이다. 지옥의 강을 약간 새롭게 고친 교과서적인 이미지로 취급해서도 안 될 것이다. 포의 이러한 이미지들은 안이한 문화 콤플렉스의 흔적을 전혀 지니고 있지 않다. 그것들은 원초적 이미지들의 세계에서 온 이미지들이다. 그것들은 질료적 꿈의 원리 그 자체를 따른다. 이 이미지들에서 물은 본질적인 심리적 기능 — 그림자 흡수하기, 날마다 우리 내면에서 죽는 모든 것에 일상적 무덤 제공하기 — 을 수행한 것이다.

이처럼 물은 죽음에의 초대다. 우리로 하여금 원소적인 여러 질료적 은신처 중 하나와 합류할 수 있게 해주는 특별한 죽음에의 초대다. 다음 장에서 오필리아 **콤플렉스**를 고찰할 때 이를 좀 더 잘 이해하게 될 것이다. 지금 당장은 포를 죽음의 주기적인 발작 같은 모종의

---

5 Paul Claudel, *Les cinq grandes Odes*, p. 65.

영원한 자살로 이끄는 그 지속적인 유혹에 대해 특기해야 한다. 그에게 있어 명상에 잠긴 각각의 시간은 회한의 물과 합류하러 가는 살아 있는 눈물 같은 것이다. 시간은 자연의 시계에서 한 방울씩 떨어진다. 시간이 고무하는 세계는 눈물 흘리는 우울이다.

하루하루 슬픔이 우리를 죽인다. 슬픔, 그것은 물결에 떨어지는 그림자다. 에드거 포는 자신의 섬 주위를 도는 요정의 긴 여행을 좇는다. 요정은 처음에는 "아주 취약한 어느 통나무배 위에" 똑바로 서서 "노의 유령과 함께 배를 저어갔다. 아직 완전히 가시지 않은 아름다운 석양빛을 받고 있는 동안에는 요정의 모습에 기쁨이 넘치는 듯했다 ─ 하지만 그림자 지대로 들어서자 슬픔이 그녀의 모습을 변화시켰다. 요정은 미끄러지듯 천천히 앞으로 나아갔고, 섬을 조금씩 한 바퀴 돌아 빛의 지대로 돌아왔다."

"나는 여전히 꿈꾸면서 이렇게 생각했다. '지금 막 이 요정이 섬을 한 바퀴 돈 것은 생의 짧은 한 해를 한 바퀴 돈 것이다. 그녀는 자신의 겨울과 자신의 여름을 통과한 것이다. 그녀는 한 해의 죽음에 다가간 것이다. 사실 그녀가 어둠 속으로 들어섰을 때, 그녀의 그림자가 그녀에게서 떨어져 어두운 물에 삼켜지고, 그리하여 그 검은 물을 한층 더 검게 하는 것을 나는 똑똑히 보았다.'"

이렇게 몽상의 시간이 계속되는 동안 이야기꾼은 요정의 전 생애를 뒤쫓는다. 매년 겨울 하나의 그림자가 분리되어 "물의 칠흑 속으로" 떨어진다. 그것은 암흑에 흡수된다. 해마다 불행은 무거워지고, "한층 더 어두운 유령이 한층 더 검은 그림자로 물에 잠긴다." 그리하여 마침내 종말이 찾아올 때, 어둠이 마음과 영혼 속에 자리 잡을 때, 사랑하는 이들이 우리에게서 떠나가 모든 기쁨의 태양이 지상에서 사라질 때, 그때 그림자들로 부푼 강, 어두운 후회와 가책을 잔뜩 짊어진 칠흑의 강은 자신의 느리고 은밀한 생을 시작할 것이다. 이제 그것은 죽은 이들을 추억하는 원소다.

자신도 모르는 사이 에드거 포는 그 천재적인 꿈의 힘으로 물의 생성에서 죽음을 본 헤라클레이토스의 직관을 재발견한다. 에페소스의 헤라클레이토스는 잠에 빠진 영혼은 살아 있는 우주적인 불의 원천에서 떨어져 나와 "일시적으로 습기로 화하려는 성향을 갖는다"고 상상했다. 그러므로 헤라클레이토스에게 죽음이란 물 그 자체다. "물이 된다는 것은 영혼들에겐 곧 죽음이다."(*Héraclite*, frag. 68) 에드거 포는 어느 묘지에 새겨진 다음의 소망을 이해했을 것 같다.

> 오시리스 님이 그대에게 시원한 물을 권해주시길.[6]

이처럼 이미지들의 세계만 들여다보아도 우리는 포의 영혼에 미치는 '죽음'의 이미지의 지배력을 점진적으로 파악할 수 있다. 이런 식으로 우리는 보나파르트 부인이 제시한 주제를 보완하는 데 기여할 수 있으리라고 생각한다. 보나파르트 부인이 발견했듯이 죽어가는 어머니의 추억은 에드거 포의 작품 속에 실로 훌륭하게 살아 있다. 그 추억은 강력한 동화력과 독특한 표현력을 지니고 있다. 한데 다양한 이미지가 그토록 강력하게 단 하나의 무의식적 추억에 결부

---

[6] Maspero, *Études de Mythologie et d'Archéologie*, I, pp. 336 이하를 보라.

되는 것은 이미 그 이미지들이 자신들 사이에 자연스런 응집성을 지니고 있기 때문이다. 어떻든 우리의 주장은 그렇다. 물론 이 응집성은 논리적이지 않다. 직접적으로 실재하지도 않는다. 현실에서 우리는 나무 그림자들이 물결에 휩쓸리는 것을 보지 못한다. 그러나 질료적 상상력은 이미지들과 몽상들의 이러한 응집성을 해명해준다. 보나파르트 부인의 심리학적 탐구의 가치가 어떠하건 간에 상상력의 응집성에 대한 해명을 이미지들의 관점에서, 표현 수단 자체의 차원에서 전개해보는 것이 쓸데없는 일은 아니다. 거듭 말하지만 우리가 이 연구에서 지향하는 것은 좀 더 피상적인 이미지 심리학이다.

V

풍성해지는 것은 무거워진다. 반영과 그림자가 이토록 풍성한 이 물은 무거운 물이다. 그것은 에드거 포의 메타 시학을 특징짓는 물이다. 그것은 어느 물보다도 무거운 물이다.

상상의 물이 최고의 밀도를 지닌 예를 하나 보자. 『낸터킷섬의 아서 고든 핌의 모험Aventures d'Arthur Gordon Pym de Nantucket』*에서 인용한 예다. 알다시피 이 작품은 항해 이야기, 난파 이야기다. 이 이야기는 해상 생활에 관한 기술적인 자세한 묘사들로 가득하다. 어느 정도 확실한 과학적 관념들에 푹 빠진 화자가 지겨울 정도로 기술적

---

* 한국어판 제목은 『낸터킷의 아서 고든 핌 이야기』이다.

관찰에 빠져드는 페이지들이 많다. 굶주림으로 죽어가는 조난자들이 자신들이 불행을 겪게 된 이야기의 전말을 일일이 달력에 기록할 정도로 정확성을 기하려 애를 쓴다. 내가 처음으로 교양을 쌓기 시작했을 무렵 내게 이 작품은 그저 지루했을 뿐이었고, 스무 살 즈음에 이르러 에드거 포의 애독자가 되었지만 더 끝없이 길게 이어지는 단조로운 모험 이야기는 끝까지 읽어볼 용기를 내지 못했다. 그러다 새로운 심리학이 이룩한 혁신의 중요성을 깨닫고 난 후, 나는 지난날에 했던 독서를 전부 수정했다. 우선 실증적, 사실적, 과학적 읽기에 길이 들어 지루하게만 읽었던 책들을 다시 읽었다. 특히 고든 핌을 다시 읽었는데, 이번에는 그가 처한 드라마 — 이 작품에서는 모든 것이 드라마다 — 를 무의식과 의식의 경계에 두면서 읽었다. 그래서 내가 깨달은 것은 겉보기에는 두 대양 위에서 벌어지는 이 모험이 사실은 무의식의 모험, 영혼의 밤 속에서 벌어지는 모험이라는 것이다. 그리고 수사학 수업에 길든 독자가 내용이 빈약한 미완성 작품으로 여길 수도 있을 이 책이 오히려 독특한 통일성을 지닌 꿈의 완전한 성취로 드러난다는 것이다. 그후 나는 핌을 다시 에드거 포의 걸작들에 포함시켰다. 이 예를 통해 나는 새로운 심리학파 집단이 제공한 새로운 독법의 가치를 특히 더 분명하게 이해했다. 이 새로운 분석 수단들을 갖고 작품을 읽으면 서로 동떨어진 이미지들을 받아들이고 여러 방향으로 상상력을 도약시키는 매우 다양한 승화 작용에 참여하게 된다. 고전적 문학비평은 그런 분산적인 비약을 구속한다. 배워서 알 수 있는 게 아닌 본능적인 심리학적 인식이나 천부적인 심리학적 직관에 관한 주장을 할 때, 그런 비평은 낡아빠진 심리학적 경험, 이미 검토가 된 경험, 닫힌 경험에 의거하여 문학작품을 판단한다. 오직 끊임없이 다시 상상되는 경우에만 시적으로 존재하게 되는 세계에 새로운 형태를 부여하는 것이 시적 기능임을 망각하는 것이다.

여기 놀라운 페이지가 있다. 그 어떤 여행자, 그 어떤 지리학자, 그 어떤 사실주의자도 여기에 등장하는 물이 지상의 물임을 알아보지 못할 것이다. 그런 기이한 물이 존재하는 섬의 위치는 화자에 따르면 "위도 83도 20분, 서경西經 43도 5분"이다. 이 물은 섬의 모든 야만인에게 음료로 사용된다. 그 물이 과연 갈증을 해소할 수 있는지, 위대한 시편 「애너벨 리Annabel Lee」에 나오는 물처럼 "모든 갈증을 해소"할 수 있는지 보도록 하자.

그 이야기[7]는 이렇다. "그 물의 특성 때문에 우리는 그것이 오염되었다고 생각해 마셔볼 엄두를 내지 못했다. 그러다 한참 후에야 우리는 이 군도에 있는 시냇물이 모두 다 그런 외관상의 특징을 지녔음을 깨달았다. 이 액체의 성질을 어떻게 분명하게 설명할 수 있을지 난 정말 모르겠는데, 한두 마디 말로는 도저히 설명할 수 없다. 이 액체는 보통의 물이 다 그렇듯이 경사진 곳에서는 어디서건 빨리 흘렀지만, 폭포가 되어 떨어질 때 외에는 그 외양이 흔히 보는 물처럼 투명하지 않았다. 하지만 그 물 역시 여느 다른 석회질 물 못지않게 맑았고, 단지 겉보기에만 차이가 있었을 뿐이라고 말하지 않을

---

[7] Poe, *Aventures d'Arthur Gordon Pym*, trad. Baudelaire, pp. 210-211.

수 없다. 얼핏 보면, 특히 경사가 거의 느껴지지 않는 곳에서는, 이 액체는 농도 면에서 보통 물에 아라비아고무가 진하게 용해되어 있는 액과 유사했다. 그러나 그것은 이 액체의 이상한 특질들 중 가장 평범한 성질에 지나지 않았다. 이 액체는 무색은 아니었지만 그렇다고 어떤 균일한 색깔을 지닌 것도 아니었으며, 흐르고 있을 때는 보는 이의 눈에 마치 변색하는 비단의 영롱한 광채 같은, 자주색의 온갖 다양한 빛깔을 드러냈다…. 큰 그릇에 이 액체를 가득 담아 가만히 침전시켜보고서 우리는 이 액체가 색깔이 제각각인 상이한 여러 맥으로 이루어져 있음을 알게 되었다. 그 맥들은 서로 뒤섞이지 않았고, 맥들의 구성 성분이 같은 경우에는 응집이 완벽했지만 인접한 맥들과는 응집이 불완전했다. 그 단면들을 칼로 잘라보니 칼날이 지나가자마자 물은 곧바로 다시 닫혔고, 칼을 빼내자 날이 지나간 모든 흔적이 일시에 사라져버렸다. 한데 칼날이 두 개의 맥을 세밀하게 잘라 들어가면 완전한 분리가 이루어져 응집력은 그 분리된 두 부분을 곧바로 바로잡지 못했다. 이 물의 현상들은 그후 내가 장시간 연이어 겪어야 했던 기적들의 거대한 사슬의 첫 번째 고리였다."

마리 보나파르트 부인은 이 놀라운 두 페이지의 내용을 빠짐없이 인용했다. 그녀가 자신의 저서[8]에 이를 인용한 것은 화자를 이끄는 여러 지배적인 환각 문제를 해결한 뒤다. 그래서 그녀는 단순히 이렇게 덧붙인다. "이 물에서 피를 알아보는 것은 어렵지 않다. 여기에는 혈관의 관념이 분명하게 표현되어 있고, '지금껏 문명인이 밟은

---

[8] Marie Bonaparte, *Edgar Poe*, p. 418.

모든 땅과는 본질적으로 다른' 그 땅, 지각되는 그 무엇도 '친숙하지' 않은 그 땅은 사실 모든 인간에게 가장 친근한 것, 즉 육체이며, 그 피는 모유 이전에 아홉 달 동안 우리를 양육해주는 어머니의 피다. 어쩌면 사람들은 우리의 해석이 단조롭고 늘 같은 지점으로 되돌아간다고 말할지도 모른다. 그것은 우리의 탓이 아니라 인간의 무의식 때문이다. 인간의 무의식은 선사시대에서 영원한 주제들을 끌어와 천변만화의 변주를 짠다. 그런 변주들의 아라베스크 장식 아래에서 같은 주제들이 끊임없이 다시 나타나는 게 뭐가 놀라운가?"

우리는 이 정신분석학적 설명을 자세히 인용하고자 했다. 이 설명은 우리가 이 책의 서론에서 강조했듯이 무의식 속에서 매우 활발해지는 생체적 질료주의의 명쾌한 실례이기 때문이다. 보나파르트 부인의 이 대작을 꼼꼼히 검토한 독자에게는, 어머니를 위시하여 포가 진정으로 사랑한 모든 여성을 차례로 죽음으로 몰고 간 각혈이 이 시인의 무의식에 일생 동안 깊은 상처를 남겼다는 것은 의심의 여지가 없는 사실로 보인다. 포 자신도 이렇게 적었다. "그리고 이 말 — 피 — , 이 지고한 말, — 언제나 신비로, 고뇌로, 공포로 충만한 — 이 말들의 왕은 내게 세 배나 더 큰 의미로 모습을 나타냈다! 그 모호한 음절(*blood*)은 — 그 말을 규정하고 구분하는 일련의 선행하는 단어들에서 떨어져 나와 — 내 감옥의 깊은 어둠 속으로, 내 영혼의 가장 내밀한 지대로 무겁고 차갑게 떨어지곤 하지 않았던가!"(*Pym*, p. 47) 그러므로 우리는 그런 깊은 상처가 있는 정신에게는 자연 속에서 무겁게, 고통스럽게, 신비롭게 흐르는 모든 것이 저주받은 피 같고, 죽음을 나르는 혈액 같은 것임을 이해하게 된다. 어떤 액체에 가치가 부여되면 그 액체는 생체의 액체와 같아진다. 그래서 피의 시학이 존재하게 된다. 그것은 비극의 시학이요 고통의 시학이다. 피는 결코 행복하지 않기 때문이다.

하지만 가치 있는 피의 시학을 위한 자리도 있다. 폴 클로델은 에드거 포의 시와는 전혀 다른 생생한 피의 시학을 선보인다. 피가 곧 그런 식으로 가치가 부여된 물인 예를 하나 들어보자. "우리에게는 모든 물이 갈망의 대상이다. 분명 무구한 푸른 바다 이상으로 이 물은 우리의 육체와 영혼 사이에 있는 것, 덕성과 지성을 지닌 우리의 인간적인 물인, 그 어두운, 뜨거운 피에 호소한다."[9]

우리가 고든 핌과 함께하는 곳은 겉보기에는 내밀한 생의 대척점 같다. 모험들은 지리적인 것이 되길 바라는 것이다. 그러나 묘사적인 화법으로 이야기를 시작하는 화자는 기이함의 인상을 주어야 할 필요성을 느낀다. 그러려면 이야기를 꾸며내야 하며, 자신의 무의식에서 그것을 끌어내야 한다. 물이 보편적인 액체라고 해도 어떤 독특한 특성을 수용하지 못할 이유는 없지 않을까? 그렇게 해서 찾아낸 물은 새로 고안해낸 어떤 액체일 수밖에 없을 것이다. 그 고안물은 무의식의 법칙에 따라 어떤 생체적인 액체를 암시한다. 그것은 모유일 수도 있을 것이다. 하지만 에드거 포의 무의식은 독특한 상처, 치명적인 상처를 지니고 있다. 그래서 가치 부여가 피에 의해 이루어지는 것이다. 바로 여기에서 무의식이 개입한다. 즉 피라는 말이 이 페이지에 쓰여서는 안 된다. 그 말이 뱉어진다면 모든 것이 그

---

[9] Paul Claudel, *Connaissance de l'Est*, p. 105.

것에 맞서 결탁할 것이다. 의식은 그것을 논리적으로는 부조리하다고 억압하고, 경험적으로는 불가능하다고 억압하고, 내밀하게는 저주받은 추억이라고 억압할 것이다. 따라서 이상한 물, 여행자를 놀라게 하는 물은 명명되지 않은 피, 명명될 수 없는 피가 될 것이다. 저자 쪽에 대한 분석은 그렇다. 그렇다면 독자 쪽은 어떨까? 우선 — 이것이 일반적인 경우라고 할 수는 없지만 — 독자의 무의식에 피의 가치 부여가 이루어져 있는 경우를 보자. 그럴 경우 이 페이지는 독해가 가능하다. 방향만 올바르다면 이 페이지는 감동까지도 줄 수 있다. 불쾌감 — 즉 혐오감 — 을 줄 수도 있는데, 그것 역시도 가치 부여의 흔적이다. 그렇지 않고 액체에 대한 가치 부여가 피에 의해 이루어질 일이 없는 독자의 경우, 이 페이지는 모든 흥미를 상실한, 이해 불가능한 것이 되어버린다. "실증적인" 영혼을 지녔던 시절 처음으로 이 책을 읽었을 때, 나는 이 책에서 너무 안이한 임의성만 보았다. 그후 나는 이 페이지가 비록 객관적 진실은 갖지 않았을지언정 적어도 어떤 주관적 의미를 지녔음을 이해했다. 그 주관적인 의미가 심리학자의 주의를 강요하며, 그로 하여금 시간을 들여 작품의 전조가 되는 꿈들을 재발견하게 하는 것이다.

한데 이런 독특한 해석에 도움을 준 고전 정신분석학이 이 이미저리 전체를 설명하고 있다고는 생각되지 않는다. 거기에는 피와 물 사이, 명명될 수 없는 것과 명명된 것 사이의 중간 지대에 대한 연구가 빠져 있다. 에드거 포의 페이지가 실제로 경험한 액체의 흔적을 드러내는 것은 바로 표현이 "많은 말"을 요구하는 그 중간 지대에서다. 기이한 물의 맥들 사이에 주머니칼을 찔러 넣는 경험을 암시하는 것은 무의식이 아니다. 그것은 무형이기는 하지만 어떤 내면적 구조를 가진, 또한 그래서 끝없이 질료적 상상력의 흥을 돋우는 어떤 액체, "섬유질 물"에 대한 실제 경험이 있어야 가능한 일이다. 그러므로 우리는 에드거 포가 어린 시절 젤라틴 고무에 흥미를 가졌을 거라고 주장할 수 있다. 그는 고무가 두꺼워지면서 섬유질 구조를 지니게 되는 것을 보았고, 섬유들 사이에 칼날을 밀어 넣어보았을 것이다. 그 자신이 그렇게 말하고 있으니 그것을 믿지 않을 이유가 없지 않은가? 아마도 그는 고무를 가지고 놀면서 혈관에 대해 몽상했을 것이다. 그가 천천히 흐르는 강, 여러 맥을 존중하면서 짙은 물처럼 흐르는 강을 사실적인 이야기 속에 망설임 없이 집어넣은 것은 고무를 가지고 놀아보았기 — 다른 많은 이처럼! — 때문이다. 에드거 포는 이미 발동되기 시작한 활기찬 상상력의 법칙에 따라 한정된 경험을 우주적 차원까지 끌어올렸던 것이다. 그가 어린 시절 놀았던 창고에는 당밀이 있었다. 그것 역시 '우울한' 물질이다. 우리는 그것을 맛보길 주저한다. 특히 존 앨런 같은 엄격한 의붓아버지가 있을 때는 더 그렇다. 하지만 나무젓가락으로 그것을 저어보고 싶어 한다. 마시멜로를 길게 늘여보거나 잘라보거나 하는 것도 얼마나 즐거운 일인가! 친숙한 물질들의 자연 화학이야말로 몽상가가 받는 최초의 수업이다. 그러면 몽상가는 주저하지 않고 우주적인 시를 쓰게 된다. 에드거 포의 메타 시학의 무거운 물은 분명 매우 유치한 물리학에서 유래하는 "성분 하나"를 지니고 있다. 좀 더 인간적이고 극적인 다른 "성분들"에 대한 검토에 들어가기 전에 먼저 이 점을 지적해두고 싶었다.

VI

우리가 주장하듯이 만약 물이 에드거 포의 무의식의 근본적인 질료라면, 물은 대지를 지배해야 한다. 물은 대지의 혈액이다. 물은 대지의 생명이다. 물은 풍경 전체를 자신의 운명 쪽으로 끌고 가려 한다. 특히 이런 물, 이런 작은 계곡이 그렇다. 에드거 포의 시에서는 더없이 밝은 계곡마저 어두워진다.

> Once *it smiled a silent dell*
> *Where the people did not dwell*
> …
> Now *each visiter shall confess*
> *The sad valley's restlessness.*

> 옛날에는 조용한 작은 계곡이 미소 짓고 있었다.
> 누구도 그곳에 머무르지 않았다.
> …
> 지금은 그곳을 찾는 사람 모두가 시인하리라
> 이 슬픈 계곡의 불안을.
>
> (*The valley of unrest*, trad. Mourey)

불안은 조만간 작은 계곡에 있는 우리를 덮칠 것이다. 계곡은 물과 걱정을 모으고, 지하의 물은 계곡을 파내며 애를 쓴다. 이 잠재적인 숙명, 이것이 바로 보나파르트 부인이 강조한, "에드거 포의 그 어떤 풍경 속에서도 살고 싶지 않게 만드는' 바로 그것이다. "그런 음산한 풍경들에 대해서는 두말할 나위도 없다. 누가 어셔가에서 살고자 하겠는가? 포의 즐거운 풍경조차도 거의 혐오감을 불러일으킨다. 너무 의도적으로 안락하고, 너무 인공적이어서 그 풍경들 어디에서도 신선한 자연이 숨을 쉬고 있지 않다."(p. 322)

모든 아름다움의 비애를 좀 더 잘 강조하려면 에드거 포의 작품에서는 아름다움이 죽음으로 보상받는다는 점을 덧붙여야 할 것이다. 달리 말하면 포에게는 아름다움이 죽음의 원인이다. 여성과 계곡과 물의 공통된 이야기가 그러하다. 그러므로 아름다운 계곡은 한순간 젊고 밝을지언정 결국 죽음의 틀, 특징적인 죽음의 틀이 되지 않을 수 없다. 포에게 계곡과 물의 죽음은 낭만적인 가을이 아니다. 낙엽들로 된 죽음이 아니다. 나무들은 노랗게 물들지 않는다. 나뭇잎들은 그저 밝은 초록색에서 어두운 초록색으로, 우리가 보기에 에드거 포의 메타 시학의 근본 색으로 보이는 질료적 초록색, 기름진 초록색으로 이행할 뿐이다. 포의 시각에서는 어둠 자체도 종종 이러한 초록색을 띤다. "천사 같은 눈동자들이 이 세계의 어둠을 보았다. 그 희끄무레한 초록색(*that greyish green*)을, '자연'이 '미'의 무덤 색으로 선호하는 그 색을."(*Al Araaf*, trad. Mourey) 이처럼 색깔에서도 드러나듯이 포에게 있어 '죽음'은 특별한 빛 속에 있다. 그것은 삶의 색깔로 화장化粧한 죽음이다. 보나파르트 부인은 많은 페이지를 할애해서 이 '자연'이라는 개념의 정신분석학적 의미를 규정했다. 특히 그녀는 에드거 포에게 '자연'이 갖는 의미를 이렇게 명시한다. "우리 모두에게 자연이란 우리를 길러주고 감싸주는 어머니를 애당초 제 것으로 삼은 원초적 나르시시즘의 연장일 뿐이다. 포에게 어머니는 때 이르게 시신이, 젊고 아름다운 여성의 시신이 되었으므로 에드거 포의 풍경들이 아무리 꽃이 활짝 핀 풍경이라 한들 언제나 화장한 시신 같은 뭔가를 지니고 있다고 해서 놀랄 이유가 없지 않겠는가?"(p. 322)

다른 어떤 호수보다 특히 에드거 포적인 호수인 오버호湖가 쉬고 있는 곳은 과거와 현재, 영혼과 육체가 융합된 그런 자연 속이다. 이 호수는 오직 내적인 지리, 주관적인 지리에만 속해 있다. 그것은 "사랑의 지도"가 아니라 "우울의 지도", "인간적 불행의 지도"에 자리 잡고 있다.

"그곳은 안개 자욱한 위어 중부지방, 어두운 오버호 바로 옆이었다 — 오버호의 축축한 늪 근처, 위어 지방의 여자 흡혈귀들이 출몰하는 숲속이었다."(*Ulalume*, trad. Mallarmé)

다른 곳, 「꿈의 나라Terre de Songe」의 호수에서도 이 같은 망령들, 이 같은 여자 흡혈귀들이 출몰한다. 그러므로 그것은 같은 호수, 같은 물, 같은 죽음이다. "고독한 물, 죽은 고독한 물이 넘실대는 호수들에서 / 그 호수들의 슬픈 물, 고개 숙인 백합들의 눈[雪]이 덮인 슬프고 차가운 물에서 / 산들에서 / 잿빛 숲에서 / 두꺼비와 도마뱀이 사는 늪에서 / 음산한 물웅덩이와 연못들에서 / 흡혈귀들이 사는 곳 / 더없이 흉한 모든 장소 / 더없이 우울한 모든 구석에서, 말하자면 도처에서 여행자는 겁에 질린 채 '과거의 어렴풋한 추억들'을 만난다."(*Terre de Songe*, trad. Mallarmé)

이 물들, 이 호수들은 전 자연에서 떨어지는 우주의 눈물을 먹고 산다. "검은 골짜기 ─ 그리고 그늘진 물줄기들 ─ 그리고 도처에서 떨어지는 눈물 때문에 형태를 알아보기 어려운 구름 떼 같은 숲들." 태양마저도 물 위에 눈물을 떨군다. "이슬을 머금은, 최면을 거는 듯한, 어떤 모호한 영향력이 이 금빛 햇무리에서 방울방울 떨어지고 있다."(Irène, trad. Mourey) 참으로 그것은 하늘에서 물 위로 떨어지는 불행의 영향력, 점성학적 영향력이며, 다시 말해 햇살들이 마치 어떤 물리적이고 질료적인 악惡인 양 가져오는, 미미하면서도 질긴 하나의 질료다. 이 영향력이 바로 연금술의 방식으로 물에 범우주적 고통의 색조, 눈물의 색조를 가져다준다. 그것은 이 모든 호수의 물, 모든 늪의 물로 인간적 슬픔의 어머니-물[母水]을, 우울의 질료를 만든다. 이제 더 이상 이는 막연하고 일반적인 인상의 문제가 아니다. 질료적 참여의 문제다. 이제 몽상가는 더 이상 이미지들을 꿈꾸지 않고 질료들을 꿈꾼다. 무거운 눈물들이 어떤 인간적인 의미, 인간적인 삶, 인간적인 질료를 이 세계에 가져다준다. 여기서 낭만주의는 기이한 질료주의와 결합한다. 역으로 말하면 질료적 상상력에 의해 상상된 질료주의가 여기서 너무도 예민하고 너무도 고통스러운 감수성을 갖춰 이 이상주의자 시인의 모든 고통을 포함[이해]할 수 있게 되는 것이다.

VII

방금 우리가 여러 자료 — 그런 자료는 어렵잖게 더 찾아볼 수 있을 것이다 — 를 살펴본 것은 에드거 포의 메타 시학에서 상상의 물이 자신의 심리적 이행devenir을 우주 전체에 강제한다는 점을 증명하기 위해서다. 이제는 이 죽은 물의 본질 그 자체에 다가가보아야 한다. 그럴 때 우리는 물이 죽음의 진정한 질료적 매체support임을 이해하게 될 것이다. 혹은 무의식의 심리학에서 일어나는 매우 자연스런 전도轉倒에 의해 어떤 깊은 의미에서는 물의 각인이 찍힌 질료적 상상력에게 죽음이란 범우주적인 히드라[물]임을 이해하게 될 것이다.

우리가 제안하는 무의식의 심리학의 정리定理는 형식이 단순해서 진부해 보이지만, 그것의 증명은 분명 여러 가지 새로운 심리학적 교훈을 제기한다. 증명해야 할 명제는 이렇다. 죽은 물은 잠자는 물이기 때문에 부동의 물은 죽은 이들을 환기한다.

사실 무의식의 새로운 심리학은 죽은 사람들이 아직 우리 안에 머무르고 있는 한 우리의 무의식에서 그들은 곧 잠을 자는 사람들이라고 가르친다. 그들은 휴식을 취하고 있다. 장례식이 끝난 뒤 우리의 무의식에서 그들은 곧 부재자들, 다시 말해 좀 더 깊이 숨은, 좀 더 가려진, 좀 더 깊이 잠든 잠자는 자들이 되는 것이다. 그들이 깨어나는 것은 오직 우리 자신의 잠이 우리에게 추억보다 더 깊은 꿈을 제공할 때뿐이다. 우리는 그 사라진 자들과 함께 '밤'의 나라에 있게 되는 것이다. 어떤 이들은 잠을 자러 아주 멀리까지 간다. 갠지스강의 강변으로, "바닷가의 어느 왕국"으로, "세상에서 가장 푸른 계곡"으로, 몽상에 잠긴 어느 이름 모를 물가로. 하지만 그들은 언제나 잠을 자고 있다.

> … 죽은 이들은 모두 잠을 잔다
> 적어도 '사랑'이 눈물 흘리는 동안만큼 오래
> …
> 추억의 눈동자 속에 고인 눈물만큼 오래
>
> (*Irène*, trad. Mourey, p. 218)

잠자는 물의 호수는 이 완전한 잠, 아무도 눈뜨기를 원치 않고, 살아 있는 자들의 사랑에 의해 지켜지고, 추억의 푸념들에 의해 흔들거리는 잠의 상징이다.

> 보라! 망각의 강처럼 호수는
> 의식이 있는 잠을 자는 것 같다.
> 이 세상에 무슨 일이 있든 깨고 싶지 않은 것 같다.
> 로즈마리는 무덤 위에서 잠을 자고
> 백합은 파도 위에 몸을 넌다.
> …
> 모든 '아름다움'이 잠을 잔다.
>
> (*Irène*, trad. Mourey, p. 218)

이 젊은 시절의 시는 에드거 포의 만년의 시 「잠자는 여인Dormeuse」에서 되풀이된다. 이 만년의 시에서 이렌은 무의식의 발전에 걸맞게 무명의 잠자는 여인, "우주적인 골짜기 속 … 신비적인 달빛 아래에서" 잠을 자는, 친하지만 이름 없는 죽은 여인이 된다. "로즈마리가 무덤에 인사를 하고, 백합은 파도 위를 떠돈다. 폐허는 가슴을 안개로 감싸면서 휴식 속으로 내려앉는다. 보라! 망각의 강처럼 호수는 의식이 있는 잠을 음미하는 듯 온 세상을 다 준다 해도 깨어나지 않을 것이다. 모든 '아름다움'이 잠을 잔다."(trad. Mallarmé)

여기가 바로 에드거 포의 형이상학적 드라마의 핵심이다. 그의 작품과 인생의 신조는 여기에서 그 모든 의미를 드러낸다.

나는 '죽음'이 자신의 숨결을 '아름다움'의 숨결과
섞는 곳에서만 사랑할 수 있었다….

I could not love except where Death
Was mingling his with Beauty's breath….

스무 살 시절의 이 이상한 신조는 과거 시제로 말할 만한 오랜 인생 경험이 없으면서도 이미 과거 시제로 말하고 있으며, 인생의 깊은 의미와 충실함을 나타내고 있다.[10]

---

[10] 보나파르트 부인은 "이 몇 행은 포가 삭제해버려 말라르메가 번역하지 않았다"(p. 28)는 사실을 지적한다. 이 삭제는 위 문구의 비상한 중요성을 보증하는

그러므로 에드거 포를 이해하기 위해서는 시나 콩트의 모든 결정적 순간에 '아름다움'과 '죽음'과 '물'을 종합해야 한다. '형상'과 '사건'과 '실체'의 이러한 종합은 철학자에게는 작위적이고 불가능한 것으로 여겨질 수 있다. 그러나 그것은 도처에 있다. 사랑하면 바로 감탄하고, 걱정하고, 간직한다. 몽상 속에서는 형상과 이행과 질료를 지배하는 이 세 원인이 너무나 잘 결합하여 서로 분리할 수가 없다. 에드거 포 같은 심층 몽상가가 그것들을 하나의 동일한 상징적 힘 속에 결집시킨 것이다.

물이 아름답고 충실한 죽음의 질료인 이유가 바로 여기에 있다. 오직 물만이 아름다움을 간직하면서 잠잘 수 있고, 물만이 제 반영들을 간직하면서 움직이지 않고 죽을 수 있다. '거대한 추억'에, '유일한 그림자'에 충실한 몽상가의 얼굴을 비추면서 물은 모든 그림자에게 아름다움을 주고, 모든 추억을 되살린다. 그리하여 우리가 사랑한 모든 이에게 아름다움을 주는, 일종의 반복적인 대리 나르시시즘이 탄생한다. 인간은 자신을 과거에 비춰 보며, 그에게는 모든 이미지가 추억이다.

그리하여 물의 거울이 흐려질 때, 추억이 흐릿해지고, 멀어지고, 숨이 막힐 때,

  … 한두 주일이 지나가고

것이 아닐까? 자신의 재능의 비밀을 감춰야 한다고 믿었던 포의 통찰력을 보여주는 것이 아닐까?

가벼운 웃음이 한숨을 막을 때,

무덤에 노여움을 느끼면서, 그는

어느 추억의 호수를 향해 간다.

종종 생전에 — 친구들과 함께 — 순수한 원소 속에서

멱을 감으러 가던 곳.

그리고 거기서, 짓밟히지 않은 풀꽃들로,

지나가는 밤바람에게

"아! 아! 슬프다! — 슬프다!"

라고 말하는(아, 지금 그 소리를 들어보라!) 꽃들로

자신의 투명한 이마에 쓸 화환을 짜면서,

떠나기 전에 잠시,

거기 흐르는 맑은 물을 살펴보고는,

막막하고 어두운 하늘 속으로

(괴로움에 짓눌린 채) 잠겨 든다.

(*Irène*, trad. Mourey)

오 너, 물의 유령이여, 단 하나의 맑은 유령이여, "투명한 이마를 가진", 내게 아무것도 숨기지 않는 가슴을 가진 단 하나의 유령, 내 강의 정령이여! 너의 잠이

지속되는 한 언제까지나 깊어지기를.

VIII

 마지막으로 에드거 포의 시의 물들에 잊을 수 없는, 기이한 특성을 부여하는 죽음의 징표 하나를 살펴보자. 그것은 물들의 침묵이다. 우리는 상상력이 자신의 그 창조적 형태 속에서 자신이 창조하는 모든 것에 어떤 이행을 강제한다고 믿기에 침묵이라는 주제와 관련하여 에드거 포의 시에서 물이 어떻게 침묵이 되어가는지를 제시하고자 한다.

 포의 세계에서 물의 쾌활함은 얼마나 덧없는가! 에드거 포는 한 번이라도 웃은 적이 있을까? 몇몇 명랑한 시냇물을 지나 그들의 원천에 가까이 가면 강은 곧바로 침묵에 잠긴다. 이내 물의 목소리가 잦아들고, 속삭임이 점차 침묵으로 바뀐다. 물의 어렴풋한 삶에 생기를 주던 그 속삭임 자체가 낯설어진다. 달아나는 물결에게 그것은 이방인 같다. 누군가 혹은 무언가 수면에 말을 거는 것이 있다면, 그것은 바람이거나 메아리, 탄식을 토하는 물가의 몇 그루 나무다. 그것은 숨을 쉬는, 아주 나지막이 숨을 쉬는 유령이다. "바닥이 진흙인 그 강 양쪽으로 수 마일에 걸쳐서 거대한 수련들의 창백한 사막이 펼쳐진다. 수련들은 고독 속에서 서로 한숨을 쉬며, 유령 같은 긴 목을 하늘을 향해 내밀고, 그 한결같은 머리를 이쪽저쪽으로 끄덕인다. 그리고 그들 무리에서 지하수의 속삭임 같은 희미한 속삭임이 새어 나온다. 또 그들은 서로를 향해 한숨을 내쉰다."[11] 이것이 강가

---

[11] Poe, "Silence", *Nouvelles histoires extraordinaires*, trad. Baudelaire, p. 270.

에서 듣게 되는 소리다. 강의 목소리가 아닌 한숨, 푸른 식물들의 한숨, 녹음綠陰의 슬프고 불쾌한 애무다. 곧 식물마저도 침묵에 잠기고, 이어 슬픔이 돌들을 때리면 온 세상이 형언할 수 없는 공포에 휩싸여 벙어리가 된다. "그러면 나는 화가 치밀어 강과 수련들에게, 바람에게, 숲에게, 하늘에게, 천둥에게, 수련들의 탄식에게 침묵의 저주를 퍼부었다. 그러면 그들은 저주에 걸려 벙어리가 되었다."(p. 273) 사실 존재의 바다에서, 존재의 바다로부터 말을 하는 것, 물의 가슴속에서 말을 하는 것, 그것은 회한의 목소리다. 그것들은 침묵시켜야 한다. 악에게는 저주로 응답해야 한다. 우리의 안과 바깥에서 신음하는 모든 것, 그것들을 침묵의 저주로 타격해야 한다. 그러면 '우주'는 상처받은 영혼의 비난을 이해하고 침묵하며, 버릇없는 시냇물도 웃음을 멈추고, 폭포도 흥얼거림을 멈추고, 강도 노래를 멈춘다.

그러면 너, 몽상가여, 너도 침묵을 네 안에 들여라! 물가에서, 죽은 이들의 꿈 이야기에 귀 기울이는 것마저도 이미 그들의 잠을 방해하는 짓이다.

더욱이 행복이라는 것, 그것이 정말 말을 할까? 진정한 행복이 노래를 할까? 엘레오노라가 행복했던 시절도 이미 강이 영원한 침묵의 무거움을 취한 뒤였다. "우리는 그 강을 침묵의 강이라고 불렀다. 그 흐름에는 사람을 침묵시키는 힘이 깃들어 있다고 생각했기 때문이다. 강바닥에서는 어떤 중얼거림도 일지 않았고, 냇물은 이리저리 아주 평화롭게 흘렀으므로 우리가 즐겨 바라보던 냇물 속 깊은 곳의 진주 같은 모래알은 그 하나하나가 원초적인 옛 장소에서 영원한 빛을 반짝이며 꼼짝도 하지 않았다."[12]

연인들은 이 부동의 말없는 물이 사랑의 열정의 모범을 보이길 요구한다. "우리는 그 물결에서 에로스 신을 끌어냈고, 이제 우리는 그가 우리 내면에 조상들의 뜨거운 영혼을 도 살렸다고 느낀다…. 그 모든 열정이 한데 모여 '오색의 잔디 계곡'에 미친 듯한 행복을 불어넣었다."(p. 173)[13] 이처럼 시인의 영혼은 물이 주는 영감에 너무도 강하게 결부되어 있기에 사랑의 불꽃은 바로 물 자체에서 생겨나야 하고, 또 물은 "조상들의 뜨거운 영혼"을 간직해야 하는 것이다. 물의 희미한 에로스가 지나가는 두 영혼에 잠시 "불을 붙이면", 물은 잠시 동안 뭔가 할 말을 갖게 된다. 강의 가슴에서 "점차 어떤 속삭임이 생겨나 마침내는 아이올로스의 하프의 멜로디보다 더 신성하고, 엘레오노라의 목소리를 제외한 다른 무엇보다도 더 감미로운, [마음을] 흔드는 멜로디로 불타올랐다."(p. 174)

하지만 엘레오노라는 "죽음의 손가락이 자신의 가슴 위에 놓인 것을 알았다. 하루살이처럼 자신이 완전히 성숙해진 것은 오직 죽기 위해서라는 것을 알았다."(p. 175) 그러자 녹음의 색조들이 퇴색하고, 수선화들이 어두운 제비꽃들로 대체되고, "금빛 은빛 물고기들이 홈을 통해 우리 영지의 아래쪽 끝으로 헤엄쳐 달아나 두 번 다

---

12 Poe, "Éléonora", *Histoires grotesques et sérieuses*, trad. Baudelaire, p. 171.
13 초원, 강의 작품인 초원은 어떤 영혼들에게는 그 자체로 슬픔의 테마다. 영혼들의 진정한 초원에는 수선화밖에 자라지 않는다. 거기에서 바람은 노래하는 나무를 찾아볼 수 없다. 다만 한결같은 녹음의 소리 없는 물결만 볼 뿐이다. 초원의 테마를 연구하다 보면 어떤 악령이 에드거 포를 먼 옛날 엠페도클레스가 방문했던 그 "불행의 초원"으로 인도했는지를 자문해볼 수 있을 것이다.

시 이 감미로운 강을 아름답게 물들이지 않았다." 결국 햇살과 꽃들에 이어 하모니도 사라진다. 결국 존재들과 목소리들의 세계 속에서 에드거 포 시 세계의 너무도 특징적인 물의 운명이 완성된다. "애무하는 음악이 … 미미한 속삭임으로 조금씩 죽어갔고, 그것마저 점차 약해지다가 마침내는 시냇물 전체가 그 원초적 침묵의 장엄함으로 되돌아갔다."

　소리 없는 물, 어두운 물, 잠자는 물, 깊이를 헤아릴 수 없는 물, 이것들은 죽음을 명상하기 위한 질료적 가르침들이다. 하지만 그것은 헤라클레이토스적인 죽음, 우리를 그 흐름과 더불어 하나의 흐름인 양 멀리 데려가는 죽음에 대한 가르침이 아니다. 그것은 부동의 죽음, 심층에서의 죽음, 우리와 함께, 우리 곁에, 우리 내부에 있는 죽음에 대한 가르침이다.
　저녁 바람 한 줄기만 있어도 입을 다물어버렸던 물이 다시 우리에게 말을 걸 것이다…. 아주 부드럽고, 아주 창백한 달빛 한 줄기만 있어도 유령이 다시 물결 위를 걸어갈 것이다.

제3장
카론 콤플렉스,
오필리아 콤플렉스

침묵과 달… 묘지와 자연….
쥘 라포르그, 『전설적인 교훈극들』, p. 71.

I

아마추어 신화학자들도 때로는 도움이 된다. 그들은 일차적인 합리화 지대에서 성실하게 작업한다. 그러므로 그들은 자신들이 "설명하는"것을 설명하지 않은 채로 남겨둔다. 이성은 꿈을 설명할 수 없기 때문이다. 그들은 우화들을 약간 성급하게 분류하고 체계화한다. 하지만 그런 성급함에는 이점이 있다. 그것은 분류를 단순화한다. 또한 그것은 너무 안이하게 받아들인 그 분류가 신화학자와 독자의 정신 속에서 작용하는 실제 성향들과 부합한다는 사실을 보여준다. 바로 그렇게 『피치올라Picciola』와 『등굣길Chemin des Écoliers』의 저자, 상냥하고 장황한 생틴은 『라인 지방의 신화Mythologie du Rhin』를 썼다. 우리의 생각들을 재빠르게 분류하기 위한 기초적인 가르침을 제공해줄 수 있는 책이다. 그러니까 생틴은 한 세기 전에 나무 숭배의 원초적 중요성을 이해했다.[1] 그는 사자死者 숭배를 나무 숭배와 연관시킨다. 그러고는 우리가 죽음의 네 나라의 법칙이라 부를 수 있을 법칙 하나를 공언하는데, 그것은 4원소의 상상력의 법칙과 분명한 연관이 있다.

"켈트 사람들은 인간의 시체를 없애기 위해 여러 가지 기이한 수단을 이용했다. 어느 지방에서는 화장을 했는데, 탄생 기념 수목이 그 땔감으로 사용되었다. 다른 지방에서는 **토드텐바움**(망자의 나무)에 도끼로 구멍을 뚫어 그 소유자의 관으로 사용했다. 그 관은 땅 아래 매장되곤 했으며, 그렇지 않으면 강의 물살에 맡겨져 어딘지 모를 곳으로 흘러갔다. 마지막으로 어느 주의 관습으로는 — 무서운 관습이지만 — 시체를 야생 새들의 식탐에 방치해버리는 관습이 있었다. 이 끔찍한 유기의 장소는 망자의 출생 때 심은 나무의 끝, 나무 꼭대기다. 이 경우에는 예외적으로 나무가 망자와 함께 쓰러지지 않은 것 같다."[2] 이어서 생틴은 충분한 증거나 예시 없이 이렇게 덧붙인다. "자, 인간의 유해를 원래대로 되돌리는 데 쓰이는 공기, 불, 대지, 물이라는 확실히 구분되는 네 수단에서 우리가 보는 것은 무엇인가? 모든 시대에 사용된 이 네 장례법은 오늘날까지도 인도의 브라만교도나 불교도, 또는 조로아스터교도 사이에서 행해지고 있다. 봄베이의 배화교도는 갠지스강에서 목욕하는 이슬람교 수도승과 마찬가지로 이에 대해 뭔가를 알고 있다." 끝으로 생틴은 이렇게 보고한

---

[1] 생틴은 점잖은 철학자였다. 제1장 말미에서 우리는 우리 자신도 종종 생각해 보았던 다음과 같은 말을 읽을 수 있다. "더욱이 신화학자인 내가 무언가를 증명해야 한단 말인가?"

[2] X. -B. Saintine, *La Mythologie du Rhin et les contes de la mère-grand*, 1863, pp. 14-15.

다. "1560년경, 자위더르해[지금의 에이설호]의 충적층을 파던 네덜란드 노동자가 꽤 깊은 곳에서 화석이 되어 기적적으로 보존된 몇 그루 나무줄기를 발견했다. 나무줄기마다 사람이 한 명씩 들어 있었는데, 몇몇 유해는 거의 화석이 되어 보존되어 있었다. 분명 독일의 갠지스강인 라인강이 그들을 거기까지 운반했을 것이다."

인간은 태어나면 바로 식물에 바쳐졌고, 자기만의 개인적인 나무를 가졌다. 죽음은 생명과 똑같은 보호를 받아야 했다. 그래서 시신은 식물 한가운데에 안치되어 나무의 생육하는 품으로 돌아가 불에 넘겨졌다. 그렇지 않으면 대지에 넘겨지거나, 아니면 숲 꼭대기, 나뭇잎 속에서 '밤'의 새들, '바람'의 수천 우령의 도움을 받아 공기 중에 분해되기를 기다렸다. 그렇지 않으면 좀 더 내밀하게 그 자연의 관 속에, 그 식물적 분신 속에, 그 게걸스럽게 먹는 살아 있는 관sarcophage 속에,* 즉 '나무' 속에 — 나무의 두 옹이 사이에 — 눕혀져 물에, 물결에 맡겨졌다.

II

죽은 이가 물결을 타고 떠나간다는 것은 죽음에 대한 끝없는 몽상

---

* sarcophage는 무덤을 가리키는 라틴어 sarcophagus에서 유래한다. '살', '육체'를 가리키는 sarx와 '먹다'를 뜻하는 동사 phagein이 결합해 만들어진 형용사 sarcophagus가 명사화된 말로 '살을 먹는 자', '관'을 뜻한다.

의 한 가지 특징일 뿐이다. 그것은 한 장의 가시적인 그림하고만 상응할 뿐이어서 죽음 그 자체를 하나의 실체인 양 상상하는, 어떤 새로운 실체 속의 삶인 양 명상하는 질료적 상상력의 깊이를 오판하게 할 수도 있을 것이다. 생의 실체인 물은 양면적 몽상에게는 죽음의 실체이기도 하다. "토트텐바움", 즉 죽음의 나무를 잘 해석하기 위해서는 융³과 같이 나무가 무엇보다도 모성의 상징임을 상기해야 한다. 물 역시 모성의 상징이기에 우리는 토트텐바움에서 기이한 접아楼芽[싹 접붙이기]의 이미지를 포착할 수 있다. 죽은 이를 나무의 품속에 넣고 그 나무를 물의 품속에 맡긴다는 것, 그것은 어떻게 보면 모성의 힘을 배가하는 것, 이 매장 신화를 이중으로 체험하는 것이며, 이를 통해 우리는 융이 말하듯 "죽은 이가 다시 분만되도록 어머니에게 맡겨진 것"이라고 상상하게 된다. 이러한 몽상에게 물속의 죽음이란 다른 어떤 죽음보다 더 모성적인 죽음일 것이다. 인간의 욕구가 그런 것이라고 융은 말한다. "마치 바다가 태양을 삼키되 깊은 심층에서 그것을 다시 분만하듯이 죽음의 검은 물은 생명의 물이어야 하고, 죽음과 그 차가운 포옹은 어머니의 품에서 이루어져야 한다…. '생명'은 결코 '죽음'이라는 것을 믿지 않았다!"(p. 209)

---

3 C. G. Jung, *Métamorphoses et symboles de la Libido*, p. 225.

III

여기서 한 가지 의문이 나를 짓누른다. '죽음'은 최초의 '항해자'가 아니었을까?

살아 있는 사람들이 자신을 물결에 맡기기 훨씬 전부터 사람들은 관을 바다에 띄우기도 하고 급류에 맡기기도 했던 게 아닐까? 이 신화학적 가설에 따르면 관은 마지막 배일 수 없을 것이다. 그것은 최초의 배일 것이다. 죽음은 마지막 여행이 아닐 것이다. 아마도 최초의 여행일 것이다. 어떤 심층 몽상가들에게 죽음은 진정한 최초의 여행일 것이다.

물론 이 같은 바다 여행 개념은 곧바로 공리주의적인 설명들과 대립한다. 우리는 언제나 원시인이 천부적으로 창의력이 풍부한 사람이었길 바란다. 선사시대 인간이 자신의 생존 문제를 지적으로 해결했기를 바란다. 특히 우리는 유용성은 명확한 관념이며, 언제나 확실하고 직접적인 명증성의 가치를 지닌다고 쉬이 인정해버린다. 한데 유용한 인식이란 이미 합리화된 인식이다. 역으로 말하면 원시적 관념을 유용한 관념으로 보는 것은 합리화에 빠지는 것이다. 지금은 유용성이 매우 완전한, 매우 동질적인, 매우 물질적인, 매우 분명하게 폐쇄된 실용주의의 체계로 이해되고 있어서 더욱더 속기 쉬운 합리화에 빠지는 것이다. 그러나 유감스럽게도 인간은 그리 합리적이지 않다! 인간은 실용을 진실만큼이나 어렵게 발견한다…

어쨌든 우리의 당면 문제로 돌아가 약간 몽상을 해보면 항해의 유용성이 선사시대 인간으로 하여금 통나무배의 속을 팔 결심을 하게 할 만큼 분명한 것 같지는 않다. 어떤 유용성도 물결을 타고 떠난다는 그 엄청난 위험을 정당화하지는 못한다. 항해를 결행하려면 강력한 이득이 필요하다. 한데 진짜 강력한 이득은 공상적인 이득이다. 그것은 우리가 꿈꾸는 이득이지, 우리가 계산하는 이득이 아니다. 그것은 전설적인 이야기다. 바다의 영웅은 죽음의 영웅이다. 최초의 뱃사람은 죽은 자만큼이나 용감했던 최초의 산 사람이다.

그러므로 살아 있는 사람을 완전한 죽음, 돌이킬 수 없는 죽음에게 넘기고 싶을 때는 그들을 물결에 맡기게 될 것이다. 마리 델쿠르 부인은 전통적인 고대 문화의 합리주의적 위장 아래에서 불길한 아이들의 신화적 의미를 발견했다. 많은 경우 사람들은 그 아이들이 대지와 접촉하지 못하도록 신경을 쓴다. 그들이 대지를 더럽히고, 대지의 다산성을 저해하고, 그들이 가진 "페스트"를 퍼뜨릴 수 있기 때문이다. "사람들은 [그들을] 최대한 빨리 바다나 강으로 옮긴다."[4] "죽이고 싶지도 않고 땅과 접촉시키고 싶지도 않은 약한 존재가 있다면, 가라앉을 작은 쪽배에 태워 물에 띄우는 것 외에 달리 어떻게 할 수 있겠는가?" 우리는 마리 델쿠르 부인의 이 의미심장한 신화적 해석을 한 단계 발전시킬 것을 제안한다. 그리하여 우리는 불길한 아이의 출생을 대지의 정상적인 다산성에 속하지 않는 존재의 출생으로 해석하고자 한다. 사람들은 즉시 그를 그의 원소에게로, 근처의 죽음에게로, 무한한 바다나 포효하는 강이라는 완전한 죽음의 나

---

[4] Marie Delcourt, *Stérilités mystérieuses et naissances maléfiques dans l'antiquité classique*, 1938, p. 65.

라로 돌려보낸다. 오직 물만이 대지를 치워즐 수 있다.

그러므로 바다에 버려진 아이들이 살아서 해안으로 되돌아왔을 때, "물에서 구출"되었을 때 그들이 쉽게 기적적인 존재가 된 것이 이해된다. 물을 통과했기에 그들은 죽음을 통과한 것이다. 그래서 그들은 도시를 만들고, 국민을 구출하고, 세상을 다시 만들 수 있었다.[5]

'죽음'은 여행이며 여행은 죽음이다. "떠난다는 것은 조금은 죽는 것이다." 죽는다는 것, 그것은 진정으로 떠나는 것이며, 물의 흐름, 넓은 강의 흐름을 따라가야만 잘, 용기 있게, 확실하게 떠날 수 있다. 모든 강은 사자死者들의 강과 합류한다. 이러한 죽음만이 전설적인 죽음이다. 이러한 떠남만이 모험이다.

무의식에 있어 죽은 자란 실로 부재자일 뿐, 오직 죽음의 항해자만이 죽은 자요 그에 대해 우리는 무한히 꿈꿀 수 있다. 그의 추억은 언제나 어떤 미래를 지닌 것 같다…. 공동묘지에 사는 죽은 자는 이와 많이 다를 것이다. 그에게 무덤은 산 자들이 경건한 마음으로 방문하러 오는 하나의 거처다. 그런 죽은 자는 완전히 부재하는 게 아니다. 예민한 사람은 그것을 잘 안다. 워즈워스의 시에 등장하는 어린 소녀는 말한다. 우리는 일곱 명인데 다섯은 삶 속에 있고, 나머지 둘은 늘 묘지에 있다고. 우리는 그들 곁에서, 그들과 함께 재봉질이나 바느질을 할 수 있다.

---

[5] 모든 저승은 항해의 이미지와 결합한다. 서양의 전통문화만 그런 것이 아니다. von Erwin Rousselle, "Das Wasser als mythisches Ereignis chinesischen Lebens", *Die Kulturelle Bedeutung der Komplexen Psychologie*, 1935를 보면 중국의 전통문화에서도 그런 예를 찾아볼 수 있다.

바다에서 죽은 이들에게는 어떤 다른 꿈, 특별한 몽상이 결합한다. 그들은 여느 과부와는 다른 과부들, '검은 바다Oceano Nox'를 꿈꾸는 "흰 이마의 과부들"을 마을에 남겨두고 있다. 하지만 바다의 영웅에 대한 예찬은 탄식들마저 침묵시킬 수 있지 않을까? 트리스탕 코르비에르의 저주들6에는 수사학적 효과들의 배후에 어떤 진지한 꿈의 흔적이 있는 것 아닐까?

이처럼 해변에서의 작별은 작별 중에서도 가장 비통한 동시에 가장 문학적인 작별이다. 그런 작별을 노래하는 시는 꿈과 영웅주의의 오래된 자산을 활용한다. 분명 그것은 우리 내면에서 더없이 고통스런 메아리들을 일깨운다. 우리의 밤의 영혼의 한 측면은 온통 배를 타고 떠나는 것으로 해석된 죽음의 신화로 설명된다. 몽상가에게 그런 떠남과 죽음 사이의 반전은 지속적으로 이루어진다. 어떤 몽상가들에게 물은 우리를 한 번도 해본 적 없는 여행에 초대하는 새로운 움직임이다. 이 질료화된 떠남은 우리를 대지라는 질료에서 떼어내는 것이다. 보들레르의 다음 한 구절이, 이 놀랍도록 거대하고 돌연한 이미지가 우리의 신비의 핵심을 찌르는 이유다.

오오 죽음이여, 늙은 선장이여, 때가 왔다! 닻을 올리자!7

---

6 Tristan Corbière, "La Fin", *Les Amours jaunes*를 보라.
7 Baudelaire, "La Mort", *Les Fleurs du Mal*, p. 351.

IV

　수상 여행 이미지에 의해 장례를 중심으로 축적된 모든 무의식적 가치를 그 원초적 차원으로 복원해보면 지옥의 강의 의미와 모든 수상 장례의 전설을 좀 더 잘 이해할 수 있을 것이다. 이미 합리화된 관습들은 죽은 이를 무덤이나 장작더미에 맡길 수 있지만, 물의 각인이 찍힌 무의식은 무덤을 넘어, 장작더미를 넘어 배를 타고 떠나는 것을 꿈꿀 수 있다. 대지를 통과하고, 불을 통과한 후 영혼은 물가에 도달할 것이다. 깊은 상상력, 질료적 상상력은 물이 죽음 속에서 제 몫을 갖기를 바란다. 그것은 죽음이 여행의 감각을 갖도록 하기 위해 물을 필요로 한다. 그래서 우리는 그런 끝없는 몽상을 위하여 장례의 종류가 어떻든 모든 영혼은 카론의 배에 올라타야 함을 이해하게 된다. 언제나 이성의 밝은 눈으로 브라보아야 한다면 그 이미지는 기이할 것이다. 하지만 우리가 우리의 꿈을 살펴볼 줄 안다면 그 무엇보다도 친숙한 이미지 아닌가! 잠 속에서 그런 죽음의 항해를 경험한 시인은 많다. "나는 네가 떠난 그 오솔길을 보았다! 잠과 죽음은 더 이상 우리를 오랫동안 떼어놓지 못하리라…. 들어보라! 음악 가득한 숲에서 유령 같은 급류가 속삭이는 미풍에 자신의 먼 포효를 섞고 있다."[8] 셸리의 꿈을 다시 체험해보면 우리는 어떻게 그 떠남의 오솔길이 점차 유령 같은 급류가 되는지 이해하게 된다.

　더군다나 무의식적 가치들이 우리의 문명으로부터 너무나 동떨

---

[8] Shelley, *Œuvres complètes*, trad. Rabbe, I, p. 92.

어진 그 이미지들을 지지하지 않는다면 어떻게 우리가 아직도 조시 弔詩를 그런 이미지들에 결부시킬 수 있겠는가? 합리적으로 사용된 그런 거짓된 이미지에 대한 시적, 극적 관심의 이 같은 영속성, 이를 우리는 자연스런 꿈과 학습한 전승이 문화 콤플렉스 속에서 하나로 결합함을 말해주는 증거로 삼을 수 있다. 그런 관점에서 카론 **콤플렉스**라는 표현을 쓸 수 있다. 카론 콤플렉스는 그리 생기 넘치는 것이 아니며, 오늘날 이 이미지는 상당히 퇴색되어 있다. 교양 있는 많은 사람이 보기에 그것은 죽은 문학을 가리키는 너무나 많은 준거의 운명을 따르고 있다. 이미 그것은 하나의 상징에 지나지 않는다. 하지만 그 취약함과 퇴색은 어쨌든 문화와 자연이 서로 일치할 수 있다는 사실을 충분히 느낄 수 있게 해준다.

먼저 자연 — 다시 말해 자연적인 전설들 — 에서 카론의 이미지들이 어떻게 구성되는지 보도록 하자. 이는 고전적 이미지와의 접촉이 없는 이미지들임이 확실한데, 민속에서 끊임없이 새롭게 되살아나는 다양한 형태의 전설, 사자들의 배[유령선]에 대한 전설이 그런 경우다. 세비요는 이런 예를 제공한다. "유령선의 전설은 우리 연안에서 확인된 최초의 전설들 중 하나다. 그것은 분명 로마 정복 훨씬 전부터 우리 연안 지방에 존재했으며, 6세기에 프로코피우스는 이에 관해 이렇게 보고했다 — 브르타뉴섬을 마주보고 있는 골족 어부들과 주민들은 그 섬으로 영혼들을 실어 나르는 일을 맡았으며, 그 대가로 조세를 면제받았다. 그들은 한밤중에 누군가가 자신들의 집 문을 두드리는 소리를 듣는다. 자리에서 일어나 밖으로 나가보면 해안에 낯선 배들이 있다. 배 위에는 사람의 그림자조차 보이지 않지만,

배들은 사람들이 가득 탄 듯 금방이라도 가라앉을 듯하고, 잠길 듯 말 듯 가까스로 물 위에 떠 있다. 한 시간이면 충분한 도정이지만 그 도정은 그들이 가진 배로는 하룻밤을 꼬박 들여도 해내기 쉽지 않은 뱃길이다."(Guerre des Goths, I, IV, c. 20)⁹

에밀 수베스트르는 이 이야기를 1836년에 다시 다루었는데, 이는 그런 전설이 끊임없이 문학적 표현을 불러일으킨다는 증거다. 그것은 우리의 관심을 끈다. 그것은 온갖 변주로 포장될 수 있는 하나의 근본적인 주제다. 더없이 다양한, 전혀 뜻밖의 이미지들을 통해 이 주제는 분명 일관된 견실함을 유지한다. 왜냐하면 몽환적 단일성이라는, 단일성 중에서도 가장 견고한 단일성을 지녔기 때문이다. 그래서 브르타뉴의 옛 전설들에는 '볼티죄르 올랑데Voltigeur hollandais'* 같은 지옥의 배들, 유령선들이 끊임없이 등장한다 종종 난파선들도 "되돌아온다". 이는 배가 어느 면에서는 영혼과 일체를 이루고 있다는 증거다. 다음 예는 그런 뿌리 깊은 몽환적 기원을 잘 드러내주는 부속 이미지이다. "그 배들은 점점 커졌고, 그래서 소형 연안 무역선이 수년 후에는 마스트가 두 개인 범선 크기가 되었다." 그런 기이한 성장은 꿈에서는 흔한 일이다. 우리는 그것을 물의 꿈에서 자주 본다. 어떤 꿈들에서 물은 자신이 적시는 모든 것을 양육한다. 그것을 에드거 포의 콩트『병 속에서 찾은 원고Manuscrit trouvé dans une bouteille』의 페

---

9 P. Sébillot, *Le Forklore de France*, II, p. 148.
* '하늘을 나는 네덜란드인'이란 뜻으로 유령선들 가운데 가장 유명하다. 네덜란드 유령선은 18세기 독일의 전설이다. 사탄에게 저주를 받은 해적선은 영원히 항해를 계속해야 하며, 저주가 풀리지 않는 한 선장은 죽을 수도 없다.

이지마다 넘쳐나는 환상적 이미지들과 비교해보아야 한다. "배 자체가 마치 살아 있는 선원의 육체처럼 점점 커져가는 바다가 있다는 건 확실하다."10 그 바다, 그것은 몽환적인 물의 바다다. 또한 포의 콩트 속에서 그것은 장의葬儀의 물, "더 이상 거품이 일지 않는 물"(p. 219)의 바다다. 사실 세월에 의해 부풀어 오른 기이한 배는 머나먼 옛 시절에 살았던 노인들이 이끈다. 가장 아름다운 콩트의 하나로 손꼽히는 이 콩트를 다시 읽어보면, 시와 전설의 삼투渗透를 경험하게 될 것이다. 그것은 아주 깊은 꿈에서 나온다. "때로는 내게 생소하지 않은 오브제들이라는 느낌이 섬광처럼 나의 정신을 관통하는데, 기억의 이 흔들리는 그림자들에는 언제나 아주 오래된 세기들과 기이한 옛 전설들에 대한 설명할 수 없는 추억이 뒤섞여 있는 것 같다."(p. 216) 우리의 잠 속에서 전설들이 꿈을 꾼다….

또한 임시 카론들, 특히 대리자를 구하는, 마지못해 카론이 된 카론들이 살고 있는 전설들도 있다. 민간의 지혜는 항해자들에게 모르는 배는 타지 말아야 한다고 충고한다. 그런 신중함에 신화적 의미로 색조를 부여하는 것을 겁내지 않아야 한다. 요컨대 바다 관련 소설에 넘쳐나는 신비의 배는 모두 망자들의 배에 참여한다[그런 성격을 지닌다]. 그런 배를 활용하는 소설가에게는 다소 숨겨져 있을지언정 카론 콤플렉스가 있는 게 거의 확실하다.

특히 한낱 뱃사공이라는 역할, 이 역할은 문학작품 속에 자리를 잡자마자 거의 숙명적으로 카론의 상징 작용의 영향을 받는다. 그저

---

10 Edgar Poe, *Histoires extraordinaires*, trad. Baudelaire, p. 216.

강 하나를 건너는 것일 뿐인데도 그는 저승을 상징하게 된다. 뱃사 공은 어떤 신비의 수호자다.

> 환각에 사로잡힌 그의 늙은 시선은
> 환히 빛나는 먼 곳을 바라보고 있었다.
> 그에게는 언제나 그곳으로부터 목소리가 들려오곤 했다.
> 차가운 하늘 아래에서, 비통한 목소리가.[11]

에밀 수베스트르는 말한다. "여러 물길이 만나는 곳에서 행해진 범죄들, 소설 같은 사랑의 모험들, 그리고 성자들과, 요정들과, 악마들의 기적적인 만남 등을 덧붙여보라. 그러면 뱃사공들 이야기가… 민중의 상상력에 의해 한없이 윤색된 이 장대한 시편의 가장 극적인 한 장을 어떻게 형성해왔는지 이해하게 될 것이다."[12]

극동 지역도 브르타뉴처럼 카론의 배를 알고 있다. 폴 클로델은 중국에서 일곱 번째 달에 되돌아오는 '망자들의 축제'에 대한 감동적인 시를 이렇게 번역하고 있다. "피리 소리는 영혼들을 인도하고, 징 소리는 그들을 꿀벌처럼 한데 모은다…. 제방을 따라 늘어선, 만반의 준비를 끝낸 배들이 밤이 오기를 기다리고 있다." "배는 출발하고, 크게 선회하며, 그 넓은 항적 속에 한 줄기 불꽃을 남긴다. 누군가가 작은 등잔들을 뿌린다. 흐릿한 빛들이 캄캄한 물의 넓은 흐

---

[11] Verhaeren, "Le Passeur", *Les Villages illusoires*.
[12] Émile Souvestre, "Le passeur de la Vilaine", *Sous les flets*, p. 2.

름 위에서 잠시 깜박이다가 꺼져버린다. 황금 천 조각을, 연기 속에 녹아들어 타오르는 불의 다발을 손에 쥔 팔 하나가 물의 무덤을 건드린다. 빛의 허망한 광채가 물고기들 같은 싸늘한 익사자들을 홀린다." 이렇듯 축제는 꺼져가는 생명과 떠나가는 생명을 동시에 연기演技한다. 물은 불의 무덤이요 또한 인간의 무덤이다. 저 먼 곳에서 '밤'과 '바다'가 함께 죽음의 상징 작용을 완성할 때, 몽상가는 들을 것이다. "엄청난 타격을 당한 짙은 어둠 속의 음울한 타악기 소리, 쇠북의 아우성을."[13]

죽음이 지닌 무겁고 느린 그 모든 것에도 카론의 모습이 각인되어 있다. 영혼들을 실은 배는 언제나 가라앉기 직전이다. '죽음'이 죽기를 두려워하는 듯한 느낌을 주는, 익사자가 난파를 겁내는 듯한 느낌을 주는 놀라운 이미지 아닌가! 죽음은 영원히 끝나지 않는 여행이요, 위험에 대한 끝없는 예상이다. 배에 실린 짐의 무게가 아주 큰 것은 영혼들이 죄지은 자들이기 때문이다. 카론의 배는 언제나 지옥으로 간다. 행복의 뱃사공은 없다.

카론의 배는 이처럼 인간이 파괴할 수 없는 불행과 결부된 상징일 것이다. 이 배는 고통의 세월을 가로지를 것이다. 그것을 생틴은 이렇게 말한다. "카론의 배는 카론이 (기독교) 초창기의 열기 앞에서 모습을 감추었을 때도 여전히 운행을 하고 있었다. 기다려라! 곧 다시 나타날 테니. 어디에? 도처에…. 골족 초기 교회 시대 이후 사람들은 생드니 사원, 다고베르 왕의 무덤에 이 전설의 배를 타고 지옥으로

---

13 Paul Claudel, *Connaissance de l'Est*, pp. 35 이하.

흐르는 강 코키토스를 건너는 왕을, 아니 왕의 영혼을 그려 넣었다. 13세기 말에는 당시 권위의 절정에 있던 단테가 늙은 카론을 자신이 그린 '지옥'의 뱃사공으로 복권시켰다. 단테 이후에는 같은 이탈리아 땅에서, 게다가 대표적인 가톨릭 도시에서, 더더구나 교황의 감시하에 일을 하면서도 미켈란젤로는 … '최후의 심판' 프레스코 속에 신과, 그리스도와, 성모마리아와, 성자들과 함께 그를 그려 넣었다." 생틴은 이렇게 결론짓는다. "카론이 없다면, 지옥도 없다."(*loc. cit.*, p. 303)

나의 고장 샹파뉴는 그리 몽상적인 곳이 아닌데도 이 늙은 뱃사공의 흔적을 찾아볼 수 있다. 어떤 마을에서는 아직도 교회와 무관하게 작은 동전을 기부한다. 장례식 전날 고인의 혈족이 모든 가정을 돌며 "망자의 동전"을 뿌린다.

요컨대 서민이나 시인, 들라크루아 같은 화가 등 모두가 꿈속에서 우리를 "죽음 속으로 인도해줄" 안내자의 이미지를 다시 찾는다. 미토페mythopée의 형태로 살아 있는 신화*는 아주 분명한 이미지와 결부된 아주 단순한 신화다. 그래서 그런 신화는 끈질기다. 어느 시인이 카론의 이미지를 취한다면, 그는 죽음을 생각하고 여행을 생각하는 것이다. 그는 장의葬儀의 가장 원초적인 형태를 다시 체험한다.

---

*   미토페mythopée는 신화mythe와 그리스어 동사 poié(만들다)를 합성한 신조어다. 즉 신화 형성소의 형태, 신화를 형성하는 원소적인 언표의 형태로 살아 있는 신화를 뜻한다.

V

　죽음 속의 물은 지금까지는 수용된 원소로 나타났다. 이제부터는 죽음 속의 물이 욕망된 원소로 나타나는 이미지들을 살펴보자.
　사실 때로 질료적 원소들의 부름은 너무나 강력해서 분명히 구별되는 자살의 유형들을 규명하는 데 쓰일 수 있다. 그래서 질료는 인간의 운명을 규명하는 데 도움이 되는 것 같다. 보나파르트 부인은 비극적인 것의 이중적 숙명, 좀 더 분명하게 말해 실제 삶에서의 비극과 문학에서의 비극을 결합시키는 긴밀한 연관을 잘 제시했다. "인간이 선택하는 죽음의 종류는 현실에서의 자살처럼 자기 자신을 대상으로 하는 죽음이건 허구에서의 주인공의 죽음이건 결코 우연에 의해 결정되는 것은 아니며, 어느 경우든 엄밀하게 심리적으로 결정된다."(*loc. cit.*, p. 584) 이와 관련하여 한 가지 역설이 탄생하는데, 그 점을 설명해보자.
　어느 측면에서 보면 심리적 결정은 현실보다도 허구 쪽에서 더 강하다고 할 수 있다. 현실에서는 환상의 수단들이 결여될 수 있기 때문이다. 허구에서는 목적과 수단이 소설가의 뜻대로 된다. 그래서 범죄와 자살은 삶보다 소설 속에 더 많다. 드라마와 특히 드라마의 상연, 즉 드라마의 문학적 담론성discursivité이라는 것은 소설가의 심층을 표출한다. 소설가는 작중인물의 그늘에 자신을 숨기지만, 본인이 원하건 원치 않건 자기 존재의 밑바탕을 우리에게 드러낸다. "어떤 현실"을 가림막으로 사용해도 소용이 없다. 그 현실을 투사하는 것도 그고, 그 현실을 얽어나가는 것도 그이기 때문이다. 실제 삶에서는 모든 것을 말할 수 없고, 삶은 연결 고리들을 뛰어넘으며 연속성을 숨긴다. 그러나 소설에서는 말해지는 것만 존재하며, 소설은 자신의 연속성을 제시하고, 자신의 결정을 늘어놓는다. 소설은 작가의 상상력이 강력하게 결정되어 있을 때만, 그것[작가의 상상력]이 인간 본성의 강력한 결정들을 발견할 때만 힘차다. 그런 결정들은 드라마 속에서 속도가 붙고 수가 불어나기에 저자가 자신을 가장 깊이 드러내는 것은 바로 극적 요소를 통해서다.

문학에서 자살 문제는 극적인 가치들을 판단할 수 있는 결정적인 문제다. 문학적인 기교를 아무리 구사해도 범죄의 경우 내면이 잘 노출되지 않는다. 범죄는 너무도 분명하게 외부 상황에 달려 있다. 그것은 언제나 살인자의 성격과 관련이 있는 것은 아닌 사건으로 발생한다. 반면 문학에서 자살은 내밀한 오랜 운명으로서 준비된다. 문학에서 자살은 가장 많이 준비된, 가장 많이 손질된, 가장 총체적인 죽음이다. 어쩌면 소설가는 전 '우주'가 자기 주인공의 자살에 참여하기를 바랄 것이다. 그러므로 문학에서의 자살은 우리에게 죽음의 상상력을 제공할 가능성이 크다. 그것은 죽음의 이미지들을 질서화한다.

상상력의 세계에서 죽음의 네 고장은 저마다 자신들의 신봉자와 지망자를 갖는다. 우리는 물의 비극적인 부름만 살펴보도록 하자.

물은 살아 있는 님프들의 고향이지만 또한 죽은 님프들의 고향이기도 하다. 물은 아주 여성적인 죽음의 진정한 질료다. 햄릿과 오필리아가 등장하는 첫 장면에서부터 햄릿은 — 즉 자살의 문학적 준비 규칙에 따라 — 마치 운명을 예언하는 점쟁이처럼 깊은 몽상에서 깨어나며 중얼거린다. "여기 아름다운 오필리아가 있소! 님프여, 기도할 때 나의 모든 원죄를 기억해주오!"(*Hamlet*, act III, sc. I) 이 순간 이후 오필리아는 타인의 원죄 때문에 죽어야 한다. 강에서 조용히, 담담하게 죽어야 한다. 그녀의 짧은 생은 이미 죽은 여인의 삶이다. 그 기쁨 없는 삶은 공허한 기다림과 다른 걸까? 햄릿의 독백의 그 처량한 메아리와 다른 걸까? 그럼 이제 곧바로 강 속의 오필리아를 보도록 하자(act IV, sc. VII, trad. Jules Derocquigny).

왕비

시냇물 위로 기울어진 버드나무 한 그루,
자신의 은빛 이파리들을 물에 비추네.
바로 거기에 그녀가, 데이지, 노란 앵초, 쐐기풀, 그리고 이 꽃,
상스런 양치기들이 지저분한 이름으로 부르는, 하지만
우리의 순진한 아가씨들은 늑대발14이라 부르는 이 꽃으로 만든
괴상한 꽃다발을 쓰고 왔네. 그녀가 그 화관을
늘어진 가지에 걸려고 기어오르는 순간,
못된 가지 하나가 부러져 그녀의 그 맹랑한 트로피와 함께 그녀를
흐느끼는 시냇물에 떨구네. 그녀의 옷자락이 펼쳐져
인어처럼 그녀를 물 위로 떠받치네.

---

14 늑대발은 쉽싸리를 속되게 가리키는 이름이다. 다른 번역자들은 영어 명칭 그대로 "죽은 자의 손가락(dead men's fingers)"으로 옮기는데, 그것의 남근적 의미는 매우 분명하다.

그녀는 자신의 절망적 처지를 모르는 사람처럼,
마치 자기 자신의 원소 속에 있게 된 사람처럼
옛 노래의 소절들을 흥얼거리지만, 그리 오래 가지 않았네.
마침내 물을 흠뻑 들이마셔 무거워진 옷들이
그 불쌍한 아가씨를 끌고 가고 그녀의 감미로운 노래는
진흙투성이 죽음으로 숨지네.

레어티즈

아! 가엾은 오필리아, 네겐 물만 가득하구나! 그래서
난 눈물을 삼가네. 하지만 인정이 어디 그런가.
조심을 해도 소용이 없지. 자연은 제 흐름을 좇아야
하는 것을. 이 눈물이 마를 때,
내 안의 여성도 침묵하리…

이 소설화된 죽음에서 우발적 사고, 광기, 자살 등을 구분하는 것은 쓸데없는 일일 것 같다. 더군다나 우리는 정신분석학을 통해서 우발적 사고에 그것의 심리학적 역할을 부여하는 법을 배우지 않았는가. 불장난을 하는 자는 자신을 불태운다. 자신을 불태우고자 하고, 타인들을 불태우고자 한다. 위험한 물도 장난하는 자는 물에 잠긴다. 물에 잠기고 싶어 한다. 다른 한편 문학에서 광인들은 자신을 드라마에 결부시킬 수 있을 정도의, 드라마의 법칙을 좇을 수 있을 정도의 충분한 이성 — 충분한 결의 — 을 지니고 있다. 그들은 줄거리 바깥에서 줄거리의 단일성을 존중한다. 그러므로 우리에게 오필리아는 여성적 자살의 상징이 될 수 있을 것이다. 참으로 그녀는 물속에서 죽기 위해 태어난 피조물이요, 셰익스피어가 말하듯 거기에서 그녀는 "자기 자신의 원소"를 되찾는다. 물은 젊고 아름다운 죽음, 꽃핀 죽음의 원소이며, 삶과 문학의 드라마에서 물은 오만도 복수도 없는 죽음, 마조히스트적 자살의 원소다. 물은 여성의, 자신의 고통을 눈물로만 표현하는, 두 눈이 너무도 쉽게 "눈물에 잠기는" 여성의 깊은, 생체적 상징이다. 여성의 자살 앞에서 남자는 레어티즈처럼 자신 안에 있는 모든 여성적인 것을 통해 그 구슬픈 고통을 이해한다. 그는 눈물이 마를 때 — 다시 "건조"해져서 — 남자로 되돌아간다.

이 강물 속의 오필리아 이미지처럼 상황 묘사가 아주 상세한 이미지들이라 해도 거기에 사실주의가 전혀 없다는 점을 강조할 필요가 있을까? 셰익스피어가 물에 떠내려가는, 실제로 익사한 여자를 반드시 관찰한 것은 아니다. 그런 사실주의는 이미지를 일깨우기는커녕 오히려 시적 도약을 억제할 것이다. 아마 독자는 이런 광경을 한번도 본 적이 없겠지만, 그럼에도 이를 인정하고 감동한다. 이런 광경은 원초적인 상상적 자연에 속하기 때문이다. 그것은 그가 자신의 일상에서 꿈꾸던 물이다. 그것은 스스로 "오필리아화化하는" 연못 물, 잠자는 존재들과, 자신을 포기하는, 떠도는 존재들, 조용히 죽는 존재들로 자연스럽게 뒤덮이는 연못 물이다. 그래서 죽음 속에서는 떠도는 익사자들이 계속 꿈을 꾸는 것 같다…. 『착란 IIDélire II』에서 아르튀르 랭보Arthur Rimbaud는 바로 이 이미지를 다시 찾아냈다.

창백하고 황홀한 부유浮遊,

이따금 사색에 잠긴 익사자가 떠내려온다….

VI

오필리아의 유해를 지상으로 옮기는 것은 헛된 일이리라. 말라르메가 말했듯이(*Divagations*, p. 169) "영원히 익사한 오필리아…" 그녀는 참으로 "재난에 전혀 손상되지 않는 보석이다." 수세기 동안 그녀는 시인들과 몽상가들에게 파도에 펼쳐진 꽃과 머리카락과 더불어 시냇물에 뜬 모습으로 나타날 것이다. 그녀는 더없이 분명한 시적 제유법提喩法의 한 계기가 될 것이다. 그녀는 돌에 뜬 머리카락, 파도에 풀어헤쳐진 머리카락이 될 것이다. 몽상에서 창조적 디테일이 하는 역할을 잘 이해하기 위해서 지금으로선 물에 뜬 머리카락이라는 이 비전만 잘 기억해두도록 하자. 앞으로 우리는 그것이 그 자체만으로도 물의 심리학의 상징 전체에 생기를 부여하고, 오직 그것만으로 오필리아 콤플렉스의 거의 모든 것을 설명할 수 있다는 사실을 보게 될 것이다.

샘의 여인들이 자신들의 긴 금발을 끝없이 빗질하는 전설은 무수히 많다(Sébillot, *loc. cit.*, II, p. 200 참조). 종종 그녀들은 제방에서 황금이나 상아로 된 빗을 잃어버린다. "제르의 인어들은 비단처럼 길고 가는 머리카락을 지니고 있으며, 황금 빗으로 머리를 빗질한다."(p. 340) "그랑드 브리에르 강가에서는 길게 늘어뜨린 흰 드레스를 입고 머리카락을 풀어헤친 여인을 볼 수 있는데, 그녀는 예전에 그 강에서 익사했다고 한다." 드레스와 머리카락, 그 모든 것이 물결을 따라 길게 늘어진다. 물의 흐름이 머리카락에 윤을 내고 빗질을 하는 것 같다. 얕은 여울의 조약돌들 위에서 냇물이 살아 있는 머리카락처럼 장난질을 하는 것 같다.

때때로 물의 요정의 머리카락은 저주의 도구가 된다. 베랑제페로는 바스뤼자스 지방의 콩트 하나를 전하는데, 거기서 물의 요정은 다리의 난간 위에서 "화려한 머리카락을 빗질하는 일에 몰두하고 있다. 그녀에게 너무 가까이 다가가는 경솔한 사람은 불행해진다. 그런 사람은 머리카락에 휘말려 물속에 던져지기 때문이다."[15]

더없이 인위적인 콩트들도 이미지의 이러한 창조적 디테일을 망각하지 않도록 주의한다. 로베르 부인의 콩트에서 트라마린은 근심과 후회 때문에 바다에 뛰어들 때 곧바로 물의 요정들에게 붙잡혀 "은색으로 얼은 바다의 푸른 비단옷"이 재빨리 입혀지고, 풀어헤쳐진 머리카락이 "파도처럼 가슴 위로 흘러내리게 된다".[16] 인간은 자신을 물에 뜨게 하려면 인간존재 속의 모든 것을 모조리 뜨게 하지 않으면 안 되는 것이다.

상상력이 지배하는 곳에서는 늘 그렇듯이 이미지의 전도顚倒가 그 이미지의 중요성을 증명한다. 전도는 그 이미지의 완전하고 자연스

---

[15] L. J. B. Bérenger-Féraud, *Superstitions et Survivances*, 1896, t. II, p. 29.
[16] Mme Robert, "Les Ondins: Conte moral", *Voyages imaginaires*, Amsterdam, 1788, t. XXXIV, p. 214.

런 특색을 입증한다. 풀어헤쳐진 머리카락이 벌거벗은 어깨 위로 늘어뜨려지기만 — 흐르기만 — 해도 물의 상징 전체가 되살아난다. 참으로 느리고 참으로 단순한, 애니를 위한 놀라운 한 편의 시에서 우리는 다음과 같은 시구를 읽게 된다.

> *And so it lies happily*
> *Bathing in many*
> *A dream of the truth*
> *And the beauty of Annie*
> *Drowned in a bath*
> *Of the tresses of Annie.*

"그리하여 그것[*나의 영혼]은 누워 있다 / 애니의 아름다움과 변함없는 마음에 대한 무수한 꿈에 / 행복하게 잠겨서, 애니의 머리카락의 욕조에 빠져서."(Edgar Poe, *For Annie*, trad. Mallarmé)

이 같은 오필리아 콤플렉스의 전도는 가브리엘레 단눈치오의 소설『가능이냐 불가능이냐Forse che si, Forse che no』(trad. Donatella Cross)에서도 감지된다. 하녀가 거울 앞에서 이사벨라의 머리를 빗는다. 사랑에 빠진 여인, 정열에 불타는 의지에 찬 여인의 머리가 다른 사람의 손에 의해 빗겨지는 이 장면의 유치함을 강조해두자. 게다가 이 유치함은 복합적인 몽상을 조장한다. "그녀의 머리카락이 미끄러졌다. 느린 물처럼 미끄러졌다. 그 머리카락과 더불어 형태 없는, 어두운, 흐릿한, 인생의 수많은 것이 망각과 회상 사이에서 미끄러졌다." 하녀가 빗질하는 머리카락이 어떤 신비에 의해 시냇물과 과거와 의식을 환기하는가? "내가 왜 그랬을까? 내가 왜 그랬을까? 그녀가 마음속에서 답을 찾는 동안 모든 것이 변형되고, 용해되고, 또 흘러갔다. 머리카락 뭉치 속에서 반복되는 빗질은 아주 오래전부터 반복되어온, 앞으로도 끝없이 지속될 주문과도 같았다. 그녀의 얼굴이 거울 깊은 곳으로 멀어져 윤곽이 흐릿해졌고, 그러다 되돌아와 가까이 다가왔으나, 그것은 더 이상 그녀의 얼굴이 아니었다." 보다시피 시냇물이 여기에 있다. 그 끝없는 흐름, 깊이, 그 변화하는, 변화를 일으키는 거울과 더불어 고스란히 여기에 있다. 시냇물이 그녀의 머리카락, 머리카락 그 자체와 함께 여기에 있다. 이런 이미지들을 보면, 진정한 자연적인 이미지들을 세밀한 부분까지 결정지어두지 않으면 상상력의 심리학은 초안조차 마련되지 못하리라는 사실을 깨닫게 된다. 이미지들이 증식하고 집합하는 것은 그것들의 자연적인 싹에 의해서, 질료적 원소들의 힘으로 양육된 그 싹에 의해서다. 원소적 이미지들은 자신들의 산물을 아주 멀리까지 밀어낸다. 그것들은 알아볼 수 없게 되어버린다. 새로움에 대한 의지 때문에 자신들을 알아볼 수 없게 만들어버린다. 하지만 콤플렉스는 증상을 너무나 잘 드러내는 심리 현상이기에 단 한 가지 특징만으로도 전체를 드러내기에 족하다. 자신의 여러 특징 중 하나로 살아가는 일반 이미지의 이 솟아나는 힘은 그것만으로도 형상 연구에 몰두하는 상상력의 심리학의 부분적 특성을 이해시키기에 족하다. 많은 상상력의 심리학은 형상 문제에 기울이는 편향된 주의로 인해 개념 혹은 도식의 심리학에 그칠 수밖에 없는 운명이다. 그것들은 이미지화된 개념의 심리학에 지나지 않는다. 결국 우리의 상상 욕구를 연구하기 위해서는 이미지의 이미지라는 체제 속에서 전개될 수밖에 없는 문학적 상상력, 그러므로 형상들을 번역해야만 하는 문학적 상상력이 회화적 상상력보다 더 유익하다.

상상력의 이 역동적 특성을 좀 더 강조해두자. 이 역동적 특성에 관해 또 한 권의 연구서를 쓸 수 있게 되기를 희망한다. 지금 우리가 전개하고 있는 이 주제와 관련해서는 흐르는 물을 연상하게 하는 것이 머리카락의 형상이 아니라 그 움직임이라는 사실이 너무도 분명해 보인다. 이 머리카락은 하늘의 천사의 머리카락일 수도 있으나, 물결치는 즉시 그것은 자연스럽게 물의 이미지를 이끌고 온다. 세라피타의 천사들에게 일어나는 일이 바로 그렇다. "그들의 머리카락에서 빛의 물결이 치솟았고, 그 움직임은 인광을 발하는 바다의 파도처럼 물결치는 전율을 불러일으켰다."[17] 사실 여기서 우리는 만약 이 물의 은유가 강력하게 가치 부여된 은유가 아니었다면 이런 이미지들이 얼마나 빈약해 보일지 잘 느끼게 된다.

이처럼 시인이 노래하는 살아 있는 머리카락은 어떤 움직임, 일어나는 물결, 전율하는 물결을 암시해야 한다. "파마머리의 웨이브[물결]들", 이 균일하게 곱슬곱슬한 모자는 자연의 물결을 정지시켜 그것들이 불러일으키고자 하는 몽상을 차단해버린다.

물가에서는 모든 게 머리카락이다. "물의 시원함에 끌린 흔들리는 나뭇잎들이 모두 자신의 머리카락을 물 위로 늘어뜨리고 있었

---

[17] Balzac, *Séraphita*, p. 350.

다."(*Séraphita*, p. 318) 그 습한 분위기를 발자크는 자연이 "자신의 결혼식을 위해 자신의 초록빛 머리카락에 향기를 뿌리는"거라고 노래한다.

때로 너무 철학적인 몽상은 이 콤플렉스를 떨쳐버리게 하는 것 같다. 예컨대 시냇물에 떠내려가는 지푸라기는 우리 운명의 하찮음에 대한 영원한 상징이다. 그러나 명상의 고요함이 조금만 덜해도, 몽상가의 마음이 조금만 더 슬퍼도 다시 유령이 그 전모를 드러낸다. 갈대에 붙들린 수초는 이미 어느 죽은 여인의 머리카락이 아닌가? 슬픈 상념에 잠긴 렐리아는 그 수초를 바라보며 이렇게 중얼거린다. "우리는 어느 익사한 여인의 머리카락처럼 슬프게 늘어져, 저기 떠 있는 시든 수초처럼 떠다니지도 못하리."[18] 이처럼 오필리아의 이미지는 계기만 주어지면 형성된다. 그것은 물의 몽상의 근본적인 이미지다.

쥘 라포르그는 "오필리아, 그것은 삶의 세계에 있지 않아. 나의 물약 속에도 오필리아가 있지!"라며 감상을 떨쳐낸 햄릿이라는 인물을 연기해보지만 부질없다.

>오필리아, 오필리아
>연못 위 너의 아름다운 몸
>그것은 떠도는 막대들이라네
>나의 오랜 광기에게는.

---

[18] G. Sand, *Lélia*, p. 122.

그가 말하듯 "무의식의 과일을 먹은" 것에는 위험이 따른다. 쥘 라포르그에게 햄릿은 여전히 "물속에 파문을 그린, 물속에, 또한 하늘 속에 파문을 그린" 기이한 인물로 남는다. 물과 여인과 죽음의 합성 이미지는 흩어질 수 없다.[19]

쥘 라포르그의 이미지들에서 보이는 이 아이로니컬한 뉘앙스는 이례적인 것이 아니다. 기 드 푸르탈레스Guy de Pourtalès는 『프란츠 리스트의 생애La vie de Franz Liszt』(p. 162)에서 "58개 소절로 그려진 오필리아의 이미지가 '아이로니컬하게' 정신을 가로지른다"라고 적는다(리스트 자신이 이 말을 알레그로 첫머리에 적어두었다). 우리는 생폴루의 콩트, 『내 첫 슬픔의 빨래하는 여인La lavandière de mes premiers chagrins』에서도 좀 더 거칠게 강조되긴 했으나 똑같은 인상을 받을 수 있다.

> 어느 날 나의 영혼은 오필리아들의 강에 뛰어들었다.
> 그것은 아주 유치했던 시절에 있었던 일이다.
> …
> 그녀 이마의 옥수수들이 책갈피처럼 잠시 떠돈다.
> 물의 두 페이지가 다시 닫힐 때까지….
> …
> 나의 기이한 혼수상태 위로 백조들의 배[腹]가 미끄러진다….
> …

19 Jules Laforgue, *Moralités légendaires*, 16ᵉ éd., pp. 19, 24, 29, 55.

오, 오필리아들의 강에 익사하는 어리석은 여자들이여!²⁰

오필리아의 이미지는 자신을 구성하는 음산한 요소에 저항하기도 하는데, 위대한 시인들은 그것을 지울 줄 안다. 그런 요소가 있음에도 불구하고 폴 포르의 발라드는 부드러움을 되찾는다. "그리하여 그 하얀 익사자는 내일 다시 떠오르리라. 아침 녘의 부드러운 찰랑거림에 뜨는 장미처럼. 그는 은빛 종소리로 노 저어 가리라. 얼마나 상냥한 바다인가."²¹

물은 죽음을 인간화하고 소리 없는 신음들에 맑은 소리를 섞는다.

때로는 부드러움이 확대되어 좀 더 교묘한 그림자들이 죽음의 사실성을 극도로 완화시키기도 한다. 하지만 물의 말 하나, 단 하나의 말이 오필리아의 깊은 이미지를 가리키게 된다. 말렌 공주는 방의 고독 속에서 자신의 운명에 대한 강박에 사로잡혀 이렇게 중얼거린다. "오! 내 방의 갈대들은 어찌 그리 울부짖는지!"

VII

시화詩化하는 위대한 콤플렉스들이 모두 그렇듯이 오필리아 콤플렉스는 우주적 차원까지 올라갈 수 있다. 그럴 때 그것은 달과 물결의

---

20 Saint-Pol-Roux, *Les Féeries intérieures*, pp. 67, 73, 74, 77.
21 Paul Fort, *Ermitago*, juillet 1897.

결합을 상징한다. 부유하는 거대한 그림자는 시들어 죽는 세계 전체의 이미지를 주는 것 같다. 바로 그렇게 조아킴 가스케의 나르키소스는 안개와 우수憂愁가 서린 어느 날 밤, 물의 그림자를 가로질러, 잠시 밝게 트인 하늘의 별들을 딴다. 이어 그는 우리에게 함께 우주적 차원으로 올라가는 이미지의 두 원칙의 융합, 즉 우주적 오필리아와 결합하는 우주적 나르키소스라는, 상상력의 그 불가항력적 충동의 결정적 증거를 제공한다.[22] "달이 내게 말했다. 나는 그 말의 부드러움을 생각하며 창백해졌다. '당신의 꽃다발(창백한 하늘에서 딴 그 꽃다발)을 내게 줘요.' 그녀는 마치 연인처럼 내게 말했다. 오필리아처럼 엷은 자줏빛 옷을 입은, 아주 파리해진 그녀를 나는 보았다. 달뜨고 은은한 꽃의 색깔을 가진 그녀의 두 눈동자가 흔들리고 있었다. 나는 그녀에게 나의 별로 만든 꽃다발을 내밀었다. 그러자 어떤 초자연적인 향기가 그녀에게서 풍겼다. 구름 한 조각이 우리를 엿보고 있었다…." 하늘과 물이 사랑을 나누는 이 장면에서 빠진 것은 아무것도 없다. 염탐꾼까지 있다.

달, 밤, 별은 꽃과 마찬가지로 강물에 자신들의 그림자를 드리운다. 우리가 그것을 물결 속에서 관조할 때, 별이 총총한 그 세계는 물결에 휩쓸려가는 것 같다. 수면에 나타나는 미광들은 위로할 수 없는 존재들 같다. 빛 자체가 배신당하고 왜곡되고 잊힌다(p. 102). 그늘 속에서 "그녀는 자신의 화려함을 산산이 부숴버렸다. 무거운 드레스가 떨어졌다. 오! 해골처럼 앙상한 슬픈 오필리아여! 그녀는

---

[22] Joachim Gasquet, *loc. cit.*, p. 99.

강 속으로 가라앉았다. 별들이 가버렸으므로 그녀는 물결을 따라 가버렸다. 나는 눈물을 흘리며 그녀에게 두 팔을 내밀었다. 그녀는 살짝 몸을 일으키고는, 슬픈 머릿결에서 물이 흘러내리고 있었기에 해쓱한 머리를 뒤로 젖힌 채, 지금까지도 내 마음을 아프게 하는 목소리로 속삭였다. '당신은 내가 누구인지 알아요. 나는 당신의 이유, 당신의 이유죠. 당신도 알잖아요. 나는 떠나요, 나는 떠나요….' 잠시 동안 수면 위에서 나는 프리마베라의 발처럼 비물질적이고 순수한 그녀의 두 발을 보았다…. 그것들이 사라지자 나의 핏속으로 기이한 고요가 흘러들었다…." 달과 물결을 결혼시키고, 물의 흐름을 따라 그들의 이야기를 좇는 몽상의 내밀한 유희는 이상과 같다. 이런 몽상은 밤과 강의 우수를 말의 진짜 의미 그대로 실현한다. 그것은 반영들과 그림자들을 인간화한다. 그것은 그들의 드라마, 그들의 고통을 안다. 이 몽상은 달과 구름들의 투쟁에 참여한다. 그것은 그들에게 투쟁의 의미를 준다. 그것은 환상들에, 움직이고 변화하는 모든 이미지에 의지를 부여한다. 그러다가 휴식이 찾아올 때, 하늘의 존재들이 강의 아주 단순하고 아주 임박한 움직임들을 받아들일 때 이 거대한 몽상은 물에 뜬 달을 배신당한 여인의 고통 받는 몸으로 여기고 모욕당한 달 속에서 셰익스피어의 오필리아를 본다.

  이런 이미지의 생김새가 절대 사실주의적인 기원에서 유래한 것이 아니라는 점을 다시 한번 강조할 필요가 있을까? 그런 생김새는 꿈꾸는 존재의 투사投射로 만들어진 것이다. 물에 비친 달에서 오필리아의 이미지를 보려면 강력한 시적 문화가 필요하다.

  물론이지만 조아킴 가스케의 시각은 이례적인 게 아니다. 우리는 극히 다양한 시인에게서 그 흔적을 찾아볼 수 있다. 한 예로 쥘 라포르그의 오필리아에게서 나타나는 그런 달의 모습을 특기해보자. "그는 잠시 창문가에 팔을 괴고서 아름다운 금빛 만월을 바라본다. 고요한 바다에 제 모습을 비추며 검은 벨벳과 금빛 액체로 된 부서진 기둥 하나를 목표 없이 마술처럼 구불구불 사행蛇行시키는 만월을.

우울한 물 위의 그 반영들…. 저주받은 성녀 오필리아는 밤새도록 그렇게 떠다녔다…."(*Moralités légendaires*, p. 56)

우리는 조르주 로덴바흐의 『죽음의 도시 브뤼주Bruges la Morte』를 한 도시 전체를 오필리아화化한 것으로 해석할 수도 있을 것이다. 이 소설가는 운하 위를 떠도는 죽은 여인을 한 번도 본 적이 없으면서도 셰익스피어의 오필리아 이미지에 사로잡혀 있다. "바람이 마지막 잎사귀들을 쓸어가는 가을 저녁의 이 고독 속에서 그는 생을 끝냈으면 하는 욕망과 무덤에 대한 조바심을 어느 때보다도 강렬하게 느꼈다. 죽은 여자가 탑에서 그의 영혼 위로 길게 늘어지는 듯했고, 오래된 벽들이 그에게 어떤 충고를 해주는 듯했으며, 웬 속삭이는 목소리가 물에서 올라오는 것 같았다 — 셰익스피어의 무덤 파는 인부들이 이야기하듯이, 물이 오필리아를 맞이하러 왔던 것처럼, 물이 그를 맞이하러 오면서."²³

실로 우리는 더욱더 다양한 이미지를 같은 주제 아래 모을 수 있

---

23 Georges Rodenbach, *Bruges-la-Morte*, éd. Flammarion, p. 16. 또한 *Le Mirage*, acte III도 참조. 주느비에브의 유령은 '몽상가'에게 이렇게 말한다. "옛 운하를 따라 나는 당신의 오필리아처럼 흘러갔습니다…."

다. 그것들의 단일성을 인정해주어야 하는 만큼, 서로 아주 다른 상황들에서도 언제나 오필리아의 이름이 달싹여지는 만큼 이 단일성, 즉 그녀의 이름은 상상력의 한 위대한 법칙의 상징이라 할 수 있다. 불행과 죽음의 상상력은 물이라는 질료에서 특히 강력하고 자연적인 질료적 이미지를 발견한다.

이처럼 어떤 시인들에게 물은 그 실체 속에 진짜로 죽음을 품고 있다. 그것은 공포가 느리고 조용하게 나타나는 몽상을 전달한다. 『두이노의 비가』 제3비가에서 릴케는 물이 웃는 공포, 비탄에 빠진 어머니의 부드러운 미소로 웃는 공포를 경험했던 것 같다. 고요한 물속의 죽음은 모성적 특징을 갖는다. 평온한 공포는 "생동하는 씨앗을 가볍게 해주는 물속에 용해되어"[24] 있다. 여기서 물은 탄생과 죽음을 가리키는 양면적 상징들을 뒤섞는다. 그것은 먼 과거의 어렴풋한 기억과 예지적 몽상들로 가득한 실체다.

이처럼 어떤 몽상, 어떤 꿈이 어떤 실체 속으로 흡수될 때 존재 전체가 그 기이한 영속성을 수용한다. 꿈이 잠든다. 꿈이 안정화된다. 꿈은 한 원소의 느리고 단조로운 삶에 참여하려 든다. 자신의 원소를 찾았기에 꿈은 거기에 자신의 모든 이미지를 용해하러 온다. 꿈이 질료화된다. "우주화宇宙化"된다. 알베르 베갱이 상기한 바 있듯이 카루스Carus에게 꿈의 진정한 종합이란 정신적 존재가 어떤 우주적 실재에 통합되는 깊은 종합이다.[25] 어떤 몽상가들에게 물은 죽음의

---

[24] Rainer-Maria Rilke, *Les Élégies de Duino*, trad. Angelloz, p. 25 참조.
[25] Albert Béguin, *L'Ame romantique et le rêve*, éd. José Corti, p. 140.

우주다. 오필리아화는 실체적이며, 물은 곧 밤이다. 물가에서는 모든 것이 죽음 쪽으로 기운다. 물은 밤과 죽음의 모든 힘과 통한다. 예컨대 파라셀수스Paracelse에게 달은 물의 실체에 해로운 영향력을 끼치는 것이다. 달빛에 오랫동안 노출된 물은 독이 있는 물로 남는다.[26] 파라셀수스의 사고 속의 너무도 강력한 이 질료적 이미지들은 오늘날의 시적 몽상들에서도 여전히 생생하게 살아 있다. "강은 자신의 영향을 받는 사람들에게 스틱스강의 물맛을 낸다"[27]라고 빅토르 에밀 미슐레는 말한다. 잠자는 물가에서 꿈을 꾸고 나면 영원히 치유되지 못한다….

VIII

불길한 운명의, 죽음의, 자살의 끝없는 몽상들이 이토록 강력하게 물과 결부되어 있다면, 많은 이에게 물이 전형적인 우수憂愁의 원소로 여겨진다는 사실에 새삼 놀랄 필요는 없을 것이다. 위스망스Huysmans의 표현을 인용하여 다시 한번 말하면 물은 우수화憂愁化하는 원소다. 우수화하는 물은 로덴바흐나 포의 작품에서 그러듯 작품 전체를 지배한다. 에드거 포의 우수는 낡아가버린 행복, 삶이 불태워버린 뜨거운 정열에서 비롯되는 게 아니다. 그것은 바로 용해된

---

[26] Heinrich Bruno Schindler, *Das magische Geistesleben*, 1857, p. 57 참조.
[27] V. Michelet, *Figures d'évocateurs*, 1913, p. 41.

불행에서 비롯된다. 그의 우수는 정말로 실체적이다. 어느 글에서 그는 이렇게 말한다. "나의 영혼, 나의 영혼은 흐르지 않는 파도였다." 라마르틴 역시 폭풍우 속의 물이 괴로워하는 원소임을 알았다. 제네바호湖를 마주한 거처에서 파도 거품이 그의 창문을 치는 동안 그는 이렇게 적었다. "나 홀로 호수와 단조롭게 교제하며 보낸 그 숱한 낮과 밤보다 물의 속삭임, 탄식, 분노, 고통, 신음, 파동을 많이 연구했던 적은 없었다. 단 한 줄의 기록도 빠트리지 않고 물의 시를 썼더라면 좋았으리라."[28] 그 시가 만들어졌다면 분명 애가哀歌가 되었을 것이다. 라마르틴은 또 이렇게 적는다. "물은 슬픈 원소다. 우리는 바빌론 강가에 앉아 울었다Super flumina Babylonis sedimus et flevimus. 왜냐고? 물이 온 세상과 더불어 울기 때문이다."(p. 60) 마음이 슬플 때는 세상의 모든 물이 눈물로 변한다. "나는 거품을 내며 부글거리는 샘에 진홍의 잔을 넣었다. 잔은 눈물로 가득 찼다."[29]

물론 눈물의 이미지는 물의 슬픔을 설명하고자 할 때 수도 없이 뇌리에 떠오를 것이다. 하지만 그런 접근만으로는 불충분하며 우리는 좀 더 뿌리 깊은 동기들을 강조함으로써 물의 실체에 진정한 재앙의 낙인을 찍고 끝내고자 한다.

죽음은 물속에 있다. 지금까지 우리는 특히 죽음의 여행의 이미지들을 환기했다. 물은 멀리 데려가고, 물은 날들처럼 흘러간다. 하지만 우리 존재가 완전히 흩어져 사라져버린다는 것을 우리에게 알

---

[28] Lamartine, *Confidences*, p. 306.
[29] Edgar Quinet, *Ahasvérus*, p. 161.

려주는 또 다른 몽상이 우리를 사로잡는다. 원소마다 자기만의 분해 방식이 있다. 흙은 먼지로, 불은 연기로 분해된다. 물은 좀 더 완전하게 분해된다. 물은 총체적으로 죽을 수 있도록 우리를 돕는다. 예를 들면 크리스토퍼 말로Christophe Marlowe의 『파우스트Faust』(trad. Rabbe)의 마지막 장면에서 보게 되는 파우스트의 소망이 그렇다. "오 나의 영혼이여, 작은 물방울들로 변해 바다에 떨어져라. 영원히 찾을 수 없도록."

이 같은 분해의 인상은 때로는 더없이 단단한 영혼들, 더없이 낙관적인 영혼들마저 사로잡는다. 클로델30도 "하늘이 다만 안개요 물의 공간일 뿐…", "모든 것이 분해되어", 주위에서 도무지 "윤곽이나 형태"를 찾아볼 수 없는 그런 시간을 체험했다. "지평선에는 더없이 짙은 색채의 중단뿐. 만물의 질료가 오로지 물로 化化해 있다. 나의 뺨 위로 흐르는 이 눈물처럼." 이 일련의 이미지들을 정확하게 체험해보라. 그러면 그것들의 집중과 점진적인 질료화를 보게 될 것이다. 가장 먼저 분해되는 것은 빗속 풍경이다. 그 윤곽과 형태들이 용해된다. 하지만 점차 세계 전체가 자신의 물속에 모인다. 단 하나의 질료가 모든 것을 취한다. "모든 것이 분해된다."

시인이 몽상의 총체적 가르침을 수용할 경우 어느 정도의 철학적 깊이에 도달할 수 있는지는 폴 엘뤼아르의 이 기막힌 이미지를 다시 체험해보면 판단할 수 있을 것이다.

---

30 Paul Claudel, *Connaissance de l'Est*, pp. 257-258.

나는 닫힌 물속으로 가라앉는 배 같았다.

망자처럼 나는 단 하나의 원소만 가졌다.

닫힌 물이 죽음을 자신의 가슴에 취한다. 물이 죽음을 원소화한다. 물은 망자와 함께 자신의 실체 속에서 죽는다. 이때 물은 실체적 무無다. 절망 속으로 이보다 더 멀리 나아갈 수는 없다. 어떤 영혼들에게 물은 절망의 질료다.

제4장
구성된 물들

> 진실을 보려면 눈만 집중해서는 안 된다.
> 너의 전부를 남김없이 집중해야 한다.
> 폴 클로델, 「돼지Le porc」, 『동방 인식Connaissance de l'Est』, p. 96.

I

   질료적 상상력, 4원소의 상상력은 어떤 한 원소를 특별히 우대하기는 하지만, 원소들의 결합에서 만들어지는 이미지들과 노는 것을 좋아한다. 그것은 자신이 애호하는 원소가 모든 것에 스며들기를 바라며, 그 원소가 한 세계 전체의 실체이기를 바란다. 하지만 그런 근본적인 단일성에도 불구하고 질료적 상상력은 우주의 다양성을 보전하고 싶어 한다. 결합이라는 개념은 그런 목적에 쓰인다. 형상적 상상력은 구성構成이라는 관념을 필요로 하고, 질료적 상상력은 결합結合이라는 관념을 필요로 한다.

   특히 물은 힘들의 결합으로 이루어진 주제들을 예시하기에 가장 적절한 원소다. 그것은 많은 실체를 동화시키지 않는가! 많은 본질을 자신에게 끌어당기지 않는가! 그것은 설탕과 소금 같은 상반된 질료들도 여느 것과 다름없이 쉽게 받아들인다. 물에는 온갖 색깔,

온갖 맛, 온갖 냄새가 배어든다. 그래서 우리는 고체가 물에 용해되는 현상이 상식적인 화학이자 약간의 꿈이 곁들여지면 시인들의 화학이 되는 그러한 천진한 화학의 한 주요 현상임을 이해한다.

그래서 다양한 질료의 결합을 즐겨 바라보는 관찰자는 서로 섞이지 않는 액체들을 볼 때마다 놀라움을 금치 못한다. 질료적 몽상에서는 모든 액체가 물이요, 흐르는 모든 것이 물이며, 물이 유일한 액체 원소이기 때문이다. 액체성은 바로 물의 원소적 특성이다. 18세기에는 말루앵 같은 신중한 화학자도 이렇게 말한다. "물은 가장 완벽한 액체다. 다른 용액들은 물에서 유동성을 얻는다."[1] 증거 없는 이 주장은 전前 과학적 몽상이 자연적 몽상, 유치한 몽상으로 기울어짐을 잘 보여준다. 예컨대 어린아이로서는 물에 뜨는 파라핀유 호롱불의 기적을 보고 어찌 경탄하지 않을 수 있겠는가? 기름이 물에 뜨다니! 두꺼운 기름이! 게다가 그것은 물의 연소를 돕지 않는가? 어떤 놀라운 것 주위로 온갖 신비가 쌓이고, 비상의 계기를 찾아낸 몽상이 사방으로 펼쳐진다.

또한 기초 물리학의 "4원소 플라스크"는 특별한 장난감 취급을 받는다. 플라스크에는 밀도에 따라 층이 지는, 섞이지 않는 네 종류의 액체가 들어 있어 호롱불의 시각적 재현을 배가한다. 이 "4원소 플라스크"는 전 과학 정신과 근대정신을 구분하기 위한 하나의 좋은 예시라 할 수 있다. 그것은 공허한 철학적 몽상들의 원리를 포착하는 데 도움이 될 수 있다. 근대정신은 곧바로 합리화한다. 근대정

---

[1] Malouin, *Chimie médicale*, 1755, t. I, p. 63.

신은 물이 무수한 액체 중 하나라는 사실을 안다. 각 액체의 특성이 고유한 밀도라는 것을 안다. 그러므로 근대정신은 섞이지 않는 액체들의 밀도 차이로 충분히 이 현상을 설명할 수 있다.

반면 전 과학 정신은 과학에서 철학 쪽으로 달아난다. 예컨대 파브리키우스 ― 앞으로 우리는 이 저자를 여러 차례 인용할 것이다. 그의 작품은 황당무계한 말들을 파스칼 같은 이의 실증적인 가르침에 뒤섞는 공상 물리학의 아주 좋은 예시이기 때문이다 ― 의『물의 신학Théologie de l'eau』에서 우리는 4원소 플라스크에 관한 다음과 같은 글을 읽게 된다. "이는 무게도 다르고 색깔도 다른 네 종류의 액체가 보여주는 광경, 흔히 볼 수 있어서 더욱 기분 좋은 광경이다. 이들 네 액체는 뒤흔들어 섞어도 혼합이 되지 않으며, 병을 세우면 그 즉시 … 액체들 각각이 본래 자리를 되찾아가는 것을 보게 된다. 흙을 나타내는 검은색 액체는 밑바닥으로 가고, 회색 액체는 곧바로 그 위에 자리를 잡아 물을 나타내며, 그 뒤에 오는 파란색의 세 번째 액체는 공기를 나타낸다. 마지막으로 불처럼 붉은색인 가장 가벼운 액체가 맨 윗자리를 차지한다."**2** 이처럼 단지 [액체들 사이의 균형을 다루는] 정수역학의 기본 법칙만 예시하는 좀 과도하게 이미지화된 실험은 실험의 범위를 넘어 철학적 상상력을 펼치는 구실이 된다. 그것은 근본적인 4원소설의 유치한 이미지를 보여주고 있다. 고대 철학 전체를 표본병에 담은 것이다.

---

2 Fabricius, *Théologie de l'eau*, trad. Paris, 1743. 이는 18세기에 자주 인용된 책이다. 첫 번역본은 익명으로 출간되었다. 두 번째 번역본에 저자의 이름이 있다.

하지만 우리는 이런 과학적 장난감들, 과도하게 이미지화된 실험들을 강조하지는 않을 것이다. 유치한 사이비 과학 문화가 학교에서 퍼져 만성화되는 것은 바로 이런 실험들에 의해서다. 이미 우리는 몽상의 조건과 사유의 조건을 분리하기 위한 시도로서 한 권의 책을 따로 쓴 바 있다.[3] 지금 우리가 하고자 하는 작업은 그것과 반대되는 것이다. 우리는 꿈이 어떻게 인식과 결합하는지를 제시하고자 하며, 질료적 상상력이 근본적인 4원소 사이에서 실현하는 그 결합 작업을 제시하고자 한다.

II

한 가지 특징이 즉각 우리의 눈길을 끈다. 이 상상의 결합에서는 두 원소가 결합되지 절대 세 원소가 결합되지는 않는다는 것이다. 질료적 상상력은 물을 흙과 결합시킨다. 그리고 물을 그 대립물인 불과 결합시킨다. 그것은 흙과 불을 결합시키고, 때로는 수증기와 안개에서 공기와 물의 결합을 보기도 한다. 하지만 결코 그 어떤 자연적인 이미지에서도 우리는 물, 흙, 불이라는 질료의 삼중 결합이 이루어지는 것을 보지 못한다. 4원소를 모두 수용하는 이미지란 더더욱 존재할 수 없다. 원소들의 상상력에게, 언제나 어떤 하나의 질

---

[3] Gaston Bachelard, *La Formation de l'Esprit scientifique: contribution à une psychanalyse de la connaissance objective*, Vrin, 1938.

료를 선택하고자 하고 그 어떤 결합에서도 그 질료에 특권을 부여하려 하는 질료적 상상력에게 그런 축적은 견딜 수 없는 모순일 것이다. 만약 그런 삼중 결합을 보게 된다면 우리는 그것이 부자연스럽게 꾸며낸 이미지, 관념들로 만들어진 이미지임을 확신할 수 있다. 진정한 이미지들, 몽상의 이미지들은 일원적이거나 이원적이다. 그것들은 어떤 한 실체의 단조로움 속에서 꿈꿀 수 있다. 그것들이 결합을 원한다면, 그것은 어디까지나 두 원소의 결합이다.

질료적 상상력에 의한 원소들의 혼합이 지니는 이 이원적 특성에는 결정적인 동기가 하나 있다. 그것은 그 혼합이 언제나 결혼이 된다는 것이다. 사실 서로 결합하는 순간, 서로 융합하는 순간, 두 원소적 실체는 곧바로 성적性的인 의미를 띠게 된다. 상상력의 차원에서 두 실체의 대립은 곧 성性의 대립을 의미한다. 만약 그 혼합이 물과 흙처럼 여성적 성향의 두 질료 사이에서 이루어진다면, 둘 중 하나는 파트너를 지배하기 위해 약간 남성화한다. 그런 조건에서만 결합은 단단하고 지속적이며, 그런 조건에서만 상상의 결합이 실재하는 이미지가 된다. 질료적 상상력의 체제에서 모든 결합은 결혼이 되며, 삼자 간의 결혼은 없다.

지금부터 우리는 상상의 원소들의 결합을 보여주는 예로 물이 개입하는 원소 혼합의 몇 가지 경우를 탐구하고자 한다. 우리는 물과 불의 결합 — 물과 밤의 결합 — 과, 특히 둘과 흙의 결합을 살펴볼 생각인데, 왜냐하면 형상과 질료의 이중 몽상이 창조적 상상력의 가장 강력한 주제들을 암시하는 것은 바로 물과 흙의 결합에서이기 때문이다. 특히 질료인質料因의 심리학의 원칙들을 이해하려면 다른 무엇보다 물과 흙의 혼합을 살펴보아야 한다.

III

　물과 불의 결합에 대해서는 아주 짧게 서술할 수 있다. 사실 우리는 『불의 정신분석』에서 이 문제와 마주쳤다. 그때 우리는 특히 알코올, 즉 자신이 불꽃에 뒤덮일 때 자신의 고유한 실체와 상반되는 현상을 수용하는 듯이 보이는 이 이상한 질료가 암시하는 이미지들을 살펴보았다. 축제의 밤에 알코올이 불탈 때, 이 질료가 미친 것 같고, 여성적인 물이 모든 수줍음을 잃어버리고서 주인인 불에게 미친 듯이 자신을 내맡기는 것 같지 않은가! 어떤 영혼들이 이 놀라운 이미지를 중심으로 다양한 인상, 모순되는 감정을 쌓는다고 해서 그리고 진정한 콤플렉스가 바로 이 상징 아래에서 형성된다고 해서 놀라선 안 될 것이다. 우리는 그 콤플렉스를 호프만 콤플렉스라고 명명했다. 이 펀치punch의 상징이 호프만Hoffmann이라는 환상 콩트 작가의 작품들에서 유난히 활동적으로 나타났기 때문이다. 이 콤플렉스는 간혹 터무니없는 믿음들을 해명해주는데, 그런 믿음들은 이 콤플렉스가 무의식에서 얼마나 중요한 역할을 하는지를 증명한다. 예컨대 파브리키우스는 오래 저장된 물은 "다른 물들보다 더 가볍고 화주火酒처럼 불을 붙일 수 있을 정도로 도수 높은 술"[4]이 된다고 서슴없이 말한다. 소중히 간직해둔 이 맛있는 물, 좋은 포도주처럼 베르그손적인 지속의 지위를 얻은 이 물을 조롱하는 사람들이 있다면, 파브리키우스가 창조주의 영광을 위해 『물의 신학』을 저술한 아주 진지한 철학자라고 대답해주어야 할 것이다.

사실 경험이 풍부한 화학자들도 18세기에 이르러 화학이 실체들의 개별화를 지향하게 될 때까지 원소적 질료들의 특권을 지워버리지는 않는다. 예컨대 조프루아[5]는 온천수에서 유황과 타르 냄새가 나는 것을 설명하기 위해 곧바로 유황과 타르의 실체를 참조하지 않고, 정반대로 그것이 "불의 질료이자 산물"임을 상기한다. 온천수는 무엇보다 우선 물과 불의 직접적인 구성물로 상상되었던 것이다.

시인들에게는 당연히 결합의 직접적인 성격이 더한층 결정적일 것이다. 돌발적인 은유들, 놀라운 대담성, 번쩍이는 아름다움 등은 독창적인 이미지의 힘을 나타낸다. 예컨대 발자크는 그의 "철학적" 에세이들 중 한 글에서, 마치 해명이 필요 없는 명백한 진리이기라도 하듯, 아무런 설명도 준비도 없이 "물은 불에 탄 물체다"라고 선언한다. 이것이 그의 단편 『강바라Gambara』의 마지막 문장이다. 이 문장은 레옹폴 파르그가 말하듯이 "가장 위대한 체험의 정점"[6]에 있는 "그런 완벽한 문장들"의 반열에 오를 수 있다. 그런 상상력에게 외톨이가 된 외로운 물, 순수한 물은 단지 하나의 불 꺼진 펀치요, 과부요, 상한 실체일 뿐이다. 그것을 되살리려면, 그의 거울 위에

4　*Mémoire littéraire de Trévoux*, 1730, p. 417.
5　Geoffroy, *Traité de la Matière médicale*, Paris, 1743, t. I, p. 91.
6　Léon-Paul Fargue, *Sous la lampe*, 1929, p. 46.

서 다시 한 줄기 불꽃이 춤추게 하려면, 델테이Deltheil와 같이 "너의 이미지는 이토록 가느다란 운하의 물을 불태운다"(*Choléra*, p. 42)라고 말하려면 불타는 이미지가 필요할 것이다. "물은 젖은 불꽃이다"라는 노발리스Novalis의 이 완벽한 수수께끼 같은 문장도 같은 차원의 문장이다. 하케트는 아르튀르 랭보에 관한 훌륭한 연구에서 랭보의 정신세계에 깊이 각인된 물의 흔적을 이렇게 적었다. "지옥의 계절에서 시인은 지속적인 강박관념이 되어 그를 괴롭히는 물을 건조시켜달라고 불에게 요청하는 것 같다. … 하지만 물과, 물에 결부된 모든 경험이 불의 작용에 저항하며, 그래서 랭보가 불에게 기도할 때는 물도 함께 불러내게 된다. 이 두 원소는 다음과 같은 놀라운 표현에서 긴밀하게 하나로 결합되어 있다. '나는 요구한다. 나는 요구한다! 갈퀴의 일격, 불의 물 한 방울을.'"7

이 불의 물방울들, 이 젖은 불꽃들, 이 불에 탄 물에서 두 질료를 응집시킨 상상력의 이중의 싹을 보지 않을 수는 없지 않겠는가. 이런 질료의 상상력 앞에서 형상들의 상상력이란 얼마나 평범해 보이는가!

물론 즐거운 밤샘 파티의 불타는 화주처럼 특별한 이미지는 더 깊은, 더 오래된 몽상, 질료적 상상력의 밑바닥에 닿아 있는 몽상이 개입하지 않는다면 상상력을 이미지들의 그런 비상飛上으로 이끌지 못할 것이다. 그 본질적인 몽상, 그것은 바로 대립자들의 결혼이다. 물

---

7 C. A. Hackett, *Le lyrisme de Rimbaud*, 1938, p. 112. 하케트는 특히 p. 111에서 "홍수의 자식"인 인간에 대한 정신분석학적 설명을 제시하고 있다.

은 불을 끄고, 여자는 뜨거운 열기를 끈다. 질료들의 세계에서 물과 불보다 더 대립적인 것은 없을 것이다. 아마도 물과 불은 유일하게 진정으로 실체적인 대립일 것이다. 논리적으로 하나가 다른 하나를 부른다면, 성적으로는 하나가 다른 하나를 욕망한다. 물과 불보다 위대한 생식자生殖者들을 어찌 꿈꿀 수 있겠는가!

『리그베다Rig-Véda』에는 아그니*가 물의 아들이라는 찬가가 있다. "아그니는 물의 일족으로 자매들에게 사랑받는 남자 형제처럼 사랑받는다. … 그는 백조처럼 물 사이에서 숨 쉬며, 새벽에 깨어나 사람들에게 삶을 상기시킨다. 그는 소마** 같은 창조자다. 그는 물의 품에서 태어나, 거기서 사지를 접은 동물처럼 누워 잤고, 성장했다. 그의 빛은 멀리 퍼졌다."[8]

"아그니가 물속에 숨어 있으면 여러분 중에 누가 그를 알아보겠는가. 신생아였던 그는 공물 덕에 자신의 어머니들을 낳는다. 풍부한 물의 싹인 그는 대양에서 나온다.

물 사이에서 모습을 나타내면서, 빛나는 아그니는 성장하고 일렁이는 불꽃들보다 더 높이 올라가 자신의 영광을 사방에 퍼뜨린다. 빛나는 아그니가 탄생할 때 하늘과 땅은 불안에 떤다…"

"그는 창공에서 물과 결합하여 비범하고 찬란한 형상을 취한다.

---

* 베다에 나오는 불의 신.
** 베다 의례의 공물(신주)을 가리키는 명칭으로 그 원료가 되는 식물의 이름에서 따온 말이다. 그것을 신격화한 신의 이름이기도 하다.
8 P. Saintyves, *Corpus du Folklore des eaux en France et dans les colonies françaises*, éd. Nourry, 1934, pp. 54-55에서 인용.

만물의 받침대인 이 현자는 비의 원천을 없애버린다."

여기서의 지배적인 객관적 이미지는 '바다'에서 나오는 불의 별, 태양의 이미지다. 태양은 '붉은 백조'다. 한데 상상력은 부단히 대우주에서 소우주로 나아간다. 그것은 작은 것을 큰 것에, 큰 것을 작은 것에 번갈아 투사한다. '태양'이 '바다'의 영광스런 남편이라면, 헌주獻酒의 차원에서 물은 불에게 "자신을 주어야" 하고, 불은 물을 "취해야" 할 것이다. 불은 자신의 어머니를 낳는데, 이는 훗날 연금술사들이 『리그베다』를 알지 못한 채 신물이 나도록 사용하게 되는 경구다. 이는 질료적 몽상의 원초적 이미지다.

괴테 역시 "호문쿨루스"의 몽상에서 우주적 몽상으로 가는 도정을 빠른 속도로 주파한다. 처음에는 "매력적인 물", "생명의 물"에서 뭔가가 반짝거린다. 이어 물에서 나온 불이 "갈라테이아의 … 조개 옥좌 주위에서 불타오른다. 때로는 힘차게, 때로는 사랑스럽게, 때로는 감미롭게 마치 사랑의 고동에 흔들리듯이." 그러다 마침내 "활활 타오르고, 번개가 번쩍이고, 어느새 쏟아져 내리고" 세이렌들이 그 뒤를 받아 합창한다. "어떤 기적의 불꽃이 서로 맞부딪쳐 불꽃을 날리며, 산산이 부서지는 파도들을 밝게 비추는가? 저리 빛을 발하며 흔들흔들 밝게 비추다니! 물체들이 밤의 궤도에서 붉게 타오르고, 주위의 모든 것이 불에 에워싸였구나. 그리하여 만물의 원리인 사랑이 군림하도다! 바다에 영광을! 성스런 불길에 에워싸인 파도에 영광을! 물에 영광을! 불에 영광을! 이 이상한 모험에 영광을!"[9]

---

[9] Gœthe, *Second Faust*, trad. Porchat, pp. 374-375.

이야말로 두 원소의 결혼을 위한 축가가 아닌가?

더없이 진중한 철학자들도 물과 불의 신비스런 결합 앞에서는 이성을 잃는다. 물속에서도 보존되는 까닭에 다른 무엇보다도 이상한 불인 인燐을 발견한 화학자 브란트Brandt를 위한 환영회가 브룬스비크 공작의 궁정에서 열렸을 때 라이프니츠Leibniz는 라틴어로 시를 지었다. 그런 경이를 예찬하기 위해 온갖 신화가 등장한다. 프로메테우스가 훔친 불, 메데이아의 [불을 내는] 드레스, 모세의 빛이 나는 얼굴, 예레미야가 파묻는 불, 베스타 여신을 섬기는 처녀들, 무덤의 램프들, 이집트와 페르시아 사제들 간의 싸움 등. "자연계에 알려진 적이 없는 이 불, 어느 새로운 불카누스가 붙힌 불이자, 물이 보존하면서 그의 나라인 불의 권역으로 되돌아가지 못하게 한 불, 물속에 묻혀 자신의 존재를 숨기고 있다가 불멸의 영혼의 이미지인 양 빛을 발하며 그 무덤에서 나왔도다…"

민간 전설들은 학자들이 모은 이런 신화들을 확증해준다. 그런 전설들에서는 물과 불이 결합하는 것이 희귀하지 않다. 이미지들은 달아도 그 성적 특징은 쉽게 알아볼 수 있다. 헤컨대 그런 전설들에서는 벼락이 친 땅에서 샘이 생겨나는 일이 허다하다. 샘은 종종 "벼락의 타격"에서 탄생한다. 때로는 역으로 난폭한 호수에서 벼락이 나오기도 한다. 드샤름은 포세이돈의 삼지창이 "하늘 신의 뾰족한, 끝이 셋인 벼락으로서 나중에 이 바다의 신에게 이전된"[10] 것이 아닐까 자문한다.

---

[10] Decharme, *Mythologie de la Grèce antique*, p. 302.

다음 장에서 우리는 상상의 물의 여성적 특성들을 살펴볼 것이다. 이 장에서는 다만 불과 물의 공통 화학의 혼인婚姻적인 특징을 제시하고 싶었다. 불의 남성성 앞에서 물의 여성성은 어찌할 도리가 없다. 물은 남성화될 수 없다. 이 두 원소는 하나로 결합하여 모든 것을 창조한다. 바호펜[11]은 상상력이 불과 물이라는 두 힘의 내밀한 결합으로 '창조'를 꿈꾼다는 사실을 수 페이지에 달하는 글로써 제시한 바 있다. 바호펜은 그런 결합이 일시적인 것이 아님을 증명하고 있다. 그것은 지속적인 창조의 조건이다. 상상력이 물과 불의 지속적인 결합을 꿈꿀 때, 그것은 독특한 힘을 지닌 혼합된 질료적 이미지를 형성한다. 뜨거운 습기의 질료적 이미지가 그것이다. 우주 생성과 관련된 많은 몽상에서 근본 원리는 바로 뜨거운 습기다. 생기 없는 대지에 생기를 부여하고, 그런 대지에서 온갖 살아 있는 형상을 솟아나게 하는 것이 바로 그것이다. 특히 바호펜은 많은 문헌에서 바쿠스가 모든 습기의 주인, 즉 "*al Herr aller Feuchtigkeit*"로 지칭되고 있음을 제시한다.

그러므로 우리는 이 뜨거운 습기라는 개념이 많은 사람에게서 이상한 특권을 누리고 있음을 어렵지 않게 검증할 수 있을 것이다. 이것에 의해 창조는 느리게 진행될 수밖에 없다. 시간은 약한 불에 천천히 익힌 질료 속에 새겨진다. 작업을 하는 것이 무엇인지 더 이상 모르게 된다. 불인가? 물인가? 시간인가? 이 삼중의 불확실성이 모든 대답을 가능하게 한다. 만약 어떤 철학자가 자신의 우주발생론을

---

[11] [Bachoffen,] *Gräbersymbolik der Alten*. 예를 들어 p. 54 참조.

정초하기 위해 뜨거운 습기 같은 개념에 매달린다면, 너무도 내밀한 확신을 갖게 되어 어떤 객관적 증거도 그를 방해할 수 없을 것이다. 사실 우리는 여기에 우리가 이미 말했던 심리학적 원리, 즉 양면성은 한정되지 않은 여러 가치 부여 작용의 가장 확실한 토대라는 원리가 작용하고 있음을 알 수 있다. 뜨거운 습기라는 개념은 믿을 수 없도록 강력한 양면성의 계기다. 단순히 표층적이고 변화하는 특질들에 작용하는 양면성이 아니다. 여기서는 참으로 질료가 문제가 된다. 뜨거운 습기, 그것은 양면성을 지니게 된 질료, 다시 말해 질료화한 양면성이다.

IV

이제부터는 '물'과 '밤'의 결합에 관한 몇 가지 고찰을 할 생각인데, 이는 상상의 질료주의에 관한 우리의 일반적인 주제들과는 어울리지 않는 것처럼 보일 수도 있다. 사실 밤은 하나의 보편적인 현상, 즉 자연 전체에 부과되는 하나의 거대한 존재로 여겨질 수 있으나 질료적 실체들과는 아무 관련이 없는 현상으로 보인다. 만약 밤을 인격화한다면 밤이란 그 무엇도 저항할 수 없는 여신, 모든 것을 감싸고 모든 것을 숨기는 여신, '베일'의 여신이다.

한데 질료들의 몽상은 너무도 자연스런 불굴의 몽상이어서 상상력은 능동적인 밤, 침투하는 밤, 사물들의 질료 속으로 들어가는 밤의 꿈을 꽤 공통적으로 받아들인다. 그럴 때 밤은 더 이상 베일을 쓴 여신이 아니다. 더 이상 '대지'와 '바다들' 위에 드리워지는 베일이 아니다. '밤'은 밤에서 나온 것, 밤은 하나의 실체이자, 밤의 성질을 지닌 질료다. 밤이 질료적 상상력에 사로잡힌다. 물은 여러 가지 혼합에 자신을 가장 잘 내어주는 실체이므로, 밤은 물에 침투하고, 호수를 그 심층까지 퇴색시키고, 연못에도 스며든다.

때로는 그 침투가 너무도 깊고 너무도 내밀해서, 연못은 대낮에도 이 밤의 질료를 얼마간 간직하고, 이 실체적 어둠을 얼마간 간직한다. 그것은 "스팀팔리아화化"*한다. 괴조怪鳥들, "자신들의 깃털을 화살처럼 쏘는, 지상의 작물을 황폐화하고 더럽히는, 인육을 먹는, 아레스의 젖먹이들"12이 서식하는 검은 늪, 스팀팔리아가 된다. 단언하건대 이 스팀팔리아화는 공허한 은유가 아니다. 그것은 우울한 상상력의 한 특징에 부합한다. 분명 사람들은 스팀팔리아화한 풍경을 부분적으로는 어두운 양상으로 설명할 것이다. 황량한 연못의 그러한 양상을 표현하기 위해 밤의 인상들을 쌓는 것은 단순한 우연이 아니다. 그 밤의 인상들이 한데 모이고, 증식하고, 심화하는 자기들만의 방식을 갖고 있음을 인정해야 한다. 그것들에게는 물이 좀 더 잘 집중되게 해주는 중심이자, 좀 더 오래 지속되게 해주는 질료라는 사실을 인정해야 한다. 많은 이야기에서 저주받은 장소들의 중심에는 어둠과 공포의 호수가 있다.

---

* 스팀팔리아 호수는 헤라클레스가 퇴치한 식인 괴조들이 산다는 그리스신화 속의 호수를 가리킨다.
12 Decharme, *loc. cit.*, p. 487.

많은 시인의 작품에서도 가슴에 '밤'을 품은 상상의 바다가 등장한다. 먼 옛날의 항해사들이 그들의 실제 경험보다는 그들의 공포를 장소화한 암흑의 바다 — 마레 테네브라룸 — 가 그렇다. 에드거 포의 시적 상상력은 그런 '암흑의 바다'를 탐험했다. 물론 바다에 검고 푸르스름한 색조를 주는 것은 대개 폭풍우 치는 '하늘'의 어둠이다. 에드거 포의 우주론에서는 해상에 폭풍우가 칠 때 언제나 똑같은 특이한 "구릿빛"의 구름이 나타난다. 한데 가리개로 그림자를 설명하는 이런 손쉬운 합리화와는 별개로 상상력의 체제에서는 직접적인 실체적 설명을 감지할 수 있다. 쓸쓸함이 너무 크고, 너무 깊고, 너무 내밀하여 물 자체가 "먹빛"인 것이다. 그런 가공할 폭풍우 속에서는 어느 엄청난 뼈오징어의 배설이 발작적으로 일어나 바다의 모든 심층을 검게 물들인 것 같다. 이 "암흑의 바다"는 "인간의 상상력이 생각할 수 없을 만큼 무섭도록 황량한 풍경"[13]이다. 그렇게 그 특이한 실재는 상상 가능한 한계를 넘어서는 것으로 나타나는데, 상상 가능한 한계를 뛰어넘으면 마음과 정신을 온통 뒤흔들어놓는 강력한 현실을 얻게 된다는 것, 이는 철학자들이 깊이 생각해볼 만한 흥미로운 전도顚倒다. 저기 "무섭도록 검고 툭 불거진" 절벽들, 대양을 으스러뜨리는 무서운 밤이 있다. 그때 폭풍우가 물결 속으로 들어간다. 폭풍우 역시 일종의 동요된 실체요, 내밀한 덩어리를 지닌 장腸운동이다. 그것은 "짧고 강렬하며 종횡으로 들볶이는 찰랑거림"이다. 곰곰이 생각해보라. 그런 내밀한 운동은 객관적 경험으로는 얻을 수 없

---

[13] Edgar Poe, *Histoires extraordinaires*, Maelstrom, trad. Baudelaire, p. 223.

음을 알게 될 것이다. 철학자들이 말하듯이 우리는 그런 것을 내관內觀으로 체험한다. 밤이 뒤섞여 있는 물은 잠들기를 원치 않는 오래된 회한이다….

 연못가에서의 밤은 특수한 두려움, 몽상가에게 침투하여 그를 전율케 하는, 일종의 습한 두려움을 가져다준다. 밤뿐이라면 좀 더 신체적인 두려움을 줄 것이다. 물뿐이라면 좀 더 밝은 강박관념들을 줄 것이다. 밤 속의 물은 가슴 저미는 두려움을 안겨준다. 에드거 포의 어느 호수는 환한 낮에는 "사랑스러운" 호수지만 밤이 되면 점차 커지는 공포를 일깨운다.

 "그러나 밤이 자신의 베일을 만상에 드리우듯 이 장소에 드리울 때, 신비적인 바람이 자신의 음악을 속삭일 때 ― 그럴 때 ―, 아! 그럴 때면 언제나 나는 외딴 호수의 공포에 눈을 뜨곤 했다."(trad. Mallarmé, p. 118)

 날이 새도 물론 유령들은 여전히 물 위를 달리고 있다. 그러다 흩어지는 허무한 안개처럼 그들은 떠나간다…. 이제 차츰 두려움을 느끼는 쪽은 그들이다. 그래서 그들은 흐릿해지고, 그들은 멀어진다. 반대로 밤이 되면 물의 유령들은 응집하고, 그래서 그들은 다가온다. 사람의 마음속에서 공포가 커져간다. 그러니 강의 유령들은 밤과 물을 먹고 사는 것이다.

 밤의 연못가에서의 공포가 특별한 공포인 이유는 그것이 어느 정도 시야視野에 들어오는 공포이기 때문이기도 하다. 그것은 동굴 속이나 숲속의 공포와는 아주 다르다. 그것들에 비해 덜 가깝고, 덜 응집되며, 덜 국지적이고, 더 유동적이다. 물 위의 그림자들은 땅 위의 그림자들보다 더 동적이라고 할 수 있다. 그들의 움직임을, 그들이 어떻게 유령이 되는지를 좀 더 자세히 살펴보자. 밤의 빨래하는 여인들*이 강가의 안개 속에 자리를 잡는다. 그녀들이 희생자들을 끌고 가는 때는 물론 밤의 초입이다. 이는 우리가 기회가 있을 때마다 되풀이하고 싶은 상상력의 법칙, 즉 '상상력은 이행devenir이다'**라는 법칙의 한 특수한 경우다. 상상되지 않는, 따라서 잘 이야기되지 않는 반사적인 공포 반응들을 제외하면 공포가 문학작품을 통해 전달될 수 있는 것은 오직 그 공포가 분명한 이행일 때뿐이다. 밤은 그 자체만으로 유령들에게 유령으로의 이행[유령 되기]을 가능하게 해준다. 그 유령들 가운데 감시하는 유령만이 공격적이다.14

그러나 이 모든 유령을 환영이라고 생각한다면 그것은 오판이다. 그들은 우리와 아주 가깝게 접해 있다. 클르델은 말한다. "밤은 우리의 증거를 없애고, 우리는 우리가 있는 곳이 어디인지 더 이상 알지 못하게 된다. … 우리의 시각은 더 이상 가시 한계를 지니지 않으며, 동질적이고, 직접적이고, 무차별적이고, 꽉 찬 지하 독방 같은 보이지 않는 것을 갖게 된다." 물가에서 밤은 서늘한 냉기를 일으킨다. 물의 오한이 지체된 여행자의 살갗 위를 내닫는다. 끈적거리는 현실이 대기 속에 있다. 편재하는 밤, 절대 잠이 들지 않는 밤이 언제나

---

* '밤의 혹은 죽음의 빨래하는 여인'은 전설상의 인물로 물가나 야외 세탁장에서 빨래를 하는 모습으로 밤에 마주치게 되는 유령을 가리킨다.
** 작은따옴표는 옮긴이. 프랑스어 devenir는 '…이 되다', '…가 되어가다', '…화하다'를 뜻하는 동사와 명사로 쓰인다.
14 George Sand, *Visions dans les campagnes*, pp. 248-249 참조.

잠을 자는 연못의 물을 일깨운다. 문득 눈에 보이지 않는 무서운 유령들의 존재가 느껴진다. 베랑제페로가 전하는 바에 의하면(*loc. cit.*, II, p. 43), 아르덴현에는 "도비의 오외l'oyeu de Doby라 불리는" 물의 정령이 있는데, "어느 누구도 본 적 없는 무서운 동물 형상"을 하고 있다고 한다. 누구도 본 적 없는 무서운 형상이란 어떤 형상일까? 그것은 눈을 감고 바라보게 되는 존재, 더 이상 말로 표현할 수 없을 때 말하게 되는 존재다. 목구멍이 좁아지고, 얼굴 표정이 경직되어 형언할 수 없는 두려움 속에서 얼어붙는다. 물처럼 차가운 뭔가가 얼굴에 달라붙는다. 밤의 괴물은 웃는 해파리[메두사]다.

그러나 마음이 늘 불안에 떨고 있는 건 아니다. 물과 밤이 자신들의 부드러움을 결합하는 시간들도 있다. "밤의 꿀은 천천히 소비된다"라고 썼을 때, 르네 샤르는 밤의 질료를 맛본 것이 아닐까. 자기 자신과 평화로이 지내는 영혼에게 물과 밤은 함께 공통의 향기를 풍기는 것 같다. 습한 그림자에서는 이중의 서늘함을 지닌 향기가 풍기는 것 같다. 물의 향기를 잘 느낄 수 있는 때는 밤뿐이다. 태양의 냄새가 너무 심해서 햇살 받은 물은 우리에게 향기를 줄 수 없다.

진정으로 이미지들을 자신의 양식으로 삼을 줄 아는 시인이라면 물결 곁에서 보내는 밤의 맛도 알 것이다. 폴 클로델은 『동방 인식』에서 이렇게 쓰고 있다. "밤이 너무도 고요해서 마치 소금을 친 것 같다."(p. 110) 밤은 때로 우리를 아주 가까이에서 감싸며 우리의 입술을 시원하게 해주러 오는 가벼운 물과 같다. 우리는 우리 내면의 수분으로 밤을 흡수한다.

진정으로 살아 있는 질료적 상상력에게, 세계의 질료적 내밀함을 취할 줄 아는 상상력에게 물과 밤과 쾌청한 공기 등 자연의 위대한 실체들은 이미 "높은 취향"의 실체들이다. 그것들은 양념들의 미관 美觀을 필요로 하지 않는다.

V

물과 흙의 결합은 반죽을 만든다. 반죽은 질료주의의 한 기본 도식이다. 철학이 이에 대한 연구를 소홀히 한 것이 우리에겐 늘 이상했다. 사실 우리가 보기에 반죽은 정말로 내밀한 질료주의의 도식으로 여기에서 형상은 박탈당하고 지워지고 용해된다. 그러므로 반죽은 질료주의의 문제를 원소적인 형태로 제기하는 것이라 할 수 있다. 왜냐하면 그것은 형상을 생각하는 우리의 직관을 떨쳐버리기 때문이다. 형상에 관한 문제는 부차적인 문제로 돌려진다. 반죽은 질료에 대한 최초의 경험을 제공한다.

반죽에서 물의 작용은 명백하다. 반죽을 계속하는 동안 일꾼은 흙이나 가루, 석고의 특수한 성질 쪽으로 옮겨 갈 수도 있지만, 처음 그 일에 착수할 때 그가 가장 먼저 생각하는 것은 물이다. 물은 그의 첫 번째 보조자다. 반죽하는 일꾼의 첫 번째 몽상은 물의 활동으로 시작된다. 그러므로 물이 활발한 양면성을 통해 꿈꿔진다고 해서 놀랄 필요는 없다. 양면성이 없으면 몽상이 없으며 몽상이 없으면 양면성도 없다. 물은 연화軟化 역할과 응고 역할을 번갈아 하면서 꿈꿔진다. 물은 연결을 풀기도 하고 맺기도 한다.

첫 번째 작용은 분명하다. 옛 화학 서적들이 말하듯이 물은 "다른 원소들을 연화"한다. 건조 ― 불의 작업 ― 를 파괴함으로써 물은 불의 정복자가 된다. 물은 불에게 끈질기게 앙갚음을 한다. 물은 불의 힘을 약화시키고, 우리 체내의 열을 내린다. 망치 이상으로 물은 흙을 무력화하고 실체들을 부드럽게 만든다.

그런 다음 반죽 작업이 이어진다. 부서진 흙의 실체 그 자체 속에 진정으로 물이 스며들게 할 수 있을 때, 밀가루가 물을 마실 때, 물이 밀가루를 먹을 때, 그때 "관계"의 경험, 관계의 긴 꿈이 시작된다.

내밀한 끈들의 일치에 의해 실체적으로 관계를 맺는 이 힘, 일꾼은 자신이 해야 할 일을 꿈꾸면서 그 힘을 어떤 때는 흙에, 또 어떤 때는 물에 부여한다. 사실 많은 무의식에서 물은 그 점착성 때문에 사랑받는다. 끈끈한 것에 대한 경험은 숱한 유기적인 이미지와 결부된다. 그것들은 반죽 작업이라는 긴 인내 속의 노동자를 끝없이 사로잡는다.

그래서 미슐레는 우리에게 이러한 선험적 화학, 무의식적 몽상에 바탕을 둔 화학의 신봉자로 보일 수 있다.[15] 그에게 "바닷물은 일체의 혼합이 없는, 멀리 떨어진 바다에서 취한 더없이 순수한 물이라 할지라도 약간은 끈적끈적하다. … 화학적 분석은 그런 특성을 설명하지 못한다. 거기에는 하나의 유기적 실체가 존재하지만, 화학적 분석은 그것을 파괴함으로써만, 그것이 지닌 특수한 점을 제거함으

---

[15] Michelet, *La Mer*, p. 111.

로써만, 그것을 폭력적으로 일반 원소들에 환원함으로써만 그 실체에 이를 수 있을 뿐이다." 이때 그는 자신의 펜 아래에서 매우 자연스럽게 점액mucus이라는 말을 찾아내어, 점착성과 점액성이 개입하는 이 혼합적인 몽상을 완성한다. "바다의 점액성이란 무엇인가? 일반적인 물이 나타내는 점착성인가? 그것은 생명의 보편적인 요소가 아닌가?"

때로 점착성은 몽환적 피로의 흔적이기도 하다. 그것은 꿈의 진행을 방해한다. 그럴 때 우리는 끈적거리는 환경 속에서 끈적끈적한 꿈들을 체험한다. 그런 꿈의 만화경에는 둥근 물체들, 느린 물체들이 가득하다. 우리가 그런 물렁물렁한 꿈들을 체계적으로 연구할 수 있다면, 메소모르프mésomorphe[고체와 액체의 중간 상태]한 상상력, 즉 형상적 상상력과 질료적 상상력을 매개하는 상상력에 대한 인식에 이르게 될 것이다. 메소모르프한 꿈의 물체들은 어렵게 형태를 취해도 곧 형태를 잃어버리고, 반죽 덩어리처럼 무너져 내린다. 끈적거리고, 물렁물렁하고, 나른하고, 때로 인광을 띠는 — 그렇다고 빛을 내는 건 아닌 — 물체는 분명 몽환적 삶의 가장 강한 존재론적 밀도와 상응한다. 반죽의 꿈에 속하는 이런 꿈들은 창조하기 위한, 형성하기 위한, 변형하기 위한, 반죽하기 위한 투쟁이거나 패배다. 빅토르 위고가 말하듯 "모든 것은 변형된다. 무형無形조차도."("Homo Edax", *Les Travailleurs de la Mer*)

눈동자 그 자체는, 순수한 시각은 고체들에 진력을 낸다. 그것은 변형을 꿈꾸고 싶어 한다. 만약 시각이 꿈의 자유를 진정으로 받아들인다면, 모든 것이 생동하는 직관 속으로 흘러든다. 살바도르 달리의 "물렁물렁한 시계들"은 길게 늘어져 책상 한 귀퉁이에서 물기를 빼고 있다. 그것들은 끈적거리는 시공간 속에서 산다. 전일화한 물시계들인 양 그것들은 괴물성의 유혹에 직접적으로 순종하는 물체를 "흐르게" 한다. 그의 책 『불합리의 정복La conquête de l'irrationnel』을 깊이 성찰해보면 이 회화적 헤라클레이토스주의가 놀라운 성실성을 지닌 몽상에 의존하고 있음을 이해하게 될 것이다. 이토록 깊은 변형들은 변형을 실체 속에 각인해야만 가능하다. 살바도르 달리가 말하듯이 물렁한 시계는 살이요, "치즈"[16]다. 이런 변형들은 대개 잘 이해받지 못한다. 정태적 시각에서 감상되기 때문이다. 정태화靜態化된 비평가들은 흔히 그것들을 광태로 치부한다. 그들은 그런 변형들에서 깊은 꿈의 힘을 체감하지 못한다. 간혹 어느 찰나의 순간에 어떤 신성한 느낌의 은혜를 베푸는 풍부한 점착성의 상상력에 참여할 줄 모른다.

전 과학 정신에서는 이와 같은 꿈의 흔적들을 많이 발견할 수 있을 것이다. 예컨대 파브리키우스에게 순수한 물은 풀이다. 물은 반죽 속에서 이루어지는 결합을 실현할 임무를 무의식을 통해 부여받은 실체를 내포하고 있다. "물은 끈끈한 점착성의 질료를 내포하고 있어서 나무, 쇠, 그 밖의 다른 투박한 물체들에 쉽게 달라붙는다." (*loc. cit.*, p. 30)

파브리키우스 같은 이름 없는 학자만이 이 같은 질료주의적 직관에 따라 사유하는 것이 아니다. 우리는 부르하버Boerhaave의 화학

---

[16] Salvador Dali, *La conquête de l'irrationnel*, p. 25 참조.

에서도 같은 이론을 보게 된다. 부르하버는 자신의 저서 『화학 요강Éléments de Chymie』에서 이렇게 썼다. "돌이나 벽돌을 부수어 불의 힘으로 말리면 … 언제나 물이 약간 나온다. 그러므로 돌도 벽돌도 일정 부분 그 기원이 물이라고 할 수 있는데, 물이 풀처럼 양자를 결합시키는 것이다."(trad., t. II, p. 562) 말하자면 물은 우주의 풀이다.

물의 이 같은 질료 점유占有는 시각적 관찰로 만족해서는 충분히 이해되지 않는다. 거기에 촉각적 관찰을 더해야 한다. 그것은 두 가지 감각적 구성 요소가 요구되는 말[言]이다. 아주 미미한 것일지라도, 시각적 관찰에 덧붙여지는 촉각적 경험의 작용을 좇는 일은 흥미롭다. 그렇게 하면 노동자와 기하학 간의, 행위와 시각 간의 일치를 너무 빨리 가정해버리는 공작인工作人homo faber 이론을 수정하게 될 것이다.

그래서 우리는 현실과 매우 동떨어진 몽상들과 더없이 힘든 노동을 공작인의 심리학에 재통합시킬 것을 제안한다. 손에도 손만의 꿈이 있고, 손만의 가설이 있다. 그것은 질료를 그 내밀함 속에서 인식하도록 도와준다. 질료를 꿈꾸도록 도와주는 것이다. 공작인의 작업에서 탄생하는 "천진한 화학"의 가설들은 적어도 "자연 기하학"의 관념들 못지않은 심리학적 중요성을 갖는다. 게다가 이 가설들은 질료를 좀 더 내밀하게 예단하는 만큼 몽상에 깊이를 더해준다. 반죽 작업에는 더 이상 기하학도, 모서리도, 절단도 없다. 그것은 지속되는 꿈이다. 그것은 우리가 눈을 감을 수 있는 작업이다. 그러므로 그것은 내밀한 몽상이다. 게다가 리듬화되어 있기도 하다. 전신을 사로잡는 리듬 속에 격하게 리듬화되어 있다. 그래서 대단히 중요하다. 그것은 지속의 지배적인 특성인 리듬을 지니고 있다.

반죽 작업에서 탄생하는 몽상은 특별한 힘의 의지와 일치하게 마련이다. 실체 속에 침투하고, 실체의 내부를 만져보고, 씨앗들의 내부를 인식하고, 물이 흙을 이기듯이 흙을 내밀하게 이기고, 원소적 힘을 되찾고, 여러 원소의 투쟁에 가담하고, 속절없이 녹는 힘에 참여하는 남성적인 기쁨과 일치하게 마련인 것이다. 그다음엔 결합시키는 작업이 개시되는데, 느리지만 규칙적인 진행을 보이는 반죽 작업은 녹이는 기쁨보다 덜 악마적인, 특별한 기쁨을 손에 넣는다. 손은 대지와 물의 결합의 점진적인 성공을 직접적으로 의식한다. 이번에는 다른 종류의 지속이 질료 속에 각인된다. 급격한 움직임이 없는, 비약이 없는, 정확한 목표가 없는 지속이다. 그러므로 이 지속은 형상화된 게 아니다. 이 지속에는 응시하는 눈이 고체들의 작업에서 구할 수 있는 잇단 초벌 작업의 다양한 휴식처가 없다. 이 지속은 실체적인 이행, 내부에 의한 이행이다. 이 역시 내밀한 지속의 객관적 사례가 될 수 있다. 계속하기 위해 노동을 해야 하는 빈약하고 단순하고 거친 지속. 역逆발생론적anagénétique인 지속, 상승하는, 생산하는 지속. 그것은 참으로 힘이 많이 드는 지속이다. 진정한 노동자는 "손을 반죽에" 넣어본 노동자다. 그들에게는 작용의 의지, 손을 행사하려는 의지가 있다. 아주 특별한 이 의지는 손의 결찰結紮들에서 드러난다. 카시스 열매와 포도를 짓이겨본 자만이 소마 찬가를 이해할 수 있다. "열 손가락이 통 속의 군마軍馬를 긁어준다."(*Hymnes et Prières du Véda*, trad. Louis Renou, p. 44) 부처의 팔이 백 개인 것은 그가 반죽하는 사람이기 때문이다.

반죽은 베르그손적 공작인의 기하학적 손에 대한 반정립antithèse이라 할 수 있을 역동적 손을 낳는다. 이 손은 더 이상 형상들의 기관器官이 아니라 에너지의 기관이다. 역동적 손은 힘의 상상력을 상징한다.

반죽과 관련된 여러 직업을 생각해보면 질료인質料因을 좀 더 잘 이해하고, 그 다양성도 알 수 있을 것이다. 조형造形 행위는 형상들의 부여만으로는 충분히 설명되지 않는다. 질료의 효과 역시 조형 행위에 대한 저항만으로는 충분히 가리켜지지 않는다. 모든 반죽 작업은 참으로 능동적이고 참으로 활동적인 질료인 개념에 이끌린다. 그것은 자연스런 투사投射다. 그것은 인간의 모든 사유, 모든 행위, 모든 몽상을 사물들로 옮기고, 노동자를 노동으로 옮기는, 투사하는 사유의 한 특별한 예다. 베르그손의 공작인 이론은 명료한 사유의 투사만 고려한다. 이 이론은 꿈의 투사는 간과했다. 재단하고 절단하는 직업은 질료에 관한 충분히 내밀한 가르침을 제공하지 않는다. 투사는 외적이고 기하학적인 것에 그친다. 질료는 행위들의 실현 매체 역할조차 하지 못한다. 행위들의 찌꺼기에, 재단이 잘라내지 못한 것에 불과하다. 대리석 덩어리 앞에 선 조각가는 형상인形相因의 꼼꼼한 하인일 뿐이다. 그는 무형無形을 없앰으로써 형상을 찾아낸다. 그러나 점토 앞의 조소가彫塑家는 변형에 의해 형상을 찾아낸다. 무정형의 몽상적 생장에 의해 형상을 찾아낸다. 내밀한 꿈, 생장하는 꿈에 가장 가까이 있는 자는 조소가다.

매우 단순화된 양면 서판 같은 이상의 서술로 인해 우리가 형상의 가르침과 질료의 가르침을 실질적으로 분리한 것처럼 생각해서는

제4장 구성된 물들 **179**

안 된다는 말을 덧붙일 필요가 있을까? 사실 진짜 천재는 양자를 결합한다. 이미 우리는 『불의 정신분석』에서 로댕Rodin이 질료의 꿈도 꿀 줄 알았다는 사실을 증명하는 여러 직관을 상기한 바 있다.

이제는 아이들이 반죽 경험에 열광한다고 해서 놀랄 필요가 없지 않을까? 보나파르트 부인은 그런 경험의 정신분석학적 의미를 환기한 바 있다. 항문기의 결정 요인들을 따로 구분해낸 정신분석학자들의 견해에 따라 그녀는 어린아이나 일부 정신 질환자가 자신들의 배설물에 기울이는 관심을 상기시킨다.17 하지만 이 책에서는 좀 더 발달된 심적 상태, 객관적 경험이나 시 작품에 좀 더 직접적으로 적용된 심적 상태만 분석하는 만큼 우리는 반죽 작업에서 그런 정신분석학적 결함을 없애고, 그 특성을 전적으로 긍정적인 요소들을 통해 규정해야 한다. 반죽 작업은 반듯한 유년기를 갖는다. 바닷가에서 노는 어린아이는 마치 새끼 비버처럼 매우 보편적인 본능의 충동을 따르는 것 같다. 코프카에 따르면18 스탠리 홀Stanley Hall은 어린아이들에게 인류가 호숫가에 살았던 시대의 옛 선조들을 상기시키는 특징이 있음을 지적한 바 있다.

재가 불의 분진이듯이 진흙은 물의 분말이다. 재, 진흙, 분말, 연기 등은 부단히 자신들의 질료를 교환하는 이미지들을 제공할 것이다.

---

17 Marie Bonaparte, *loc. cit.*, p. 457 참조.
18 Koffka, *The Growth of the Mind*, p. 43.

원소적 질료들은 그런 축소된 형태로 소통한다. 그것들은 어느 면에서는 4원소의 네 분진이다. 진흙은 가장 강력하게 가치 부여된 질료들 중 하나다. 물은 이러한 진흙의 형태로 온화하고 느리며 안전한 풍요의 원리 자체를 흙에 가져다준 것 같다. 아키[이탈리아 피에몬테의 온천지]에서 진흙 목욕을 한 미슐레는 진흙의 재생력을 전적으로 신뢰하는 자신의 열광과 믿음을 다음과 같이 말하고 있다. "진흙을 농축한 좁은 연못에 몸을 담그고 있자니, 물의 그 힘찬 노력에 감탄을 금할 수 없다. 물은 산에서 진흙을 마련하여 걸러낸 다음, 진흙의 불투명성을 관통하고자 하는 자기 자신의 작업에 맞서 그것을 엉기게 하고, 작은 지진을 일으켜 그것을 들어 올리고, 작은 분출들, 미세 화산들로 그것을 관통한다. 그런 분출은 단지 공기 방울들에 불과하지만, 또 다른 항구적인 분출은 방해를 받아도 수많은 마찰 끝에 결국은 극복하여, 태양을 바라보는 데 매료된 작은 영혼들의 욕망, 혹은 노력 같은 것을 얻어내고야 마는 한 줄기 흐름의 불변하는 현존을 가리킨다."[19] 이 같은 글을 읽으면 크기에 구애받는 일 없이 그 모든 형상적 이미지를 무시하고서 오직 기세 화산의 역동적 이미지들만을 투사하는 불가항력적인 질료적 상상력의 활동을 느끼게 된다. 이런 질료적 상상력은 모든 실체의 삶에 참여하며, 거품들이 만드는 개흙의 부글거림까지 사랑하게 된다. 이때의 모든 열기, 모든 감싸기는 모성이다. 그래서 미슐레는 그 검은 진흙, "전혀 불결하지 않은 진흙"을 보고, 그 살아 있는 반죽 속으로 잠겨 들면서 외친다.

---

[19] Jules Michelet, *La Montagne*, p. 109.

"사랑하는 우리 모두의 어머니시여! 우리는 하나입니다. 나는 당신에게서 나와서 당신에게로 돌아갑니다. 그러니 당신의 비밀을 솔직하게 말해주소서. 당신의 그 깊은 심연에서 당신은 무엇을 하고 계신가요? 그곳에서 당신은 이 뜨겁고 강력하고 회춘시켜주는 영혼을 내게 보내, 나를 아직 좀 더 살게 해주려고 하는가요? 거기서 당신은 무엇을 하고 계신가요? — 네가 보는 것이 내가 네 눈앞에서 하고 있는 일이다. 그녀는 약간 나지막하나 부드럽고 아주 모성적인 목소리로 분명하게 말했다." 이 모성적인 목소리는 참으로 실체에서 나오는 목소리가 아닐까? 질료 그 자체에서 나오는 목소리 아닐까? 질료가 미슐레에게 그의 내면을 통해 말하고 있는 것이다. 미슐레는 물의 질료적 삶을 그 본질에서, 다시 말해 그 모순성에서 포착하고 있다. 물은 "자신의 작업 자체에 맞서 싸운다." 바로 그것이 용해하고 응고하는 두 가지 작업을 모두 할 수 있는 유일한 방법이다.

이 양면적 힘은 지속되는 풍요에 대한 확신의 토대로 길이 남을 것이다. 지속되기 위해서는 대립자들을 결합시켜야 한다. 『자연의 여신과 삶의 여신La déesse nature et la déesse vie』이라는 저작에서 에르네스트 세이에르Ernest Seillière는 늪지의 풍요로운 식생植生이 텔루리즘tellurisme*의 상징임을 지적하고 있다(p. 66). 무명의, 기름지고, 짧고, 풍요로운 식생의 힘을 결정하는 것은 늪에서 실현된 흙과 물의 실체적 결혼이다. 미슐레 같은 사람도 진흙이 식생의 힘에, 흙의 재

---

* 흙을 가리키는 라틴어 tellus에서 유래하는 영어 tellurism에서 차용한 이 단어는 땅의 자성磁性을 가리키는 말로 쓰였다.

생력에 참여하도록 우리를 도와준다는 점을 이해했다. 미끈거리는 진흙 속에 완전히 잠긴, 그의 파묻힌 삶에 관한 그 놀라운 페이지들을 읽어보라. 그 흙, "나는 상처 입은 자신의 아이를 따뜻하게 하면서 동정하고 애무해주던 그 흙을 아주 잘 느꼈다. 외부에서? 내부에서도 그랬다. 그것은 생기를 주는 영靈들로서 침투하여, 내 속으로 들어와 나와 뒤섞였고, 자신의 영혼을 내게 침투시켰다. 우리 사이에 완전한 동화가 이루어졌다. 나는 더 이상 그와 나를 구분할 수 없었다. 그리하여 마지막 십오 분 동안에는 그가 덮어버리지 않은 부분인, 아직 자유롭게 있던 부분인 나의 얼굴이 성가시기만 했다. 파묻힌 몸은 행복해했고, 그게 나였다. 파묻히지 않은 머리는 불평을 했고, 그건 더 이상 내가 아니었다. 적어도 나는 그렇게 생각했다. 나와 흙의 결혼! 그것은 너무도 강력한, 결혼 이상의 무언가였다! 차라리 자연[본성]의 교환이었다고 말하는 편이 나을 것이다. 나는 '흙'이었고, 그것은 사람이었다. 그는 나의 지병, 나의 원죄를 자기 것으로 만들었다. 그리고 나는 흙이 되어, 그에게서 생명과 열기와 젊음을 취했다."(p. 114) 진흙과 육신의 이 자연의 교환은 질료적 몽상의 완벽한 예다.

또한 폴 클로델의 다음 글을 곰곰이 성찰해보면 위와 같은 흙과 물의 유기적 결합을 느끼게 될 것이다. "사월에는 자두나무 가지의 예언적인 개화에 이어, '태양'의 자극적인 하녀인 '물'의 작업이 온 대지에서 시작된다. 물은 녹이고 따뜻하게 하고 부드럽게 하고 스며들며, 소금은 침이 되고 설득하고 씹고 뒤섞는데, 그렇게 토대가 마련되는 즉시 생명은 움직이기 시작하고, 식물 세계는 자신의 모든

제4장 구성된 물들 **183**

뿌리로 다시 우주의 핵심을 잡아당기기 시작한다. 첫 몇 개월 간 산성이던 물은 서서히 걸쭉한 시럽, 한 잔의 술, 성적인 힘이 가득한 쓴 꿀이 된다…."[20]

점토 또한 많은 사람에게 끝없는 몽상의 주제가 된다. 자신이 어떤 진흙, 어떤 점토로 만들어졌는지 인간은 끝없이 자문할 것이다. 사실 창조를 하려면 언제나 어떤 점토가, 조형적 질료, 흙과 물이 결합하는 양면성을 지닌 질료가 필요하다. 문법학자들이 괜히 점토가 남성인지 여성인지를 두고 논쟁하는 게 아니다. 우리의 부드러움과 단단함은 서로 모순되는 것인데, 점토는 양성의 참여를 요구한다. 제대로 된 점토라면 충분한 흙과 충분한 물을 마땅히 지니고 있어야 할 것이다. 우리는 오직 진흙과 눈물로만 만들어진 존재라고 말하는 밀로즈의 글[21]은 얼마나 아름다운가. 괴로움과 눈물이 부족하면 인간은 메마르고 빈곤하고 저주받은 존재가 된다. 눈물이 좀 과하거나 점토 속에 용기와 경성硬性이 부족하면 그것은 또 다른 비참함이다. "진흙의 인간이여, 눈물이 너의 비참한 뇌를 침수시켰구나. 소금기 없는 말들이 너의 입 위로 미지근한 물처럼 흐른다."

이 책에서 질료적 상상력의 심리학을 전개하기 위한 모든 기회를 잡겠다고 약속한 만큼 우리는 질료적 몽상의 또 다른 선 하나를 좇아가보지 않고 이쯤에서 반죽과 이기기의 몽상을 그만둬버리고 싶

---

20 Paul Claudel, *L'Oiseau noir dans le Soleil levant*, p. 242.
21 O. V. de L. -Milosz, *Miguel Mañara*, p. 75.

지는 않다. 그 다른 선이란 반항아인 질료가 느리고 힘들게 형상을 정복해나가는 과정이다. 이 경우 물은 없다. 그래서 노동자는 마치 우연인 양 식물적 작업의 패러디에 뛰어든다. 물의 힘을 패러디하는 이 행위는 상상의 물의 힘을 이해하는 데 즈음은 도움이 될 것이다. 우리는 대장장이의 영혼의 몽상에 대해 말하고 싶다.

대장장이의 몽상은 느릿느릿 이루어진다. 작업이 단단한 것에서 시작되는 만큼 작업자는 먼저 어떤 의지를 의식한다. 먼저 의지가 무대에 등장하고, 그다음에 불로 전연성展延性을 정복하려는 책략이 등장한다. 하지만 망치 아래에서 변형이 예상될 때, 쇠막대가 구부러질 때 변형의 꿈의 뭔가가 작업자의 영혼 속에 주입된다. 그러면 점차 몽상의 문이 열린다. 쇠의 꽃들이 탄생한다. 외적으로 그 꽃들은 분명 식물적 영화榮華를 모방하지만, 그것들의 그 구부러짐의 패러디를 좀 더 공감하는 마음으로 따라가보면, 그것들이 내밀한 생장의 힘을 작업자에게서 받았음을 느낄 수 있다. 승리를 거둔 후 대장장이의 망치는 잔 타격으로 둥근 부분을 애무한다. 물렁물렁함에 대한 꿈, 유동성에 대한 어떤 추억 같은 것이 벼려진 쇠 속에 갇혀 있다. 어떤 영혼 속에서 살아온 그 꿈들이 그의 작품들 속에서 삶을 지속한다. 쇠창살은 오랜 작업 끝에 계속 생生울타리로 남는다. 그 대들을 따라 자연의 호랑가시나무보다 좀 더 단단하되 생기는 좀 덜한 호랑가시나무 하나가 계속 위로 올라간다. 인간과 자연의 경계에서 꿈꿀 줄 아는 사람, 온갖 시적 전도顚倒를 즐길 줄 아는 사람에게 들판의 호랑가시나무는 이미 식물의 경화硬化, 벼려진 쇠가 아니겠는가?

대장장이의 영혼에 대한 이러한 환기는 질료적 몽상을 새로운 관점에서 제시하는 데 도움이 된다. 쇠를 유연하게 하려면 분명 거인이 필요하지만, 쇠의 꽃에 작은 굴절들을 만들어주어야 할 때 거인은 난쟁이들에게 자리를 내주어야 한다. 그때 난쟁이 지신地神이 정말로 금속에서 나온다. 사실 모든 환영적인 존재의 미소화微小化는 원소들에 대한 몽상의 이미지화된 형태다. 흙 밑이나 수정의 모서리에서 발견되는 존재들은 질료 속에 끼워져 있던 존재들이다. 그들은 질료의 원소적 힘들이다. 우리가 그들을 일깨우는 것은 대상 앞에서가 아니라 대상의 실체 앞에서 꿈꿀 때다. 작은 것은 큰 것 앞에서 실체의 역할을 한다. 작은 것은 큰 것의 내밀한 구조다. 작은 것은 보기에는 그저 형상적인 것 같지만, 큰 것 속에 자신을 가두고, 자신을 끼워 넣음으로써 질료가 된다. 사실 진짜로 형상적인 몽상은 상당한 크기의 대상들을 구성하면서 전개된다. 그것은 부풀어 오른다. 반면 질료적 몽상은 대상들을 상감象嵌한다. 그것은 새겨 넣는다. 새겨 넣는 것은 언제나 이 몽상이다. 그것은 작업자의 꿈을 지속시키면서 실체의 바닥까지 내려간다.

그러므로 질료적 몽상은 더없이 단단하고, 침투의 꿈에 더없이 적대적인 실체들에 대해서도 어떤 내밀함을 획득한다고 할 수 있다. 물론 그것은 침투의 역동성이 좀 더 쉽고 세부적으로 작용하는 반죽 작업에서는 훨씬 더 편하게 이루어진다. 우리가 대장장이의 몽상을 환기한 것은 다만 반죽하는 몽상의 부드러움, 부드러워진 반죽의 기쁨을 좀 더 잘 느끼게 해주기 위해서요, 또한 조직이 치밀한 질료에 대해서도 언제나 성공을 거두게 해주는 물에게, 반죽하는 사람, 꿈 꾸는 사람이 품는 감사의 마음을 좀 더 잘 느끼게 해주기 위해서이기도 하다.

  질료들의 상상력에 몰입하는 공작인의 꿈을 일일이 다 추적하자면 끝이 없을 것이다. 그가 어떤 질료에 대한 작업을 충분히 했다고 여기는 일은 결코 있을 수 없다. 그 질료에 대한 몽상의 끝에 이른 적이 없기 때문이다. 형태는 완성된다. 그러나 질료는 영원히 완성되지 않는다. 질료는 불확정한 꿈들의 도식이다.

제5장
모성적인 물과 여성적인 물

… 그리고 그대, 먼 옛날처럼 바다에서 잠들 수 있으리
폴 엘뤼아르, 「삶에 필요한 것들 Les nécessités de la vie」

I

앞 장에서 지적한 것처럼 보나파르트 부인은 매우 전형적인 몇몇 상상적 그림에 대한 에드거 포의 애착을 어린 시절, 아주 어린 시절의 추억이 갖는 의미라는 측면에서 해석했다. 보나파르트 부인의 정신분석학적 연구의 한 부部에는 「어머니-풍경 연작聯作」이라는 제목이 붙어 있다. 정신분석학적 탐구의 착상을 따를 때, 우리는 풍경이 지닌 객관적 특징이 자연에 대한 감정 — 이 감정이 깊고 진실하다면 — 을 설명하는 데 불충분하다는 것을 곧바로 이해하게 된다. 우리가 실재를 열정적으로 사랑하게 되는 것은 실재에 대한 인식 때문이 아니다. 근본적인 제일의 가치는 감정이다. 우리는 사실 자연을 잘 모르면서, 그것을 자주 보지도 않으면서 우선 사랑부터 한다. 근거가 다른 곳에 있는 사랑을 사물들 속에서 실현하는 것이다. 그러고는 자연을 구석구석 찾아다닌다. 이유도 모르는 채 자연을 통째로 사랑하기 때문이다. 자연에 대한 우리의 열정적인 묘사는 곧 우리가

자연을 열정을 가지고, 애정 어린 항구적 호기심을 가지고 바라보았음을 말해주는 증거다. 어떤 사람들에게 자연에 대한 감정이 그토록 지속적인 것은 그 본래 형태에 있어 그것이 다른 모든 감정의 기원이기 때문이다. 그것은 부모에 대한 자식의 감정이다. 사랑의 모든 형태에는 어머니에 대한 사랑이 하나의 구성 요소로 들어 있다. 성인에게 자연이란 "거대하게 확장되고 영원히 무한 속에 투영된 어머니"(p. 363)라고 보나파르트 부인은 말한다. 감정의 차원에서 볼 때 자연은 어머니의 투사投射다. 특히 "바다는 모든 이에게 어머니의 가장 위대한, 가장 항구적인 상징의 하나다"(p. 367)라고 보나파르트 부인은 덧붙인다. 그리고 에드거 포는 이 투사, 이 상징 작용의 특히 더 분명한 예다. 에드거 포는 어린 시절 바다의 즐거움을 직접 발견할 수 있었다고 반론하는 사람들, 심리적 실재의 중요성을 높이 평가하지 않는 현실주의자들, 그들에게 보나파르트 부인은 이렇게 반박한다. "현실의 바다만으로는, 지금도 그렇듯이, 사람들을 매혹하기에 충분하지 않다. 바다는 사람들에게 두 음역을 지닌 노래를 부른다. 가장 높은 음역, 가장 피상적인 음역이 가장 매혹적인 게 아니다. 사람들을 바다 쪽으로 유인한 것은 언제나 … 가장 깊은 노래다." 그 깊은 노래가 어머니의 목소리, 우리 어머니의 목소리다. "우리가 산과 바다를 사랑하는 것은 산이 푸르고 바다가 쪽빛이기 때문이 아니라 — 우리가 느끼는 매력에 그런 이유를 붙일 수도 있겠지만 — 우리 안의 무엇, 우리의 무의식적 추억 속의 무엇이 쪽빛 바다나 푸른 산에서 환생의 계기를 발견하기 때문이다. 우리의 그 무엇, 우리 무의식적 추억의 그 무엇은 언제나 그리고 어디에서나 우리 어린 시절의 사랑에서 생겨난다. 즉 우선적으로 어떤 사람을 대상으로 한, 다른 무엇보다도 먼저 피난처이자 양식이 되어주었던 어머니나 유모 같은 사람을 대상으로 한 사랑에서 생겨나는 것이다."(p. 371)

요약하면 부모에 대한 자식의 사랑이 이미지 투사의 능동적인 제일의 원리다. 모든 이미지를 사로잡아 그것들을 모성적 전망이라는 가장 확실한 인간적 전망 속에 넣는 것은 바로 상상력의 투사하는 힘, 마르지 않는 힘이다. 물론 그후에는 다른 사랑들이 이 최초의 사랑하는 힘에 접목될 것이다. 하지만 그후의 어떤 사랑도 우리가 처음 품은 감정의 역사적 우위를 결코 파괴하지는 못할 것이다. 마음의 연표는 파괴가 불가능하다. 그후 사랑과 공감의 감정이 은유적인 것이 되면 될수록 점점 더 그것은 근원적인 감정으로 되돌아가 힘을 끌어오려 하게 될 것이다. 이러한 조건 속에서 어떤 이미지를 사랑한다는 것은 언제나 어떤 사랑을 예시하는 것이다. 어떤 이미지를 사랑하는 것은 알지도 못하는 옛 사랑에 대한 새로운 은유를 찾는 것이다. 무한한 우주를 사랑한다는 것은 어머니에 대한 사랑의 무한성에 어떤 질료적 의미, 어떤 객관적 의미를 부여하는 것이다. 우리가 모두에게서 버림받았을 때 어떤 고독한 풍경을 사랑하는 것, 그것은 어떤 고통스런 부재를 보상하는 것, 버리지 않는 부재를 추억하는 것이다…. 우리가 영혼을 다해 어떤 실재를 사랑하는 순간, 그 실재는 이미 하나의 영혼이요, 그 실재는 이미 하나의 추억이다.

II

이제부터 우리는 이상의 여러 고찰을 질료적 상상력의 관점에서 결합해보고자 한다. 자신의 모유와 자신의 실체로 우리를 기르는 여성이 매우 다양하고, 매우 멀고, 매우 외적인 이미지들에 지워버릴 수 없는 자신의 각인을 찍는다는 것, 그리고 그런 이미지들은 형상적 상상력의 관습적 주제들에 의해서는 정확하게 분석되지 않는다는 것을 우리는 보게 될 것이다. 요컨대 우리는 극도로 가치 부여된 이런 이미지들은 형상보다 질료를 더 많이 지닌다는 것을 제시하고자 한다. 이를 증명하기 위해 우리는 자연의 물들, 호수와 강의 물, 바다의 물 등에게 젖빛 외양을, 젖의 은유를 받아들이게 하려는 문학적 이미지들을 좀 더 가까이에서 살펴볼 것이다. 우리는 그런 터무니없는 은유들이 사랑의 예증임을 제시할 것이다.

이미 지적한 바와 같이 질료적 상상력에겐 모든 액체가 물이다. 질료적 상상력의 기본 원리는 모든 실체적 이미지의 근본에 원초적인 원소 하나를 두게 하는 것이다. 이 고찰은 이미 시각적으로나 역동적으로나 증명된 것이다. 철학자라면 상상력에겐 흐르는 모든 것이 물이요, 흐르는 모든 것이 물의 성질을 나누어 갖는다고 말할 것이다. 흐르는 물이라는 표현의 형용사는 언제 어디에서나 자신의 실사實辭를 만들 수 있을 만큼 강력하다. 색깔은 중요하지 않다. 그것은 단지 형용사를 줄 뿐이다. 그것은 어떤 변화를 가리킬 뿐이다. 질료적 상상력은 곧장 실체적 특질로 향한다.

이제 우리의 탐구를 무의식 쪽으로 좀 더 밀어붙여 이 문제를 정신분석학적 의미에서 검토해보면, 모든 물은 젖이라고 말해야 할 것이다. 좀 더 정확하게 말하면 모든 행복한 음료는 어머니의 젖이라고 해야 할 것이다. 이는 질료적 상상력의 두 층, 심층 무의식의 연속적인 두 단계, 즉 먼저 모든 액체는 물이고, 다음으로 모든 물은 젖이라는 것을 설명해주는 예라고 할 수 있다. 꿈은 원초적인 유아기의 삶이라는 크고 단순한 무의식 속으로 내려가는 하나의 곧은 뿌리를 지니고 있다. 또한 꿈은 좀 더 표층에 사는, 다발을 이룬 뿌리들로 된 그물망도 지니고 있다. 우리가 상상력에 관한 저작들에서 특히 연구한 것은 의식과 무의식이 뒤섞이는 이 표층 영역이다. 그러나 이제는 심층 지대가 언제나 활동적이라는 것과, 젖의 질료적 이미지가 물의 좀 더 의식적인 이미지들을 떠받친다는 것을 제시해야 할 때다. 최초의 관심 대상들은 유기체적인 관심에 의해 구성된다. 돌출적인 이미지들을 우선 집중시키는 것은 유기체적인 관심의 대상이다. 언어에 어떻게 점진적으로 가치가 부여되는지를 검토해보면 이와 동일한 결론에 이르게 될 것이다. 최초의 구문 구성은 일종의 기본욕구들의 문법에 따라 이루어진다. 젖은 액체의 실재들의 표현 순서상 최초의 실사實辭, 좀 더 정확히 말하면 최초의 구강口腔 실사다.

  이에 덧붙여 입과 결부되는 어떤 가치도 억압당하지 않는다는 사실을 지적해두자. 입과 입술은 분명 적극적으로 받아들여지는 최초의 행복한 영역, 금지 없이 허용된 관능의 영역이다. 입술의 심리학은 그것 하나만으로도 오랫동안 연구해볼 가치가 있을 것이다.

  이 공인된 관능의 보호 아래에서 정신분석학적 영역에 대한 검토에 좀 더 머무르면서 물의 "모성"의 근본적인 특성을 증명하는 몇 가지 예를 제시해보자.

분명 생티브가 인용한 베다 찬가의 심리학적 버팀목은 젖의 직접적인 인간적 이미지다. "우리의 어머니인 물들, 희생제에 참여하기를 바라는 물들은 자신들의 길을 따라 우리에게로 와서, 자신들의 젖을 우리에게 나누어 준다."[1] 사실 여기서 자연의 은혜에 대해 신에게 감사하는 막연한 철학적 이미지만 본다면 그것은 잘못 생각하는 것이다. 이 이미지에의 접착은 훨씬 더 내밀한 것으로 참으로 우리는 이 이미지의 사실성을 조금도 훼손하지 않고 그대로 인정해주어야 한다. 질료적 상상력에서 젖으로서의 물은 완전한 양식이라고 할 수 있을 것이다. 생티브가 전하는 찬가는 이렇게 이어진다. "신들의 양식은 물속에 있다. 약초들은 물속에 있다. … 물이여, 병을 쫓는 약물들을 완성으로 이끌어주오. 내 육체가 당신의 탁월한 효험을 느껴 내가 오랫동안 태양을 볼 수 있도록."

물은 열렬히 노래되는 순간부터, 물의 모성이 진심으로 열렬히 숭배되는 순간부터 바로 젖이 된다. 찬가의 어조는, 지성 어린 마음에 생기를 불어넣으면, 어김없이 원초적 이미지, 베다의 이미지를 야기한다. 미슐레는 객관적이고 거의 학술적인 의도로 쓴 한 저작에서 자신의 바다관觀Anschauung de la Mer을 피력하며 아주 자연스럽게 젖

---

[1] Saintyves, *Folklore des eaux*, p. 54. Louis Renòu, *Hymnes et Prières du Véda*, p. 33도 참조. "그는 지면, 대지 그리고 하늘에까지 홍수를 일으킨다. 바루나 — 그가 젖을 원할 때."

의 바다, 생기 넘치는 바다, 식량으로서의 바다 이미지를 되찾는다. "영양이 풍부한 이 물은 온갖 종류의 기름진 아톰들로 가득해서, 게으르게 입을 열어 호흡만 하는, 마치 우리 모두의 어머니의 품속 태아처럼 양육되는 물고기의 부드러운 성질에 적합하다. 물고기는 자기가 무엇을 삼키는지 의식할까? 거의 의식하지 않는다. 그 미소微小한 먹거리는 그에게로 오는 젖과 같다. 이 세계의 거대한 숙명인 기근은 대지의 일일 뿐 여기 바다에서는 예방되고, 도외시된다. 움직이는 수고도, 먹거리를 찾을 필요도 없다. 삶이 꿈처럼 떠다닐 것이다."[2] 이야말로 분명 배부른 어린아이의 꿈, 안락 속을 떠다니는 어린아이의 꿈 아니겠는가? 물론 미슐레는 그를 매혹하는 이미지를 여러 방식으로 합리화했다. 앞에서 이미 지적했듯이 그에게 바닷물은 점액이다. 그것은 "부드럽고 풍부한 원소들"(p. 115)을 가져다준 미소한 존재들의 활발한 활동에 의해 이미 작업이 이루어지고 풍부해져 있었다. "이 마지막 말은 바다의 삶에 관한 깊은 관점을 열어준다. 바다의 아이들은 대체로 젤라틴질의 태아를 닮았다. 그들은 점액질 질료를 흡수하고 또 생산하며, 물을 그것으로 채워 끊임없이 새로운 아이들이 마치 따뜻한 젖 속인 양 헤엄치러 오는 무한한 자궁의 풍요로운 부드러움을 물에 부여한다." 그 많은 부드러움, 그 많은 따스함은 계시적인 징표들이다. 그 무엇도 그것들을 객관적으로 암시하지 않는다. 모든 것이 그것들을 주관적으로 정당화한다. 세상에서 가장 큰 실재[바다]도 우선은 우리가 먹는 것과 결부된다. 곧이

---

[2] Michelet, *La Mer*, p. 109.

어 바닷물은 미슐레의 범汎생물학적 시각에서 "동물적인 물"이 되고, 이 세상 모든 존재의 최초의 양식이 된다.

끝으로 "영양을 주는" 이미지가 다른 모든 이미지를 지배한다는 최고의 증거는 우주적 차원에서 미슐레가 젖에서 가슴으로 주저치 않고 옮겨 간다는 사실에 있다. "해변을 둥글게 하는 그 꾸준한 애무에 의해 그것[바다]은 해변에 모성적인 윤곽을 부여한다. 내가 말하고자 하는 것은 어린아이가 그토록 부드럽고 안전하고 따스하고 편안하게 느끼는, 여성의 가슴의 시각적 다정함이다."³ 만약 미슐레가 먼저 질료적 상상력의 힘, 젖의 실체적 이미지의 힘에 정복되고 사로잡히지 않았다면, 어떤 만灣 깊은 곳에서, 어떤 둥근 곳 앞에서 여성의 가슴이라는 이미지를 볼 수 있었겠는가? 이같이 대담한 은유 앞에서는 형상을 지배하는 것은 질료라는 질료적 상상력의 원리에 기대는 것 외에 다른 해명을 할 수 없다. 가슴이 둥근 것은 젖이 부풀었기 때문이다.

그러므로 미슐레에게 바다의 시는 심층 ス 대에 사는 몽상이다. 바다는 모성적이고, 물은 경이로운 젖이다. 대지는 자신의 자궁들에서 따뜻하고 풍부한 양식을 준비한다. 해변에서는 가슴들이 부풀어 올라 모든 피조물에게 기름진 아톰들을 줄 것이다. 낙천주의는 풍성함이다.

---

3 Michelet, *La Mer*, p. 124.

III

　모성적 이미지에의 이런 직접적인 접착을 단언하는 것은 이미지와 은유 문제를 부정확하게 제기하는 것처럼 보일 수 있다. 우리의 주장을 반박하기 위해 사람들은 단순한 시각, 자연에 대한 단순한 응시만으로도 직접적인 이미지들을 불러일으킬 수 있는 것 같다고 주장할 것이다. 예컨대 많은 시인이 고요한 실경實景에 영감을 받아 달빛 비치는 평화로운 호수의 젖빛 아름다움을 말한다고 반박할 것이다. 그렇다면 물의 시에서 너무나 흔히 보게 되는 이 이미지를 논해보기로 하자. 이 이미지는 질료적 상상력에 관한 우리의 주장에 일견 아주 불리한 것처럼 보이지만, 결국 그것은 매우 다양한 시인이 이 이미지에 매혹되는 것을 형태나 색채가 아니라 질료로 설명할 수 있다는 사실을 우리에게 증명해줄 것이다.

　우리는 이 이미지의 실재를 구체적으로 어떻게 착상着想하는가? 달리 말해서 이 특별한 이미지의 산출을 결정짓는 객관적인 조건들은 무엇인가?

　젖빛 이미지가 달빛 아래 잠든 호수를 마주한 상상력에서 나타나기 위해서는 달빛이 분산되어야 한다 ― 그러려면 미미하게 흔들리는 물, 달빛에 비친 풍경이 수면에 생생하게 반영되지는 않을 정도로만 흔들리는 물이 필요하다. 요컨대 물이 투명에서 반투명으로 이행하고, 서서히 불투명해져 유백색이 되어야 하는 것이다. 물이 할 수 있는 일은 그것이 전부다. 한데 그것만으로 한 사발의 젖, 여자 농부가 들고 있는 거품 이는 한 통의 젖, 객관적인 젖을 정말 생각해낼 수 있을까? 그럴 것 같지는 않다. 그러므로 이 이미지는 시각적 데이터 쪽에서는 그 성분도 힘도 얻지 않는다는 사실을 솔직히 인정하지 않으면 안 된다. 시인의 확신을 정당화하려면, 이 이미지의 잦은 빈도와 자연미를 정당화하려면 눈에 보이지 않는 구성 요소들, 그 성질이 시각적인 것이 아닌 구성 요소들을 이 이미지에 통합하지 않으면 안 된다. 질료적 상상력이 나타나는 것은 바로 그런 구성 요소들을 통해서다. 오직 질료적 상상력의 심리학만이 이 이미지를 그 전체성과 그 실제 삶을 통해 설명할 수 있을 것이다. 그러므로 이 이미지를 작동시키는 모든 구성 요소를 통합해보도록 하자.

　이 젖빛 물의 이미지는 사실상 어떤 이미지인가? 그것은 따뜻하고 행복한 밤의 이미지, 감싸주는 듯한 맑은 질료의 이미지, 공기와 물, 하늘과 대지를 동시에 붙잡아 결합하는 이미지, 우주적이고 넓고 거대하고 부드러운 이미지다. 우리가 그것을 진정으로 체험한다면, 달의 젖빛 속에 잠긴 것이 세계가 아니라 더없이 오래된 안락, 더없이 부드러운 양식을 떠올릴 만큼 너무도 구체적이고 너무도 확실한 행복에 잠긴 관찰자임을 알게 된다. 그래서 강의 젖은 절대 얼지 않을 것이다. 어떤 시인도 겨울의 달이 수면에 젖빛을 비춘다고 말하지 않을 것이다. 이 이미지에는 대기의 따스함, 빛의 부드러움, 영혼의 평화가 필요하다. 그런 것들이 이 이미지의 질료적 구성 요소들이다. 강력하고 원초적인 구성 요소들이다. 흰빛은 그후에 올 것이다. 그것은 연역演繹이 될 것이다. 그것은 실사가 이끄는 형용사처럼 실사 뒤에 출현할 것이다. 꿈의 체제에서는 어떤 색깔이 젖처럼 희다고 하는 말의 어순은 기만적이다. 몽상가는 먼저 젖을 취하고, 그후에 그의 비몽사몽의 눈동자가 간혹 거기에서 흰빛을 보게 되는 것이다.

그리고 우리는 상상력의 체제에서는 흰빛에 대해 어려워하지 않을 것이다. 황금빛 달빛이 시냇물에 덧붙어도 색채의 형상적이고 표층적인 상상력은 그것 때문에 혼란스러워 하지 않을 것이다. 표층의 상상력은 노란 것을 흰 것으로 볼 것이다. 왜냐하면 젖의 질료적 이미지가 인간의 마음 깊은 곳에서 그 기분 좋은 진화를 계속하고, 몽상가의 고요를 실현하는 일을 완성하고, 행복한 인상에 하나의 질료, 하나의 실체를 줄 만큼 충분히 강렬하기 때문이다. 젖은 마음을 가라앉히는 최초의 진정제다. 그래서 인간의 고요는 응시된 물을 젖으로 적신다. 『찬사Éloges』에서 생 존 페르스St. J. Perse는 이렇게 적는다.

… 이 고요한 물들은 젖이다.
아침의 부드러운 적막에 다정하게 마음을 여는 모든 것은 젖이다.

거품 이는 급류는 아무리 희다 해도 이런 특권을 누리지 못할 것이다. 그러므로 질료적 상상력이 자신의 원초적 원소들을 꿈꿀 때 색깔은 정말 아무것도 아닌 것이다.

상상적인 것은 양분을 주는 자신의 깊은 뿌리들을 이미지들에서 찾지 않는다. 우선 그것이 필요로 하는 것은 좀 더 가까운, 좀 더 감싸주는, 좀 더 질료적인 어떤 현존이다. 상상적 실재는 서술되기에 앞서 환기된다. 시는 언제나 하나의 호격呼格이다. 마틴 부버라면 시는 이것의 차원이기에 앞서 너의 차원에 속한다고 말할 것이다. 그래서 달은 시의 체제에서는 형상이기 이전에 질료다. 그것은 몽상가에게 파고드는 어떤 유체流體다. 인간은 최초의 자연적인 시의 상태에서는 "잘 때나 아니면 깨어 있을 때, 그에게로 온, 그에게 가까이 다가온 달이 이런저런 몸짓으로 그를 매혹시키거나 이런저런 애무로 기쁨이나 고통을 안겨주는 밤까지는 밤마다 보는 달을 생각하지 않는다. 그가 간직하는 것, 그것은 빛을 발하며 이동하는 원반의 이미지나, 어떤 방식으로 거기에 결부되어 있을 어떤 악마적 존재의 이미지가 아니라 우선은 몸을 관통하는 달의 유체의 동적 이미지, 정서적 이미지다…."[4]

달이 점성술적 의미에서는 "어떤 영향력"이라는 것, 때로는 온 세상을 적셔 하나의 질료적 단일성을 부여하는 우주적 질료라는 것을 어찌 이보다 더 잘 말할 수 있겠는가?

유기체적 추억들이 지니는 이 우주적 특성은 질료적 상상력이 근본적 상상력이라는 사실을 이해한다면 그리 놀라울 것도 없다. 질료적 상상력은 생명의 빛과 함께, 직접적인 감각 작용에 대한 확신과 함께, 다시 말해 우리 신체 기관이 체감하는 위대한 교훈들에 귀 기울이면서 사물의 창조와 삶을 상상한다. 이미 우리는 에드거 포의 상상력의 놀라울 정도로 직접적인 특성에 놀란 바 있다. 그의 지리학, 다시 말해 그가 대지를 꿈꾸는 방법에도 같은 자국이 찍혀 있다.

---

[4] Martin Buber, *Je et Tu*, trad. Geneviève Bianquis, p. 40.

우리가 고든 핌의 극지 바다 탐험이 지닌 깊은 의미를 이해하는 것도 질료적 상상력에 그 올바른 기능을 되돌려줌으로써 가능해진다. 에드거 포는 극지 바다를 방문한 적이 없다는 사실을 덧붙일 필요가 있을까? 그는 그 특이한 바다를 이렇게 서술한다. "물의 온도는 아주 놀랄 정도였고, 색깔도 아주 급격하게 변해 그 투명성을 잃고서 불투명한 우윳빛을 띠고 있었다." 앞에서 고찰한 내용대로 여기서 물이 투명성을 잃으면서 우윳빛이 된다는 사실을 짚고 넘어가자. 포는 이렇게 서술을 계속한다. "우리 근처의 바다는 여느 때처럼 잔잔하기만 했을 뿐 카누가 위험해질 만큼 거칠어진 적이 없었다 — 그러나 우리는 종종 우리의 오른쪽과 왼쪽으로 다양한 거리를 두고서 갑작스럽게 이는 거대한 출렁임을 보고 놀라움을 금치 못했다…." (p. 270) 이로부터 사흘 뒤 이 남극 탐험가는 또 이렇게 쓴다. "물의 열기는 대단했고(그래 봤자 극지의 물이다), 그 우윳빛 색조가 어느 때보다도 뚜렷해졌다."(p. 271) 이처럼 여기서 말하는 물은 더 이상 전체로서의 바다, 일반적 양상으로서의 바다와는 무관하며, 질료적 측면에서 포착된 물, 따뜻한 동시에 흰, 그 실체적 측면에서 포착된 물인 것이다. 그것이 흰 이유는 따뜻하기 때문이다. 흰빛보다 먼저 그 열기에 주목했다.

분명 이 이야기꾼의 영감을 고취시키는 것은 광경이 아니라 추억이다. 추억들 중에서도 가장 고요한, 가장 마음을 잘 가라앉혀주는 행복한 추억, 양식이었던 젖의 추억, 어머니의 품의 추억이다. 유모의 가슴 위에서 잠이 드는 어린아이, 포식한 어린아이의 그 감미로운 안도를 상기하며 끝을 맺는 다음의 내용 전체가 이를 증명한다. "분명 극지의 겨울이 다가오고 있었다 — 그러나 공포는 뒤따르지 않았다. 나는 육체와 정신의 무감각 상태 — 몽상으로 기우는 놀라운 성향 — 를 느꼈다…." 극지 겨울의 엄혹한 현실에 대한 감각은 극복되었다. 상상의 젖이 제 역할을 했다. 그것은 영혼과 육체를 마비시켰다. 탐험가는 이제 추억에 잠긴 몽상가다.

대개 아주 아름다운 — 내적 아름다움으로, 질료적 아름다움으로 아름다운 — 직접적 이미지들은 다른 기원을 갖지 않는다. 예를 들어 폴 클로델에게 강이란 무엇인가? "그것은 대지의 실체의 액화, 대지의 주름의 가장 은밀한 곳에 뿌리내린 흐르는 물의 분출, 젖을 빠는 대양에 의한 젖의 분출이다."[5] 여기서도 역시 누가 지휘자인가? 형상인가, 질료인가? 삼각주의 젖꼭지가 있는 강의 지리적 데생인가, 아니면 액체 그 자체, 생체 정신분석의 액체, 젖인가? 여기서 독자는 본질적으로 실체론적인 해석에 의하지 않는다면, 젖을 빠는 대양과 결부된 강의 하구를 인간적으로 역동화하지 않는다면 대체 어떤 중개자의 힘을 빌려 시인의 이 이미지에 참여할 수 있단 말인가?

여기서 우리는 실체적인 모든 큰 가치, 가치 부여된 모든 인간적 움직임이 별 어려움 없이 우주적 차원으로 상승하는 것을 다시 한번 보게 된다. 젖의 상상력에서 대양의 상상력까지는 무수한 통로가 존재한다. 젖은 기회만 오면 언제라도 비상하는 상상력의 가치이기 때문이다. 클로델은 또 이렇게 쓴다. "그리고 젖은, 이사야[기원전 8세기

---

[5] Paul Claudel, *Connaissance de l'Est*, p. 251.

의 이스라엘 예언자]가 우리에게 말하듯이, 마치 바다의 범람처럼 우리 내부에 있다."**6** 젖은 우리를 끝없는 행복으로 채우고 적셔주지 않았던가? 따뜻하고 풍요로운 여름 소나기의 광경에서 어쩌면 생동하는 젖의 홍수라는 이미지를 발견하게 되지 않을까.

인간의 마음 깊이 닻을 내린 이 동일한 질료적 이미지는 끝없이 자신의 파생 형태들을 변주할 것이다. 미스트랄Mistral은 『미레유Mireille』(네 번째 노래)에서 다음과 같이 노래한다.

Vengue lou tèms que la marino
A bauco sa fièro peitrino
Et respiro plan plan de touti si mamère, …

"때가 되면 바다는 / 자신의 오만한 가슴을 진정시키고 / 자신의 모든 유방으로 천천히 숨을 쉬리라." 아마 서서히 잠잠해지는 젖빛 바다의 광경이 그러할 것이다. 그것은 무수한 가슴을 가진, 무수한 심장을 가진 어머니일 것이다.

무의식에서는 물이 곧 젖이므로 과학 사상의 역사에서 물은 종종 매우 영양가 높은 성분으로 간주되었다. 전 과학 정신에게는 영양 섭취가 설명을 해야 할 기능이 아니라 설명을 해주는 기능이라는 점을 잊지 말자. 전 과학 정신에서 과학 정신으로 이행하면서 생물학적인 것과 화학적인 것의 설명에 역전이 이루어진다. 과학 정신은 생물학

---

6 Paul Claudel, *L'épée et le miroir*, p. 37.

적인 것을 화학적인 것으로 설명하려 하게 된다. 무의식적인 사유에 좀 더 가까운 전 과학적 사유는 화학적인 것을 생물학적인 것으로 설명했다. "찜통digesteur"에서 화학적 실체들의 "소화digestion"가 이루어지는 것은 연금술사들에게는 의심의 여지가 없는 작용이었다. 단순한 생물학적 직관들로 이중화된 화학은 어느 면에서는 이중으로 자연적이다. 그것은 별 어려움 없이 스우주에서 대우주로, 인간에서 세계로 상승한다. 인간의 갈증을 풀어주는 물은 대지에게 물을 먹인다. 전 과학 정신은 우리 현대인이 단순한 비유로 여기는 이미지들을 구체적으로 사유한다. 정말로 대지가 물을 마신다고 생각한다. 18세기의 파브리키우스에게 물은 "대지와 공기를 먹여주는 일을 하는" 존재로 인식되었다. 그래서 물은 양육해주는 원소의 반열에 든다. 그것은 원소적인 질료의 가치들 중에서도 가장 큰 가치다.

IV

음료의 완전한 정신분석은 알코올과 젖의, 불과 물의 변증법, 즉 디오니소스와 키벨레*의 변증법을 제시해야 할 것이다. 그럴 때 우리는 무의식의 가치 부여들을 다시 체험하는 순간부터, 질료적 상상력의 근본적 가치들을 따르기로 하는 순간부터 의식적인 생활의, 예

---

* 고대 그리스 로마에 유입된 프리기아의 대지모신. 그리스신화에서는 풍요의 여신 '다미아'라는 별칭으로 불렸다.

의 바른 생활의 절충적 태도들을 취하는 일은 불가능해진다는 것을 깨닫게 될 것이다. 예컨대 노발리스는 『오프테르딩겐의 헨리Henri d' Ofterdingen』*에서 헨리의 아버지가 어느 집으로 "포도주나 아니면 우유 한 잔"을 요구하러 간다고 말한다(trad., p. 16). 그토록 많은 신화를 끌어들이는 이야기에서 활성화된 무의식이 어찌 망설일 수가 있단 말인가! 이 얼마나 물러 빠진 헤르마프로디테**인가! 가장 원하는 것을 감추는 예의를 차리느라 "포도주나 아니면 우유 한 잔"을 요구하는 것은 실생활에서뿐이다. 꿈에서는, 진정한 신화들에서는 언제나 우리가 원하는 것을 요구한다. 언제나 우리가 마시고 싶은 것이 무엇인지 안다. 그리고 언제나 같은 것을 마신다. 꿈에서 마시는 것은 꿈꾸는 사람을 가리키는 확실한 징표다.

현재의 연구보다 더 깊은 질료적 상상력의 정신분석은 마땅히 음료와 미약媚藥의 심리학을 시도해야 할 것이다. 이미 50여 년 전에 모리스 퀴페라트는 이렇게 말했다. "사랑의 음료Liebestrank는 사실 생의 거대한 신비의 이미지 그 자체요, 사랑, 그 파악하기 어려운 개화, 그 강력한 생성, 꿈에서 완전한 의식으로의 그 이행에 대한 조형적 재현으로서 사랑의 비극적 본질이 우리에게 나타나는 것은 이를 통해서다."7 그리고 바그너Wagner가 이 약을 개입시킨 것을 비난하는 문학평론가들에 대해 퀴페라트는 "미약의 마술적 힘은 어떤 **생리적**

---

* 한국어판 제목은 『푸른 꽃』이다.
** 헤르메스와 아프로디테의 결합에서 태어난 아들. 여기서는 양성兩性의 특징이 결합된 존재라는 뜻으로 쓰였다.
7 Maurice Kufferath, *Tristan et Iseult*, p. 149.

역할도 하지 않는다. 그것의 역할은 순전히 심리적인 것이다"(p. 148)라는 정당한 반론을 폈다. 하지만 이 심리적이란 말은 너무 포괄적이다. 퀴페라트가 이 글을 쓴 당시만 해도 심리학은 오늘날 같은 다양한 연구 수단을 구비하지 못했다. 지금은 망각의 구역이 사람들이 50년 전에 상상했던 것보다 훨씬 더 분화되어 있다. 그래서 미약의 상상력은 훨씬 더 큰 변화가 가능하다. 이참에 그것을 전개해보아야겠다는 생각은 할 수 없다. 이 책에서의 우리의 과제는 근본적인 질료들을 강조하는 것이다. 그러므로 근본적인 음료에만 역점을 두도록 하자.

근본적인 음료, 젖처럼 양식이 되는 물, 사람이 확실하게 소비하는 원소, 즉 영양소로 이해되는 물에 대한 직관이 너무도 강력하기에 아마도 사람들은 원소의 근본 개념을 이렇게 모성화된 물로 가장 잘 이해하는 것 같다. 그럴 때 액체 원소는 울트라 젖, 어머니들의 어머니의 젖 같은 것으로 나타난다. 폴 클로델은 『다섯 편의 대大오드 Cinq grandes Odes』(p. 48)에서 어떻게 보면 거친 은유들을 통해 격렬하고 즉각적으로 본질에 도달하고자 하는 것 같다.

"당신들의 샘은 결코 샘이 아니다. 원소 그 자체다!

제일의 질료! 내가 말하노니, 그것은 내가 필요로 하는 어머니다!"

제일의 본질에 도취한 시인은 말한다. 이 '우주'에서의 물의 유희 따위야 아무러면 어떻고, 물의 변형과 공급이 아무러면 어떠냐고.

"당신들의 정돈된 물, 태양에 의해 수확되고, 필터와 증류기에 걸러진, 산山의 에너지에 의해 배분된 물을 나는 원하지 않는다.

부패하기 쉬운, 흐르는 물 따위는."

클로델은 더 이상 흐르지 않는 액체 원소, 실체 자체 속에서 존재의 변증법을 떠받치는 액체 원소를 취하고자 한다. 마침내 소유되고, 소중히 간수되고, 보존되고, 우리 자신 속에 통합된 원소를 붙잡고자 한다. 본질적인 유체流體, 충만한 유연함을 지닌, 우리 자신과 같은 온도이면서도 우리를 따뜻하게 해주는 열을 지닌, 사방으로 퍼져나가지만 완전한 소유의 환희는 남기는 그런 유체의 강력한 사실주의가 시각적 형상들의 헤라클레이토스주의를 뒤잇는다. 요컨대 진짜 물, 어머니의 젖, 만고불변의 어머니, 위대한 '어머니'.

V

물을 영원히 마르지 않는 젖, '어머니'인 자연의 젖으로 만드는 이 실체적 가치 부여는 물에 깊은 여성적 특성을 각인하는 유일한 가치 부여가 아니다. 모든 남성의 삶에는, 적어도 모든 남성이 꿈꾼 삶에는 연인이나 아내라는 두 번째 여성이 나타난다. 이 두 번째 여성도 자연에 투사된다. 풍경으로서의 어머니 옆에 풍경으로서의 여성이 자리 잡는다. 물론 이 투사된 두 자연은 서로 간섭하거나 겹쳐질 수 있을 것이다. 하지만 둘을 구분할 수 있는 경우들이 있다. 우리는 자연으로서의 여성의 투사가 아주 분명히 나타나는 한 사례를 제시하고자 한다. 노발리스의 꿈은 물의 여성적 실체성을 주장할 수 있는 새로운 동기들을 우리에게 제공할 것이다.

꿈에서 마주친 어느 연못에 두 손을 적시고 입술을 축인 노발리스는 "목욕하고 싶은 억누를 수 없는 욕망"에 사로잡힌다. 어떤 비전도 그를 초대하지 않는다. 그를 부르는 것은 그가 두 손과 입술로 접촉한 실체 자체다. 그것은 어떤 마술적 참여 덕에 질료적으로 그를 부른다.

꿈꾸는 남자는 옷을 벗고 연못 속으로 내려간다. 그제야 이미지들이 찾아온다. 그것들은 질료에서 나온다. 마치 어떤 싹에서 태어나듯 어떤 원초적인 관능적 실재에서, 아직 자신을 투사할 줄 모르는 어떤 도취에서 탄생한다. "곳곳에서 미지의 이미지들이 솟아났으나 그것들 역시 서로 뒤섞여 용해되더니 가시적인 존재가 되어 [꿈꾸는 이를] 에워쌌다. 감미로운 원소의 파도 하나하나가 마치 부드러운 가슴처럼 그에게 찰싹 달라붙었다. 그 물결 속에는 잠시 동안 다시 육체가 되어 그 청년과 접촉한 한 무리의 매력적인 아가씨들이 녹아 있는 것 같았다."[8]

깊이 질료화된 상상력에 의한 참으로 멋진 페이지다. 여기서는 물 — 부피를 가진 덩어리로서의 물 — 이 더 이상 그 반영들의 단순한 요정극妖精劇을 통해서가 아니라 용해된 젊은 처녀로서, 처녀의 액화된 본질eine Auflösung reizender Mädchen로서 나타난다.

여성적 형상들은 남자의 욕망이 명확해질 때, 남자의 가슴을 접한 물의 실체 그 자체에서 탄생할 것이다. 그 관능적 실체는 관능의 형상들에 앞서 존재하고 있다.

만약에 우리가 노발리스에게 너무 성급하게 백조 콤플렉스를 부여한다면 그의 상상력의 독특한 특성 하나를 왜곡하는 결과를 낳을 것

---

8 Novalis, *Henri d'Ofterdingen*, trad. Albert, p. 9.

이다. 그렇게 하려면 이 원초적 이미지들이 시각적 이미지들이라는 증거가 있어야 할 것이다. 한데 여기서는 비전들이 강력하게 작용하는 것 같지 않다. 매혹적인 아가씨들은 곧바로 다시 원소 속으로 용해되며, "황홀에 취한" 꿈꾸는 자는 그 덧없는 아가씨들과 어떤 사랑의 모험에도 빠지는 일 없이 자신의 여행을 계속한다.

그러므로 노발리스에게 꿈의 존재들은 오직 그들과 접촉할 때만 존재하는 것들이다. 물은 오직 가슴에 닿았을 때만 여자가 될 뿐 먼[막연한] 이미지들을 주지 않는다. 노발리스의 몇몇 꿈이 지닌 아주 흥미로운 이 물리적 특성에는 따로 이름을 하나 지어주어야 할 것 같다. 우리는 노발리스가 보이지 않는 것을 보는 견자見者라기보다는 접촉할 수 없는 것, 만져볼 수 없는 것, 비현실에 접촉하는 접촉자라고 기꺼이 말할 것이다. 그는 다른 어떤 몽상가들보다 더 깊은 바닥으로 간다. 그의 꿈은 꿈속의 꿈이다. 하늘 쪽이 아니라 심층으로 향하는 꿈이다. 그는 자신의 잠 속에서도 잠이 들어 잠 속의 잠을 잔다. 비록 경험해보지는 못했을지라도 더욱더 감춰진 어느 지하실에서의 이런 두 번째 잠을 꿈꿔보지 않은 이가 어디 있겠는가? 그럴 때 꿈의 존재들은 우리에게 좀 더 가까이 다가온다. 은밀한 불처럼 우리 육신 속으로 살아 온다.

이미 우리가 『불의 정신분석』에서 지적한 바와 같이 노발리스의 상상력은 칼로리즘calorisme*에 지배된다. 뜨겁고, 부드럽고, 포근하

---

* 열이 중심이 되는 노발리스의 상상력의 특성을 가리키기 위한 바슐라르의 신조어. 칼로리의 라틴어 어원 calor는 '열'을 의미한다.

고, 감싸주고, 보호해주는 실체의 욕망에, 존재 전체를 둘러싸고 존재의 내면으로 침투하는 질료의 욕구에 지배되는 것이다. 그것은 심층에서 전개되는 상상력이다. 유령들은 흐릿하지만 충만한 형상처럼, 덧없는 존재지만 사람과 접촉할 수 있고 내밀한 생의 깊은 열기를 조금은 전달할 수 있는 존재처럼 실체에서 나온다. 노발리스의 모든 꿈은 이와 같은 깊이의 징표를 갖는다. 노발리스가 경이로운 이 물, 도처에 젊은 아가씨를 배치하는 이 물, 젊은 아가씨들을 부분관사로 삼는 이 물을 발견하는 꿈은 큰 시계視界나 넓은 비전을 가진 꿈이 아니다. 경이로운 호수, 물의 열기를, 그 부드러운 열기를 소중히 간직하는 호수가 있는 곳은 대지의 품속, 동굴 속이다. 이토록 깊게 가치 부여된 물에서 생겨나는 시각적 이미지들은 절대 꿋꿋한 지속성을 갖지 않을 것이다. 그것들은 서로 용해되고 말 것이며 이로써 자신들의 기원인 물과 열의 징표를 보존할 것이다. 오직 질료만 남을 것이다. 이런 상상력의 경우 형상적 이미지의 체제 속에서는 모든 것이 사라지지만 질료적 이미지의 체제 속에서는 그 무엇도 사라지지 않는다. 진정으로 질료에서 태어난 유령들은 자신들의 행위를 멀리 진전시킬 필요가 없다. 물이 아무리 몽상가에게 "부드러운 가슴"처럼 들러붙어도 소용이 없다. 몽상가는 그 이상을 요구하지 않을 것이다…. 그는 실체적 소유를 즐긴다. 어찌 그가 형상들에 대해 경멸감을 느끼지 않을 수 있겠는가? 형상은 이미 옷이다. 너무 뚜렷하게 그려진 나체는 얼음처럼 차갑고, 닫혀 있고, 자신의 선들 안에 갇혀 있다. 그러므로 칼로리화된 몽상가의 상상력은 온통 질료적 상상력 일색이다. 그가 꿈꾸는 것은 질료이고, 그가 필요로 하는 것은 열이다. 밤의 비밀 속, 어두운 동굴의 고독 속에서 실재가 그 무게와 실체적 삶과 더불어 본질적으로 지탱될 때, 덧없는 비전들은 아무래도 상관없어지는 것이다!

부드럽고, 뜨겁고, 미지근하고, 축축한 이런 질료적 이미지들이 우리를 치유한다. 이런 이미지들은 상상의 의학에 속하는 이미지들이다. 이 의학은 몽환적으로는 매우 진실한 것이고 아주 강력하게 꿈꿔지는 것이어서 우리의 무의식적 삶에 큰 영향을 끼친다. 수세기에 걸쳐 사람들은 건강이라는 것을 "근본 습기"와 "자연 열기"의 균형으로 여겼다. 옛날의 저자 레시우스(1623년 사망)는 이렇게 말했다. "생명의 이 두 원리는 조금씩 소비된다. 근본 습기가 감소하면 열기도 감소한다. 그러다 한쪽이 다 소비되면 다른 쪽도 등잔이 꺼지듯 꺼진다." 물과 열기는 우리 생명의 활력소다. 그것을 절약할 줄 알아야 한다. 한쪽이 다른 쪽을 진정시킨다는 점을 이해해야 한다. 노발리스의 꿈과 온갖 몽상은 근본 습기와 흩어진 열기의 합일을 부단히 추구했던 것 같다. 우리는 노발리스의 작품의 그 멋진 몽환적 균형을 이렇게 설명할 수 있다. 노발리스는 잘 지내는 꿈, 잘 자는 꿈을 알고 있었다.

노발리스의 꿈들은 너무 깊이 들어가는 것들이라 예외적으로 여겨질 수도 있다. 하지만 좀 찾아보면, 형상적 이미지들의 아래를 뒤져보면 아마도 우리는 거기에 있는 어떤 은유들에서 밑그림을 발견할 수 있을 것이다. 예컨대 에르네스트 르낭Ernest Renan의 한 문장에서 우리는 노발리스적 환상의 흔적을 알아볼 수 있다. 『종고사 연구『Études d'histoire religieuse』(p. 32)에서 르낭은 아름다운 숫처녀들이 있는 χαλλιπαρθένες 강에 붙은 수식어를 해설하면서 조용히 말한다. 그 물결들은 "젊은 처녀들로 용해된다". 아무리 이리저리 뒤집어보아도 이 이미지에서는 어떤 형상적 특징도 발견할 수 없을 것이다. 어떤 데생도 이 이미지를 정당화할 수 없다. 형상의 상상력을 연구하는 심리학자와 내기를 해도 좋을 것이다. 그는 이 이미지를 설명할 수 없다. 이 이미지는 오직 질료적 상상력에 의해서만 설명될 수 있다. 물결은 내적 질료에 의해 그 흰빛과 투명함을 수용한다. 그 질료, 그것은 바로 용해된 젊은 처녀다. 물이 용해된 여성적 실체의 속성을 얻은 것이다. 더럽혀지지 않은 물을 원한다면 거기에 숫처녀들을 용해시켜라. 멜라네시아의 바다를 원한다면 거기에 흑인 여자들을 용해시켜라.

아마도 우리는 처녀들을 수장水葬하는 몇몇 의례에서 이 질료적 구성 요소의 흔적을 발견할 수 있을 것이다. 생티브(loc. cit., p. 205)는 코트도르의 마니랑베르에서는 "오랫동안 가뭄이 계속되면 아홉 명의 젊은 처녀가 크뤼안의 샘에 들어가서 비를 얻으려고 샘을 완전히 비웠다"라고 상기한다. 그러고는 이렇게 덧붙인다. "여기서 수장 의례는 순수한 존재들에 의한 샘의 정화를 수반한다. … 샘에 들어가는 젊은 아가씨들은 숫처녀들이다…." 그녀들은 "실제 속박"에 의해, 질료적 참여에 의해 물에 순수성을 강요한다.

에드가 키네Edgar Quinet의 『아하스베루스Ahasvérus』(p. 228)*에서 우리는 시각적 이미지에 가까운 인상을 재발견할 수도 있으나, 그

---

* 전설적인 떠돌이 유대인의 이름.

제5장 모성적인 물과 여성적인 물 **211**

질료는 노발리스의 질료와 비슷하다. "외진 만에서 헤엄을 치면서 가슴 위의 물결을 열정적으로 껴안은 것이 대체 몇 번이던가! 물결은 산발을 하고 나의 목에 매달렸고, 거품은 나의 입술에 입을 맞추었다. 나의 주위로 향기로운 불똥들이 솟아올랐다." 보다시피 아직 "여성적 형상"은 탄생하지 않았다. 하지만 이제 곧 태어날 것이다. "여성적 질료"가 고스란히 다 여기에 있기 때문이다. 너무도 뜨거운 사랑을 가슴에 "껴안은" 파도는 이제 곧 고동치는 젖가슴이 되지 않겠는가.

아직도 사람들이 이런 이미지들의 삶을 느끼지 못한다면, 그 이미지들의 명백히 질료적인 양상을 직접적으로 수용하지 못한다면 그것은 질료적 상상력이 심리학자들로부터 마땅히 받아야 할 관심을 받지 못했기 때문이다. 우리의 모든 문학 교육은 형상적 상상력, 분명한 상상력을 양성하는 데 그치고 있다. 다른 한편 꿈도 대개는 형상의 전개를 통해서만 연구되었기에 사람들은 그것이 무엇보다도 질료를 모방한 삶이라는 것, 질료적 원소들 속에 강력히 뿌리내린 삶이라는 것을 깨닫지 못하고 있다. 특히 형상들의 연속만으로는 변형의 역동성을 헤아려보는 데 필요한 것을 전혀 얻을 수 없다. 기껏해야 그 변형을 외부에서 순수한 운동학cinétique으로 묘사할 수 있을 뿐이다. 이 운동학은 그 힘, 그 충동, 그 갈망을 내부에서 평가할 수 없다. 꿈이 작업하는 질료적 원소들의 역동성을 꿈의 역동성에서 떼어내버린다면 꿈의 역동성을 이해할 수 없게 된다. 꿈의 내적 역동성을 망각한다면 꿈의 형상들의 유동성을 그릇된 전망을 통해 포착하게 된다. 사실 형상들이 변하는 것은 무의식이 그것에 무관심해져서다.

이미지들의 세계에서 무의식을 붙잡아 매는 것, 무의식에 역동적 법칙을 부과하는 것, 그것은 질료적 원소의 심층의 삶이다. 노발리스의 꿈은 몽상가를 감싸고 침투하는 물에 대한, 따뜻하고 풍성한 안락, 부피와 밀도 양면에서의 안락을 가져다주는 물에 대한 깊은 명상 속에서 형성된 꿈이다. 그것은 이미지들에 의한 매혹이 아니라 실체들에 의한 매혹이다. 그래서 우리는 노발리스의 꿈을 경이로운 마취제처럼 사용할 수 있다. 그것은 동요된 모든 정신에 진정제 효과를 내는 정신적 실체다. 우리가 환기한 노발리스의 페이지를 깊이 성찰해보면, 그것이 꿈의 심리학의 요점 하나를 이해하게 해주는 새로운 빛을 가져다준다는 사실을 인정하게 될 것이다.

VI

　노발리스의 꿈에는 또 한 가지 특성이 있다. 아직 잘 지적되지는 않았지만 이 특성은 활동적이며, 물의 꿈의 완전한 심리학을 갖추기 위해서는 이 특성에 그 모든 의미를 부여해야 한다. 노발리스의 꿈은 사실 흔들리는 요람의 꿈의 수많은 범주에 속한다. 경이로운 물속으로 들어갈 때 몽상가는 처음에는 "구름 사이에서, 자줏빛 저녁노을 속에서 휴식"을 취하는 듯한 느낌을 받는다. 잠시 후에는 "푹신한 잔디밭에 누워" 있다고 여긴다. 그렇다면 이 몽상가를 떠받치는 진짜 질료는 무엇인가? 그것은 구름도 푹신한 잔디밭도 아니다. 그것은 물이다. 구름과 잔디는 표현이고, 물은 느낌이다. 노발리스의 꿈에서 물은 경험의 중심에 있다. 물은 몽상가가 둑에서 쉬고 있을 때도 계속 그를 흔들어준다. 이는 꿈의 한 질료적 원소가 항구적으로 작용하는 한 예다.

4원소 중에서 흔들어줄 수 있는 것은 물뿐이다. 물은 흔들어주는 원소다. 그것은 물이 갖는 또 하나의 여성적 특징이다. 물은 어머니처럼 흔들어준다. 무의식은 자신의 아르키메데스의 원리를 표현하는 것이 아니라 그것을 체험한다. 자신의 꿈에 빠져 아무것도 찾지 않는 욕객浴客, 어느 정신분석가가 사소한 발견에도 깜짝 놀라 그러듯 유레카를 외치며 깨어나지 않는 욕객, 밤에 "자신의 환경"을 되찾는 욕객은 물에서 획득한 그 가벼움을 사랑하고 알아본다. 마치 어떤 꿈결의 깨달음을 즐기듯 그것을 직접적으로 즐긴다. 이제 곧 살펴보겠지만 그것은 무한을 여는 깨달음이다.

한가로운 나룻배도 같은 즐거움을 주고, 같은 몽상을 불러일으킨다. 그것은 "자연의 가장 신비로운 관능"을 제공한다고 라마르틴[9]은 망설임 없이 말한다. 많은 문학작품은 매혹하는 배, 낭만적인 배가 어느 면에서는 되찾은 요람 같은 것임을 어렵잖게 증명해줄 것이다. 근심 없이 고요히 보내는 긴 시간, 고독한 나룻배 바닥에 누워 하늘을 응시하는 그 긴 시간은 우리를 어떤 추억과 만나게 할까? 어떤 이미지도 없고, 하늘은 비어 있다. 하지만 움직임이 뭔가에 부딪히는 일 없이 리듬을 타며 거기에 살아 있다 — 그것은 아주 조용한, 거의 움직임이 없는 움직임이다. 물이 우리를 받쳐준다. 물이 우리를 흔

---

[9] Lamartine, *Confidences*, p. 51.

들어준다. 물이 우리를 잠재운다. 물이 우리에게 우리의 어머니를 돌려준다.

질료적 상상력은 [요람에] 흔들리는 꿈처럼 보편적이지만 형상 면으로는 세부 내용이 거의 없는 주제에 자신의 특별한 흔적을 남긴다. 물결 위에서 흔들리는 것은 몽상가에게는 어떤 특별한 몽상, 단조로운 가운데 깊어지는 몽상의 계기가 된다. 미슐레는 이에 대해 간접적으로 이렇게 지적했다. "장소도 시간도 더 이상 없다. 주의력이 쏠릴 어떤 지점도 없고, 주의력도 더 이상 없다. 몽상은 깊고, 점점 더 깊어진다…. 물의 부드러운 바다 위에 꿈의 바다가 있다."[10] 이 이미지로써 미슐레는 주의력을 느슨하게 하는 습관을 들이는 훈련을 묘사하고자 한다. 우리는 이 은유적 전망을 뒤집을 수 있는데, 왜냐하면 물 위에서 흔들리는 삶은 정말로 주의력을 느슨하게 풀어주기 때문이다. 이제 우리는 나룻배에서의 몽상이 흔들의자에서의 몽상과 같지 않다는 것을 이해할 수 있을 것이다. 나룻배에서의 이 몽상은 특별한 몽상 습관, 참으로 하나의 습관인 몽상을 결정짓는다. 예컨대 만약 우리가 물결 위에서 꿈꾸는 습관을 잘라내버린다면 라마르틴의 시의 중요한 구성 요소 하나를 제거하게 될 것이다. 이 몽상은 기이한 심층의 내밀함을 지니고 있다. 발자크는 서슴없이 이렇게 말한다. "나룻배의 관능적인 흔들림은 영혼 속에 떠도는 사유들을 어렴풋이 모방한다."[11] 긴장 풀린 행복한 사유의 아름다운 이미지가

---

[10] Michelet, *Le Prêtre*, p. 222.
[11] Balzac, *Le lys dans la vallée*, éd. Calmann-Lévy, p. 221.

아닌가!

질료적 원소에, 자연의 힘에 결부된 모든 꿈과 모든 몽상이 그렇듯이 [요람에] 흔들리는 몽상과 꿈도 증식을 한다. 그 꿈들 뒤에는 이 경이로운 부드러움의 인상을 유지하는 다른 꿈들이 찾아올 것이다. 그 꿈들은 행복감에 무한의 맛을 더해줄 것이다. 우리가 구름 위에서 노를 젓고 하늘에서 헤엄치는 법을 배우는 것은 물가에서, 물 위에서다. 발자크는 같은 페이지에서 또 이렇게 적고 있다. "그 강은 우리가 날아올랐던 어느 오솔길 같았다." 물은 우리를 상상의 여행으로 초대한다. 라마르틴도 물과 하늘의 이러한 질료적 연속성을 표현하는데, "두 눈동자가 하늘의 빛나는 광막함과 혼동되는 물의 빛나는 광막함 위를 떠돌 때", 그럴 때 그는 어디에서 하늘이 시작되고 어디에서 호수가 끝나는지 더 이상 알지 못한다. "나 자신이 순수한 에테르 속에서 헤엄치는 듯했고, 우주의 바다 속으로 잠겨 드는 것 같았다. 하지만 내가 잠겨 헤엄치던 그 내면의 기쁨은 내가 그렇게 혼동했던 환경보다 천 배는 더 무한하고, 더 빛나고, 더 끝없는 것이었다."[12]

이런 문장들의 심리적 측도를 나타내기 위해서는 그 무엇도 빠트려서는 안 된다. 사람이 옮겨진[고양된] 것은 떠받쳐졌기 때문이다. 그가 하늘로 몸을 날리는 것은 행복한 몽상 덕에 진짜로 가벼워졌기 때문이다. 강한 힘으로 작용하는 어떤 질료적 이미지의 혜택을 받을 때, 존재의 실체와 존재의 생명으로 상상을 할 때, 그럴 때는 모든

---

[12] Lamartine, *Raphaël*, XV.

이미지가 생기를 띤다. 그런 식으로 노발리스는 흔들리는 꿈에서 떠받쳐지는 꿈으로 이행한다. 노발리스에게는 '밤' 그 자체가 우리를 떠받치는 질료요, 우리의 생명을 흔드는 바다다. "'밤'은 그대를 어머니처럼 떠받친다."[13]

---

[13] Novalis, *Les hymnes à la nuit*, trad. Ed. Stock, p. 81.

제6장
순수성과 정화.
물의 도덕

> 마음이 욕망하는 모든 것은 언제나 물의 형상으로 환원될 수 있다.
> 폴 클로델, 『입장과 제안Positions et Propositions』, II, p. 235.

I

당연한 일이지만 우리는 순수성과 정화라는 문제를 그 전 영역에 걸쳐 남김없이 모두 다룰 생각은 없다. 이는 현재 종교적 가치들의 철학에서 다뤄지고 있는 문제다. 순수성은 가치 부여의 근본적인 범주들 가운데 하나다. 아마도 우리는 모든 가치를 순수성으로 상징화할 수 있을 것이다. 이 큰 문제는 로제 카유아Roger Caillois의 『인간과 성L'homme et le sacré』이란 책을 통해 아주 압축된 형태로 살펴볼 수 있다. 이 책에서의 우리의 목표는 한정되어 있다. 의례적인 순수성과 관련된 모든 것에서 벗어나, 순수성의 형식적 의례들에 관해 언급하는 일 없이 여기서 우리는 질료적 상상력이 탁월한 순수 질료, 자연적으로 순수한 질료를 물에서 찾는다는 사실을 제시하고자 한다. 그래서 물은 순수성에 대한 자연적 상징처럼 나타난다. 물은 정화의 장황한 심리학에 분명한 방향을 준다. 여기서 우리가 개략적으로 살펴보고자 하는 것은 질료적 모델들과 결부된 이 심리학이다.

물론 사회학자들이 풍부하게 제시한 바와 같이 가치 부여의 큰 범주들의 기원은 사회적 주제들이다 — 다시 말해서 진정한 가치 부여는 사회적인 본질을 가지며, 이는 상호 교환되고자 하는 가치들, 집단 구성원 모두가 알고 가리키는 특징을 가진 가치들로 이루어진다. 하지만 우리는 사회를 기피하는 몽상가, 세계를 유일한 동반자로 여기는 몽상가의 몽상들, 은밀한 몽상들의 가치 부여 역시 마땅히 고려해야 한다고 생각한다. 물론 이 고독은 완전하지 않다. 고립된 몽상가는 특히 언어에 결부된 몽환적 가치들을 간직한다. 자신의 종족 언어 고유의 시를 간직한다. 그가 사물들에 적용하는 말들은 사물들을 시화詩化한다. 전통에서 완전히 벗어날 수 없는 의미를 통해 그 사물들에 정신적인 가치를 부여한다. 사회적 관습들로부터 가장 자유로운 몽상을 가꾸는 가장 혁신적인 시인은 언어의 사회적 기저에서 오는 싹들을 자신의 시작품 속으로 옮긴다. 하지만 형상과 말이 시의 전부는 아니다. 그것들을 이어나가기 위해서는 질료적인 주제들이 반드시 필요하다. 이 책에서 우리의 과제는 바로 어떤 질료들은 자신들의 몽환적 힘을, 진정한 시작품들에 단일성을 부여하는 일종의 시적 견고성을 우리에게 이전한다는 사실을 증명하는 것이다. 사물들이 우리의 관념에 질서를 부여한다면 원소적 질료들은 우리의 꿈에 질서를 부여한다. 원소적 질료들은 우리의 꿈을 수용하고 보존하고 고양시킨다. 순수성의 이상을 아무 곳에, 아무 질료 속에 내려놓을 수는 없다. 아무리 강력한 순수성의 의례라 해도 그것을 상징화할 수 있는 어떤 질료에 호소하게 마련이다. 맑은 물은 순수성의 손쉬운 상징화를 위한 불변의 유혹이다. 사람들은 모두 안내나 사회적 관례 없이도 이 자연적인 이미지를 찾아낸다. 그러므로 상상력의 물리학은 이런 자연적이고 직접적인 발견을 고려해야 한다. 일상적인 경험보다 훨씬 더 중요한 경험으로 나타나는 어떤 질료적 경험에 대한 특정한 가치 부여를 주의 깊게 검토해야 한다.

우리가 이 책에서 다루는 명확하고 한정된 문제의 틀 안에서는 순수성이라는 관념의 사회학적 특성들을 한쪽으로 치워두는 것이 방법상의 의무라고 할 수 있다. 그러므로 우리는 여기서도 역시, 여기서는 특히 더 신화학의 기존 자료들을 이용하는 데 대단히 신중할 것이다. 우리는 그런 자료들이 시인들의 작품이나 고독한 몽상 속에서 여전히 강력하게 작용한다고 느낄 때만 그것들을 이용할 것이다. 그렇게 우리는 모든 것을 실재의 심리학으로 이끌 것이다. 형상과 개념은 금방 굳어버리지만, 질료적 상상력은 실재적으로 작용하는 힘으로 남는다. 오직 이 상상력만이 전통적 이미지들에 부단히 다시 생기를 부여할 수 있다. 오래된 신화적 형상들에 부단히 다시 생명을 부여하는 것은 이 상상력이다. 그것은 형상들을 변형시키면서 되살린다. 형상은 스스로 변형할 수 없다. 어떤 형태가 스스로 변형한다는 건 그의 존재에 모순된다. 우리가 어떤 변형과 마주칠 때는 그 형상들의 유희 기저에 질료적 상상력이 작용하고 있다고 확신할 수 있다. 문화는 우리에게 형상들 — 대개는 말들 — 을 전한다. 문화의 그런 작업에도 불구하고 우리가 자연적 몽상을, 자연 앞에서의 몽상을 조금이나마 되찾는다면 상징 작용이라는 것이 질료적 힘임을 이해하게 될 것이다. 우리의 개인적 몽상은 조상 전래의 상징들을 아주 자연적으로 재형성할 것이다. 조상 전래의 상징들은 자연적 상징들이기 때문이다. 거듭 말하지만 꿈은 자연의 힘이라는 것을 이해해야 한다. 앞으로 또 얘기할 기회가 있겠지만 우리는 순수성을 꿈꾸지 않고서는 순수성을 알 수가 없다. 자연에서 그 징표와 증거와 실체를 보지 않고서는 그것을 강력하게 꿈꿀 수 없다.

II

신화학 관련 자료들은 아주 인색하게나마 이용을 하겠지만, 합리적인 인식들을 참조하는 일은 송두리째 거부해야 한다. 어떤 일차적 필요성이나 이성의 원칙들에 입각해서는 상상력의 심리학을 행할 수 없다. 그 심리적 진실, 대개 숨어 있는 그 진실은 우리가 이 장에서 다루는 문제에 아주 분명하게 모습을 드러낼 것이다.

근대정신에게는 순수한 물과 불순한 물의 차이가 전적으로 합리화되어 있다. 화학자들과 위생학자들이 방문한 뒤, 수도꼭지 위에 마실 수 있는 물임을 가리키는 팻말이 붙는다. 그것으로 모든 것이 말해지고, 모든 의구심이 제거된다. 합리주의적 정신 ― 대부분 고전 문화가 만들어낸 것이라 심리학적 인식이 매우 빈약한 정신 ― 은 옛 문헌에 관해 성찰할 때, 문헌의 내용에 대한 자신의 명확한 인식을 회귀하는 빛처럼 전달한다. 물론 그도 물의 순수성에 관한 과거의 인식들에 결함이 많았음을 안다. 그런데도 그는 그런 인식들이 아주 분명하고 잘 명시된 경험들에 부합한다고 믿는다. 그런 여건에서 옛 문헌의 강독은 대개 너무 총명한 수업이 된다. 근대 독자는 옛사람들의 "자연적 인식"에 너무 자주 경의를 표한다. 그는 사람들이 "직접적"이라고 믿는 그 인식들이 매우 인위적일 수 있는 어떤 체계에 연루되어 있음을 망각한다. 또한 그 "자연적 인식들"이 "자연적" 몽상들에 연루되어 있음을 망각한다. 상상력의 심리학자가 되찾아야 하는 것은 그 몽상들이다. 사라진 문명의 어떤 문헌을 해석할 때 특히 재구성해야 하는 것이 바로 그 몽상들이다. 사실들의 무게를 재야 할 뿐 아니라 꿈의 무게도 규명해야 한다. 문학의 차원에서는 아무리 단순한 묘사일지라도 모든 것이 눈에 보이기 전에 꿈꿔진 것이기 때문이다.

예를 들어 기원전 800년 전에 헤시오도스가 쓴 옛 문헌을 읽어보자. "바다로 흘러들어가는 강 하구에서도, 그 강들의 수원에서도 절대 오줌을 누어서는 안 된다. 이를 명심하라."[1] 헤시오도스는 또한 이렇게 덧붙인다. "그곳에서 당신들의 다른 생리적 욕구를 채워서도 안 된다. 이 역시 재난의 근원이다." 공리주의적 견해의 직접적 특성을 내세우는 심리학자들은 이런 처방들이 나온 이유를 곧바로 찾아낼 것이다. 즉 그들은 헤시오도스가 초보적인 위생 교육에 신경을 쓰고 있다고 상상할 것이다. 마치 인간에게 자연 위생학이라는 것이 존재하기라도 하는 것처럼 말이다! 어떤 절대적 위생학이 과연 존재할까? 건강을 잘 유지하는 방식은 아주 다양하지 않은가!

사실 정신분석학적인 설명만이 헤시오도스가 표명한 금지들이 뜻하는 바를 분명하게 밝힐 수 있다. 그 증거는 멀리에 있지 않다. 우

---

1 Hésiode, *Les travaux et les jours*, trad. Waltz, p. 127.

리가 방금 인용한 구절은 또 다른 금지, "선 채로 태양을 향해 오줌을 누어서는 안 된다"와 같은 페이지에 있다. 이 처방에는 분명 어떤 공리주의적인 의미도 없다. 그것이 금하는 행위가 빛의 순수성을 더럽힐 위험은 없는 것이다.

한쪽 항목에 유효한 설명은 다른 쪽 항목에도 유효한 법이다. 태양이라는 아버지의 상징에 맞서는 남성적 항의에 대해 정신분석학자들은 잘 알고 있다. 태양을 모욕하지 못하게 하는 금지는 강도 보호한다. 동일한 원초적 도덕률이 태양의 아버지다운 위엄과 물의 모성을 보호하는 것이다.

이런 금지가 필요했던 — 지금도 여전히 필요한 — 이유는 언제라도 촉발될 수 있는 무의식적 충동 때문이다. 사실 순수하고 맑은 물은 무의식의 입장에서는 더럽혀달라는 호소와도 같다. 시골에는 더럽혀진 샘이 얼마나 많은가! 이것을 그저 산책자들의 실망을 미리 즐기려는 분명한 악의의 문제로만 보아서는 안 된다. 이 "범죄"는 사람들에게 범하는 과실보다 더 심한 과실을 겨냥한다. 몇몇 특성으로 미루어 볼 때 거기에는 신성모독적인 뭔가가 있다. 그것은 어머니-자연에 대한 모독이다.

인격화된 자연의 힘이 무례한 행인들을 처벌하는 이야기는 전설에도 많이 등장한다. 예를 들어 세비요가 전하는 바스노르망디 지방의 전설 하나를 보자. "자신들의 샘을 더럽힌 무뢰한을 붙잡은 요정들이 모여 회의를 한다. '자매님, 우리의 물을 더럽힌 자를 어떻게 벌하고 싶으세요?' '말더듬이로 만들어 한마디도 지껄이지 못하게 하면 좋겠어요.' '그럼 당신은요, 자매님?' '입을 항상 벌린 채 걷게 해서 날아드는 파리들을 삼키게 했으면 좋겠어요.' '그럼 당신은요, 자매님?' '당신에 대한 존경의 표시로 예포를 한 방 쏘지 않고는 한 걸음도 못 걷게 했으면 좋겠어요.'"**2**

이런 이야기들은 무의식에 대한 작용을, 그 몽환적 힘을 잃어버렸다. 이제 그것들은 다만 그 특이한 정경 덕에 웃음을 일으키며 구전될 뿐이다. 그러니까 이런 이야기들은 이제 더 이상 우리의 샘들을 지켜주지 못한다. 합리성의 환경 속에서 발전하는 공중위생을 위한 처방들이 이 같은 콩트들을 보완해줄 수 없다는 점도 강조해두자. 무의식적 충동에 맞서 싸우기 위해서는 어떤 능동적인 콩트가, 몽환적 충동들의 축을 벗어나지 않고 이야기를 풀어내는 우화가 필요할 것이다.

이 몽환적 충동들은 다행으로든 불행으로든 우리에게 작용한다. 우리는 우리 자신도 모르게 물의 순수함과 불순함의 드라마에 공감한다. 예컨대 더러운 강, 하수도와 공장에 의해 더럽혀진 강을 보고 특별하고, 불합리하고, 무의식적이고, 직접적인 혐오를 느끼지 않을 사람이 누가 있겠는가? 인간들이 더럽힌 그런 자연의 위대한 아름다움은 원망의 감정을 불러일으킨다. 위스망스는 바로 그런 혐오, 그런 원망을 이용하여 몇몇 저주의 문장의 어조를 드높이고, 몇몇 정경을 악마적으로 묘사했다. 예를 들어보자. 오늘날의 비에브르강, 도시에 의해 더럽혀진 비에브르강의 절망적인 자태를 그는 이렇게 풀어놓았다. "이 누더기를 걸친 강", "이 기묘한 강, 이 온갖 찌꺼기의 배출구, 푸르스름한 소용돌이에서 여기저기 거품이 일고, 희뿌연

---

2 Sébillot, *Le Folk-Lore de France*, t. II, p. 201.

가래침들이 총총히 박혀 있고, 방수문防水門에서 꾸르륵거리다가 벽의 구멍 속으로 흐느껴 울며 사라져가는 이 검푸른, 흐린 납빛의 더러운 곳. 곳곳에서 물이 꼼짝도 하지 못한 채 문둥병으로 좀먹어 들어가는 것 같다. 물은 정체했다가, 흐르는 검댕을 다시 움직이게 하고, 침전물 때문에 지체된 자신의 발걸음을 다시 계속한다."[3] "비에 브르강은 움직이는 오물 더미일 뿐이다." 이에 덧붙여 물이 유기체적 은유를 취하기에 적합한 것이라는 사실도 강조해두자.

이 밖에 다른 많은 페이지도 이처럼 순수한 물에 결부된 무의식적 가치의 귀류법적 증거가 되어줄 것이다. 맑은 물, 수정 같은 물이 위기에 처할 때, 시냇물, 샘, 강, 즉 자연의 투명성을 간직하는 이 모든 저장고를 우리가 얼마나 절실하게 신선하고 젊은 상태로 받아들이고 싶어 하는지 알 수 있다. 투명함과 신선함의 은유들은 이토록 직접적으로 가치 부여된 실재들에 결부되는 순간, 여전히 확실한 생명력을 보존하고 있음을 우리는 느끼게 된다.

III

물론 순수성의 자연적이고 구체적인 경험 역시 시각에 의한 데이터들, 바로 위에서 본 위스망스의 수사修辭의 토대가 된 단순 관찰에 의한 데이터들보다 더 감각적이고 더 질료적인 꿈에 가까운 인자들

---

3 J. K. Huysmans, *Croquis parisiens. A Vau l'Eau. Un Dilemme*, Paris, 1905, p. 85.

을 기억에 담아둔다. 여름철에 산책을 하다가, 가족이 마시는 샘에 버드나무 가지를 담가놓은 포도 재배자나, 물을 마신 뒤 시냇물의 진흙을 휘저어두는 데서 사디스트적인 쾌감을 맛보는 신성모독자들 — 샘의 아틸라[훈족의 왕]들 — 때문에 갈증을 해소하지 못해 화가 난 적이 있다면 순수한 물의 가치를 잘 이해하게 된다. 시골 사람이 순수한 물의 가치를 누구보다도 잘 아는 이유는 그것이 위기에 처한 순수성임을 알기 때문이다. 그는 적절한 때에, 즉 무미함이 어떤 맛을 지니게 되는, 존재 전체가 순수한 물을 갈망하는 그런 드문 순간들에 맑고 신선한 물을 마실 줄 알기 때문이다.

이 단순하면서도 총체적인 즐거움과는 대조적으로 우리는 쓰고 짠 물, 나쁜 물에 대한 놀랍도록 많고 다양한 은유의 심리학을 만들 수 있을 것이다. 그런 은유들은 하나의 혐오 속에 통합되지만, 그 혐오에는 무수한 뉘앙스가 숨어 있다. 전 과학적 사유를 잠시 참조해보기만 해도 우리는 잘 합리화되지 않은 어떤 불순함의 본질적인 복잡성을 이해하게 될 것이다. 먼저 현재의 과학적 차원과는 그 사정이 같지 않다는 점을 강조해두자. 현행의 화학적 분석은 나쁜 물, 마실 수 없는 물을 명확한 품질 표시로 나타낸다. 분석 결과 어떤 결함이 드러나면 물이 황산칼슘을 함유하고 있는지, 석회질인지, 혹은 바실루스 균에 오염된 것인지 등을 얘기할 수 있을 것이다. 여러 결점이 축적되더라도 그 수식어들은 단순히 병치될 뿐, 서로 연관성이 없는 고립된 것들로 머문다. 구분해서 실시한 여러 실험에서 그것들을 찾아낸 것이다. 이와는 반대로 전 과학 정신은 — 무의식과 마찬가지로 — 그 수식어들을 응집한다. 예컨대 18세기의 어느 저자는 나쁜 물을 조사하고 나서 자신의 판단 — 자신의 혐오 — 을 다음 여섯 개의 수식어에 투사한다. 그 물이 "쓰고, 아질산성이고, 짜고, 유황 성분이 있고, 역청질이고, 구역질을 일으키는" 물이라는 것이다. 이 형용사들이 욕설이 아니면 무엇이란 말인가? 그것들은 어떤 질료에 대한 객관적인 분석이라기보다는 혐오의 심리학적 분석이다. 그것들은 어느 술꾼의 찡그린 얼굴의 총합을 나타낸다. 그것들은 — 과학사 연구자들이 너무 쉽게 믿어버리는 — 경험적 인식의 총합을 나타내는 게 아니다. 전 과학적 탐구의 의미는 그 탐구자의 심리를 파악해야만 잘 이해할 수 있을 것이다.

이상에서 보듯 불순함은 무의식의 관점에서 보면 언제나 복합적이고 언제나 불어나는 것이다. 그것은 다중 가치의 유해성을 지닌다. 그래서 우리는 불순한 물이 온갖 폐해의 원인으로 비난받을 수 있음을 이해하게 된다. 의식적인 정신에게 그것이 단순한 악의 상징, 외적 상징으로 수용된다면, 무의식에게 그것은 전적으로 내적인, 전적으로 실체적인, 능동적인 상징화의 대상이다. 무의식에게 불순한 물은 악의 집수조集水槽, 모든 악에 열려 있는 집수조다. 그것은 악의 실체다.

그래서 우리는 나쁜 물에 무한한 저주를 퍼부을 수 있을 것이다. 우리는 물을 저주의 대상으로 만들 수 있다. 다시 말해 나쁜 물로써 악에 하나의 활발한 형상을 부여할 수 있는 것이다. 이런 식으로 우리는 어떤 작용을 이해하려 할 때 어떤 실체를 필요로 하는 질료적 상상력의 필연성에 굴복한다. 이렇게 저주의 대상이 된 물에서는 어떤 징후 하나면 충분하다. 즉 어느 한 측면, 여러 특성 중 어느 하나가 나쁘게 되면 전체가 나쁘게 되는 것이다. 악이 특질에서 실체로 이행하는 것이다.

그러므로 아주 작은 불순함이 어느 순수한 물의 가치를 어떻게 완전히 실추시킬 수 있는지가 이로써 설명된다. 그 작은 불순은 저주의 계기다. 그것은 악의적인 사유를 자연스럽게 받아들인다. 어떤 불건전한 사유에 의해 영원히 파괴되어버린 절대적인 순수성의 도덕적 공리가 투명함과 신선함을 약간 잃어버린 물에 의해 완벽하게 상징화될 수 있는 것은 그런 연유에서다.

어쩌면 우리는 주의 깊은 눈, 최면에 걸린 눈으로 물의 여러 불순함을 검토한다면, 마치 양심에게 묻듯이 물에게 물어본다면 어떤 이의 운명을 읽어낼 수 있으리라는 바람을 품을 수도 있을 것이다. 수점水占 방식들 중에 물에 달걀흰자[4]나 액체 물질들을 부어 물 위에 떠오르는 나쁜 징후들을 살피는 것이 있는데, 그 액체들은 아주 기묘하게 생긴, 나무 모양으로 점점이 이어지는 흔적을 나타낸다.

탁한 물에도 몽상가들은 있다. 그들은 도랑의 검은 물에 감탄하고, 거품이 낀 물에 감탄하고, 자기 실체 속의 정맥들을 보여주는 물, 자체에서 솟구치는 듯한 진흙 소용돌이를 일으키는 물에도 감탄한다. 그럴 때는 꼭 물이 꿈을 꾸는 것 같다. 물이 악몽의 생장으로 뒤덮이는 것 같다. 이 몽환적 생장은 이미 몽상에 의해 수생식물들의 응시 속에서 유도된 것이다. 어떤 영혼들에게 수생식물은 진정한 이국취미다. 태양의 꽃들에서 벗어나, 투명한 삶에서 벗어나 어느 다

---

4   Collin de Plancy, *Dictionnaire Infernal*, art. *Oomancie* 참조.

른 곳을 꿈꾸게 하는 유혹이다. 마치 수련의 물갈퀴 달린 넓은 손처럼 물속에서 피어나 수면에 무겁게 펼쳐지는 불순한 꿈은 많다. 잠든 사람이 질퍽한 검은 강, 악이 가득한 무거운 파도가 일렁이는 지옥의 강 스틱스가 그 자신 속을, 자신의 주위를 선회하고 있다고 느끼게 되는 그런 불순한 꿈은 많다. 그러면 으리의 마음은 이 흑黑의 역동성에 흔들린다. 우리의 잠든 눈은 끝없이 흑에서 흑으로 이 암흑의 이행移行을 좇는다.

한데 이 순수한 물과 불순한 물의 이원론은 균형 잡힌 이원론이 아니다. 도덕의 저울은 분명 순수성 쪽, 선善 쪽으로 기운다. 물은 선을 지향한다. 세비요는 물의 민속을 대단히 많이 검토해보고는 저주받은 샘의 수가 적어서 놀랐다. "악마가 샘과 관계를 맺는 것은 드물다. 샘에 악마의 이름이 붙은 경우는 거의 없다. 대다수의 샘은 성인의 이름으로 지칭된다. 요정의 이름을 가진 샘도 많다."[5]

IV

물에 의한 정화 작용의 여러 주제에 너무 성급하게 합리적인 근거를 마련해주어도 안 된다. 자신을 정화한다는 것은 순수하고 단순하게 자신을 씻는 게 아니다. 청결의 욕구를 사람이 타고난 지혜로써

---

5 Sébillot, *loc. cit.*, t. II, p. 186.

알게 되는 원초적 욕구인 것처럼 말할 수 있는 근거는 전혀 없다. 매우 주의 깊은 사회학자들도 곧잘 그런 함정에 빠진다. 예컨대 에드워드 타일러는 줄루족이 장례식 참석 후 몸을 깨끗이 하려고 목욕을 여러 번 하는 것을 환기한 뒤 이렇게 덧붙인다. "이런 습속은 결국 단순한 청결이 갖는 의미와는 좀 다른 의미를 지니게 됨을 지적하지 않을 수 없다."6 한데 그런 습속이 "결국 원래 의미와는 다른 의미를 지니게 된다"라고 말하려면 그 원래 의미에 대한 자료를 제시하지 않으면 안 된다. 하지만 대개 관습의 고고학에서는 유용하고, 합리적이고, 건전한 어떤 습속을 작동시키는 그 본래의 의미를 포착하게 해주는 것을 전혀 찾아볼 수 없다. 우리에게 청결함에 대한 염려와는 전혀 무관한, 물에 의한 정화의 한 증거를 제시해주는 것은 바로 타일러 그 자신이다. "관습적인 더러움을 정화하기 위해 몸을 씻는 카프라리아인은 일상생활에서는 절대 몸을 씻지 않는다." 따라서 우리는 카프라리아인은 영혼이 더러울 때만 몸을 씻는다는 역설을 말할 수 있을 것이다. 우리는 물에 의한 정화에 세심한 주의를 기울이는 사람들은 위생상의 청결을 염려하는 거라고 너무 쉽게 믿어버린다. 타일러는 이런 지적도 한다. "페르시아의 신도는 (정화의) 원칙을 더욱 멀리까지 밀고 나가 여러 종류의 더러움을 씻어서 없애고자 하며, 신앙심 없는 이를 보면 눈이 더러워졌다고 여겨 눈을 씻기도 한다. 그래서 언제든 몸을 씻을 수 있도록 긴 주둥이가 달린 단지에 물을 가득 채워 다닌다. 이 나라는 위생학의 가장 단순한 법칙조차 지

---

6 Edward B. Tylor, *La Civilisation primitive*, trad., II, pp. 556–557.

키지 않아 인구가 감소하고 있지만, 종종 우리는 어느 신도가, 많은 사람이 그보다 먼저 몸을 담근 연못가에서, 법으로 정해진 순수성을 확보하기 위해서 몸을 담그기 전에 물을 뒤덮고 있는 거품을 손으로 걷어내는 모습을 볼 수 있다."(*loc. cit.*, p. 562) 이 경우에는 순수한 물에 지나치게 가치가 부여되어 그 무엇도 그것을 타락시킬 수 없을 것 같다. 그것은 선의 실체다.

로데 역시 몇몇 합리화에 잘 저항하지 못한다. 흐르는 강물이나 솟아나는 샘물을 정화수淨化水로 사용하길 권하는 규범을 상기하면서 그는 이렇게 덧붙인다. "악을 끌어들여 옮기는 힘은 이 물줄기에서 길어온 물에도 존재하는 것 같았다. 오염이 특히 심각한 경우 생생한 여러 샘에서 정화가 이루어져야 할 필요가 있었다."[7] "살인을 정화하기 위해서는 심지어 열네 개의 샘이 필요하다."(*Suidas*)* 로데는 흐르는 물, 샘솟는 물이 원초적으로 살아 있는 물임을 아주 분명하게 강조하지는 않는다. 실체에 결부되어 있는 것, 정화를 결정짓는 것은 바로 이 생명이다. 합리적인 가치 — 물줄기가 오물을 가져간다는 사실 — 는 너무 쉽게 허물어지고 맡아 이에 대한 최소한의 존중에도 동의하기 어려워질 것이다. 그것은 합리화의 결과다. 사실 모든 순수성은 실체적이다. 모든 정화 작용은 실체의 작용으로 고려되어야 한다. 정화 작용의 심리학은 외적 경험이 아니라 질료적 상상력에 의거한다.

---

7 Rohde, *Psyché*, trad., Appendice 4, p. 605.
* 10세기의 그리스 백과사전.

그러므로 우리는 원초적으로 순수한 물에 능동적인 동시에 실체적인 순수성을 요구한다고 할 수 있다. 그 정화 작용을 통해 우리는 풍요로운, 혁신적인, 다중 가치를 지닌 힘에 참여하는 것이다. 그런 내밀한 힘에 대한 최고의 증거는 그것이 모든 물방울 하나하나에 있다는 사실이다. 정화가 단순히 물을 뿌리는 것으로 나타나는 텍스트는 무수하다. 『아시리아의 마술Magie Assyrienne』에 관한 저술에서 포세Fossey는 물에 의한 정화 의식에서 "몸을 물에 담그는 일은 없다. 대개는 물을 뿌리는데, 간결하게 뿌리거나 아니면 일곱 번 혹은 일곱 번의 곱절로 반복해서 뿌린다"[8]라고 강조한다. 『아이네이스』[베르길리우스의 서사시]에서는 "코리네우스[*트로이의 제관]가 동료들 주위로 순수한 물결에 담근 올리브 나뭇가지를 세 번 가져와 그들에게 가벼운 이슬을 뿌려 그들을 정화한다."(Énéide, VI, pp. 228-231)

여러 측면에서 볼 때 세척은 은유요 분명한 번역 같으며, 물을 뿌리는 것이 실제 작업, 다시 말해 작업의 실재성을 가져다주는 작업 같다. 그러니까 물을 뿌리는 것이 근본적인 작업으로 꿈꿔진 것이다. 심리적 실재성의 최대치를 지니는 것은 바로 그것이다. 『구약성서』 「시편」 50편을 보면 물을 뿌린다는 관념은 세척의 은유보다 훨씬 앞선 하나의 실재로서 나타나는 것 같다. "그대가 내게 히솝[*박하과 식물]으로 물을 뿌려주면 나는 깨끗이 정화되리라." 히브리인들에게 히솝은 그들이 알던 꽃 중에서 가장 작은 꽃이었다. 아마도 그것은 물을 뿌리는 데 쓰인 이끼였을 거라고 베셔렐Bescherelle은 말한

---

8   Saintyves, *loc. cit.*, p. 53에서 인용.

다. 그러니까 몇 방울의 물이 순수성을 준다는 얘기다. 위의 예언자는 또 이렇게 노래한다. "그대가 나를 씻겨주면 나는 흰 눈보다 더 희어지리라." 물이 내밀한 존재를 정화할 수 있는 것은, 죄지은 영혼에게 다시 흰 눈의 순백을 돌려줄 수 있는 것은 내밀한 힘을 지녔기 때문이다. 신체에 물이 뿌려진 자는 도덕적으로 씻긴 자다.

사실 이는 어떤 이례적인 일이 아니라 질료적 상상력의 근본 법칙의 한 예다. 질료적 상상력에게 있어 가치 부여된 실체는 극소량이라 할지라도 대량의 다른 실체들에 작용할 수 있는 것이다. 한 움큼의 소량으로 우주 지배의 수단을 손에 넣는 것, 이는 힘의 몽상의 법칙 그 자체다. 구체적으로 그것은 가장 깊이 숨겨진 비밀을 발견하게 해주는 한마디 말, 열쇠가 되는 말의 깨우침 같은 이상적인 형태로 나타난다.

순수와 불순의 변증법적 주제에서 우리는 질료적 상상력의 이 근본 법칙이 양방향으로 작용하는 것을 볼 수 있는데, 그것이 실체의 대단히 활동적인 특성을 보장하는 점이다. 순수한 물 한 방울로도 능히 바다를 정화할 수 있고, 불순한 물 한 방울로도 온 우주를 더럽힐 수 있다. 모든 것은 질료적 상상력이 선택한 작용의 도덕적 방향[의미]에 달려 있다. 그것이 악을 꿈꾼다면, 불순을 전파하고 악마의 싹을 틔울 것이다. 그것이 선을 꿈꾼다면, 순수한 실체 한 방울을 신뢰할 것이요, 그 자비로운 순수의 광휘를 온 누리에 발하게 할 것이다. 실체의 작용은 마치 그것이 실체의 내밀한 바람대로 이뤄진 실체의 이행인 양 꿈꿔진다. 그것은 사실 어떤 인격의 이행이다. 그럴 때 그 작용은 모든 상황을 뒤집을 수 있고, 모든 장애를 극복할 수 있고,

모든 방벽을 부숴버릴 수 있다. 못된 물은 간사하고, 순수한 물은 예민하다. 물은 양방향으로 어떤 의지意志가 된다. 일상적인 모든 특질, 피상적인 모든 가치가 부차적인 속성의 반열로 옮겨진다. 명령을 내리는 것은 내부다. 실체의 작용이 발하는 빛은 어떤 중심점, 어떤 압축된 의지에서 나온다.

순수와 불순의 이 작용을 깊이 성찰해보면 질료적 상상력이 역동적 상상력으로 변화하는 것을 이해할 수 있을 것이다. 순수한 물과 불순한 물은 단순히 실체로만 생각된 게 아니다. 그것들은 힘으로도 생각되었다. 예컨대 순수한 질료는 물리적인 의미에서 "빛을 발한다". 그것은 순수성으로 빛난다. 역으로 그것은 순수성을 흡수할 수도 있다. 그래서 순수성을 응집하는 데 쓰일 수 있다.

드 빌라르de Villars 신부의 『가발리스 백작과의 대화Entretiens du Comte de Gabalis』에서 인용한 예를 하나 들어보자. 물론 이 대화는 농담조이기는 하다. 그렇지만 진지한 어조를 취하는 페이지들이 있다. 질료적 상상력이 역동적 상상력으로 변하는 페이지들이 그렇다. 이때 우리는 몽환적 가치가 없는 참으로 빈약한 환상들 틈에 묘한 방식으로 순수성에 가치를 부여하는 추론 하나가 개입하는 것을 보게 된다.

가발리스 백작은 우주를 방랑하는 정령들을 어떻게 불러내는가? 카발라[유대교의 신비주의 교파] 경구가 아니라 명확히 규정된 화학작용을 이용해서다. 그는 정령들에 해당하는 원소를 정제精製해내면 된다고 생각한다. 오목한 거울을 이용하면 태양 광선의 불을 유리구슬에 집중시킬 수 있다. 그러면 그것은 "태양분太陽粉을 형성하게 되고, 이것이 다른 원소들의 혼합으로부터 정화가 되면 … 우리 내부의 불을 자극하여 우리를 소위 불의 체질로 만들기에 더없이 적합한 것이 된다. 그러면 그 화권火圈의 주민들은 우리의 아랫사람[*하계인下界人]이 되며, 그들은 상호 간의 조화가 다시 정립된 것을, 우리가 그들 가까이에 있는 것을 보고 기뻐하면서 동족에게 품는 그 모든 우정을 우리에게도 품는다…."**9** 태양의 불은 분산된 채로는 우리의 생명의 불에 작용할 수 없다. 그것의 응집은 먼저 질료화를 이루어내고, 그런 다음 그 순수한 실체에 역동적 가치를 부여한다. 원소적 정령들은 원소들에 끌린다. 조금만 은유적으로 생각해보면 우리는 그 끌림이 바로 우정임을 알 수 있다. 일련의 화학을 거쳐 결국 도달하는 곳은 심리학이다.

이처럼 가발리스 백작에게 물은 님프들을 유인하는 "신기한 자석"(p. 30)이 된다. 정화된 물은 님프화化한다. 따라서 그것은 실체적으로 보면 님프들의 질료적 만남이다. 그리하여 "의식儀式도 야만적인 말도 없이", "악마도 불법적인 기법도 없이" 오직 순수성의 물리학만으로 현자는 원소적 정령들의 절대적인 즈인이 된다고 드 빌라르 신부는 말한다. 노련한 증류 기술자만 되면 정령들을 지배할 수 있는 것이다. "원소들을 원소들로써 분리"할 줄 알게 되면 정신적 정령들과 질료적 정령들 간의 혈연관계가 복원된다. 플라망어에서 가스gaz라는 말은 정신Geist에서 유래하는데, 이 말의 사용은 은유의 과정을 완성하는 질료주의적 사유를 밝혀준다. 여기서 이중어二重語는 중복법을 바탕으로 하고 있다. 가발리스 백작의 직관을 분석하기 위

---

9 Le Comte de Gabalis, 34^e vol. des *Voyages imaginaires*, Amsterdam, 1788, p. 29.

제6장 순수성과 정화. 물의 도덕 **235**

해서는 정신적 정령은 질료적 정령이라고 말하거나, 아니면 좀 더 간단하게 정령은 정신에 속한다고 말하기보다는 원소적 정령은 원소가 된다고 말해야 할 것이다. 형용사에서 실사로, 특질들에서 실체로 이행하는 것이다. 역으로 이처럼 우리가 질료적 상상력에 전적으로 복종할 때 질료가 가진 원소적 힘을 꿈꾸면 그 질료는 하나의 정령, 하나의 의지가 될 정도로 고양될 것이다.

V

맑은 물이 암시하는 정화의 꿈과 비교해야 할 특성들 중 하나는 신선한 물이 암시하는 혁신의 꿈이다. 『공중 정원Les jardins suspendus』에서 슈테판 게오르게Stefan George는 이렇게 중얼거리는 파도의 속삭임을 듣는다. "내게 뛰어들어. 내게서 솟아오를 수 있도록." 이를 '솟아오른다는 의식을 가질 수 있도록'이라는 뜻으로 이해하자. 청춘의 샘fontaine de Jouvence*은 오랜 기간 연구를 해볼 가치가 있는 아주 복잡한 은유다. 이 은유에서 정신분석에 속하는 모든 것은 제쳐두고 아주 독특한 몇 가지 고찰에만 머무르면서, 매우 분명한 신체적 감각인 신선함이 어떻게 해서 그 신체적 토대와 너무나 동떨어진 은유가 되어 신선한 풍경이니 신선한 그림이니 신선함이 가득한

---

* '생명의 샘' 혹은 '불멸의 샘'으로도 불린다. 그리스 고전기와 성경 신화에서 유래하는 것으로 추정되는 신화적 샘으로 불멸과 영원한 회춘을 상징한다.

문학 페이지니 하는 말로 쓰이게 되는지 살펴보기로 하자.

이 은유의 심리학은 고유한 의미와 비유적 의미가 상응한다고 말할 때 이루어지는 게 아니다 — 그런 양 넘어가는 것일 뿐이다. 그런 상응은 단지 관념들의 연합에 불과할 것이다. 사실 이 은유는 감각적 인상들의 생생한 결합이다. 질료적 상상력의 진화를 진정으로 체험하는 이에게는 비유적 의미란 없으며 모든 비유적 의미가 어떤 감각성의 무게를, 어떤 감각적 질료를 지닌다. 중요한 것은 이 영속적인 감각적 질료를 규명하는 것이다.

누구나 집에 '청춘의 샘'을 갖고 있다. 어느 활기찬 아침, 신선한 물이 담긴 세면대가 그것이다. 이 별것 아닌 경험이 없다면, 아마도 '청춘의 샘'이라는 이 시학의 콤플렉스는 만들어지지 않을 것이다. 신선한 물은 얼굴을, 바로 우리 자신이 늙어가는 것이 보이는 얼굴을, 다른 사람들의 눈에 늙어가는 것처럼 보이지 않기를 바라는 얼굴을 깨우고 다시 젊어지게 해준다! 한데 이 신선한 물은 다른 사람들의 눈에는 우리 자신이 느끼는 것만큼 얼굴을 젊어 보이게 해주지는 않는다. 잠이 깬 이마 아래에서 새로운 눈동자가 살아난다. 신선한 물은 시선에 불꽃을 되돌려준다. 이것이 바로 물의 응시의 진정한 신선함을 설명해주는 전도顚倒의 원리다. 신선해진 것은 바로 시선이다. 질료적 상상력에 의해 진정으로 물의 실체에 참여하면 신선한 시선을 투사하게 된다. 보이는 세계가 주는 신선한 느낌은 깨어난 사람이 사물들에 투사하는 신선함의 표현이다. 감각적 투사의 심리학을 이용하지 않고는 그것을 이해하기가 불가능하다. 이른 아침 얼굴을 씻을 때 물은 보는 에너지를 일깨운다. 그것은 시각을 능동 상태로 만든다. 그것은 시선을 행위로, 밝고 분명하고 쉬운 행위로 만든다. 그럴 때 우리는 눈에 보이는 것에 젊은 신선함을 부여하고 싶은 마음이 든다. 이암블리코스Jamblique[Iamblichos]의 말에 의하면 콜로폰의 신탁은 물로써 예언했다. "물은 결코 우리에게 신의 계시를 온전히 전하지는 않는다. 그러나 그것은 우리에게 필요한 적성을 제공하고, 우리 내부의 빛나는 숨결을 정화한다…."**10**

순수한 물에 의한 순수한 빛, 우리가 보기에는 이것이 축성식祝聖式의 심리학적 원리인 것 같다. 물 근처에서는 빛이 새로운 색조를 띤다. 빛은 맑은 물을 만나면 한층 더 밝아지는 것 같다. 테오필 고티에는 이렇게 말한다. "메취Metsu는 자신의 색조 전체를 보존하기 위해 연못 한가운데에 있는 정자에서 그림을 그렸다."**11** 투사投射 심리학에 충실한 우리로서는 차라리 자신의 시선 전체를 보존하기 위해서라고 말할 수 있을 것이다. 우리는 마음속이 맑을 때 풍경을 맑은 눈으로 보는 경향이 있다. 어떤 풍경의 신선함은 그것을 바라보는 하나의 방식이다. 물론 풍경도 거기에 협력해야 한다. 약간의 녹음과 약간의 물을 지녀야 한다. 하지만 가장 긴 작업은 질료적 상상력의 몫이다. 상상력의 이러한 직접적인 작용은 문학적 상상력을 상대할 때 분명해진다. 문체의 신선함은 특질들 중에서도 가장 어려운 특질이다. 그것은 다루는 주제에 달려 있는 것이 아니라 작가에게 달려 있다.

---

10 Saintyves, *loc. cit.*, p. 131에서 인용.
11 Théophile Gautier, *La Toison d'Or, Nouvelles*, p. 183.

'청춘의 샘' 콤플렉스는 당연히 치유의 희망과 연관되어 있다. 물에 의한 치유는 그 상상의 원리에서 보면 질료적 상상력과 역동적 상상력이라는 이중 관점으로 고찰될 수 있다. 첫 번째 관점의 경우는 주제가 너무나 분명하여 우리는 그것을 표현하기만 하면 된다. 즉 사람들은 환자의 병에 상반되는 미덕들을 물에 부여한다. 환자는 자신의 치유 욕망을 투사하고 동정적인 실체를 꿈꾼다. 18세기에 광천수와 온천수에 바쳐진 의학적 연구 작업의 그 엄청난 양에는 참으로 놀라움을 금할 수 없다. 우리 세기에는 그보다 덜하다. 전 과학적인 연구가 화학보다는 심리학에 속한다는 것은 어렵잖게 미루어 짐작할 수 있을 것이다. 그것은 환자와 의사의 심리학을 물의 실체 속에 각인한다.

역동적 상상력의 관점은 좀 더 일반적이고 좀 더 단순하다. 물의 역학의 첫 번째 가르침은 사실 원소적이다. 즉 샘에 가서 치유의 첫 번째 증거로 에너지의 각성을 요구하는 것이다. 이 각성의 가장 평범한 동기는 신선한 느낌이다. 물은 그 젊고 신선한 실체로써 우리에게 활기 넘치는 듯한 느낌을 준다. 나중에 난폭한 물을 논하는 장에서 물이 에너지에 대한 여러 가지 가르침을 줄 수 있다는 사실을 보게 될 것이다. 하지만 물 치료법이 단순히 말초적인 것이 아니라는 것은 지금 바로 이해해야 한다. 물은 중심적인 성분을 지니고 있다. 그것은 신경중추를 각성시킨다. 물은 도덕적 성분을 지니고 있다. 그것은 사람을 활기찬 생에 눈뜨게 한다. 그럴 때 위생은 한 편의 시가 된다.

순수성과 신선함은 이렇듯 하나로 결합하여 물의 연인이라면 누구나 아는 특별한 기쁨을 준다. 감각적인 것과 관능적인 것의 이 결합은 도덕적 가치를 떠받친다. 여러 경로를 통해서 물의 응시와 경험은 우리를 어떤 이상으로 인도한다. 원초적 질료들의 가르침을 과소평가해서는 안 된다. 그것들은 우리의 정신에 청춘을 각인시켰다. 그것들은 필연적으로 청춘의 저장고일 수밖에 없다. 우리는 우리의 내밀한 추억과 결합한 그것들과 재회한다. 꿈을 꿀 때, 진정으로 몽상에 빠져 헤맬 때 우리는 원소의 식물적이고 혁신적인 삶을 좇게 된다.

오직 그럴 때만 우리는 '청춘의 물'의 실체적 특성들을 깨달으며, 융이 잘 제시했듯이(*loc. cit.*, p. 283) 우리 자신의 꿈에서 탄생의 신화들, 모성적 힘을 지닌 물, 죽음 속에서나 죽음을 넘어서 살게 하는 물과 재회한다. 이 '청춘의 물'의 몽상은 너무나 자연적인 몽상이어서 그것을 합리화하려는 작가들이 잘 이해되지 않는다. 예를 들어 에르네스트 르낭의 보잘것없는 드라마 『청춘의 물 L'eau de Jouvence』을 상기해보자. 이 명철한 작가는 연금술적인 직관의 체험에 부적합함을 알게 될 것이다. 그는 증류의 현대적 관념을 우화들로 포장하는 데 그친다. 프로스페로 역을 맡은 주인공 아르노 드 빌뇌브는 자신의 생명의 물[화주火酒, 브랜디]을 알코올중독의 원인이라는 비난으로부터 구제할 필요가 있다고 생각한다. "우리의 이 정련된, 위험한 제품들은 입술 끝으로 빨아먹어야 한다. 우리는 멀쩡하게 살아 있는데, 어떤 이들이 그것을 병째 꿀꺽꿀꺽 마시다 죽는다고 해서 그것이 우리의 잘못이란 말인가?"(Acte IV) 르낭은 연금술이 무엇보다도 우선 마술적 심리학에 속한다는 걸 보지 못했다. 그것은 객관적 경험에 이르기보다는 시에 이르고, 꿈에 이른다. '청춘의 물'은 몽환적인 힘이다. 그것은 시대착오의 순간을 연기하는 — 너무도 어색하게! — 한 역사가[르낭]의 핑곗거리로 쓰일 수 없다.

VI

 이 장 첫머리에서 말했듯이 이상의 모든 고찰은 자연의 순수성과 정화의 관계 문제를 깊이 파고들지는 않는다. 자연의 순수성 문제만 파고든다고 해도 긴 전개가 필요할 것이다. 우리로서는 자연의 이 순수성에 의혹을 품게 하는 직관 하나를 환기하는 정도면 충분하다. 과르디니Guardini가 쓴 『전례의 정신Esprit de liturgie』을 연구하면서 에르네스트 세이에르는 이렇게 적는다. "예컨대 참으로 불충하고 참으로 위험한 물, 그 영원한 불안정 상태가 마치 주술이나 마법처럼 여겨지는, 저 소용돌이치고 선회하는 물을 보라. 축성의 전례[*성수 뿌리기]는 물속 깊이 숨어 있는 악의를 내쫓아 무력화시키고, 그 악마적인 힘을 묶어버리고, 물의 내부에서 물의 (선한) 본성에 좀 더 잘 부합하는 힘을 일깨우고, 그 파악할 수 없는 신비한 힘을 길들여 영혼에 봉사케 하여, 영혼 속의 마술적이고 유혹적이고 악한 것을 마비시킨다. 이를 경험해보지 못한 자는 '자연'을 모르는 거라고, 기독교 전례에 대한 책을 쓴 우리의 시인은 강조한다. 전례는 자연의 비밀들을 꿰뚫어, 우리의 영혼 속에 있는 것과 같은 여러 잠재력이 그 속에서 잠자고 있음을 우리에게 나타내준다."[12] 그리고 에르네스트 세이에르는 물의

---

[12] Ernest Seillière, *De la déesse nature à la déesse vie*, p. 367.

이 같은 실체적 악마화 개념이 그 깊이 면에서 클라게스의 직관을 넘어섬을 제시한다. 클라게스는 악마적 영향력을 이 정도로 멀리 가져가지는 않는다는 것이다. 과르디니의 관점에서는 참으로 질료적 원소가 그 실체에 있어 우리 자신의 실체와 일치한다. 과르디니의 이러한 시각은 프리드리히 슐레겔의 직관과 일치하는 것으로 슐레겔은 악령이 "물리적 원소들에" 직접 작용한다고 본다. 이 같은 관점에서 보면 죄지은 영혼은 이미 나쁜 물이다. 물을 정화하는 전례 행위는 물에 상응하는 인간적 실체를 정화 쪽으로 경도시킨다. 그리하여 사물들의 마음속의 악은 물론 인간의 마음속의 악도 제거하고자 하는, 전 자연의 악을 제거하고자 하는 욕구, 즉 동질적 정화라는 주제가 등장하게 된다. 그러므로 도덕의 삶 역시 상상력의 삶과 마찬가지로 우주적인 삶이다. 세계 전체가 혁신을 원한다. 질료적 상상력은 심층 세계를 극화劇化한다. 그것은 실체들의 심층에서 내밀한 인간의 삶의 온갖 상징을 찾아낸다.

   그래서 우리는 순수한 물, 실체로서의 물, 즉 물 자체가 어떤 상상력의 눈으로 보면 원초적 질료의 지위를 차지할 수 있음을 이해하게 된다. 그럴 때 그것은 실체 중의 실체로 나타나는데, 다른 모든 실체는 그것의 속성일 뿐이다. 그래서 클로델은 『시카고 지하 교회Église souterraine à Chicago』의 집필을 계획하면서 진정한 본질적인 물, 실체적으로 종교적인 물을 '대지'의 중심에서 찾게 되리라고 확신한다. "땅을 파면 물을 발견하게 된다. 목마른 영혼들이 줄지어 주위로 몰려드는 걸 보면 성수반의 밑바닥에는 호수가 있을 것이다. … 주로 '하늘'을 의미하는, '물'의 무한한 상징 작용을 지금 여기서 강조하지는 않겠다…."**13** 이 견자見者 시인이 꿈꾼 지하 호수는 이렇게 지하의 하늘 하나를 제공할 것이다. 물은 그 상징 작용 안에서 모든 것을 결합할 줄 안다. 클로델은 또 이렇게 말한다. "마음이 갈망하는 모든 것은 언제나 물의 형상으로 환원될 수 있다." 갈망 중에서도 가장 큰 갈망의 대상인 물은 실로 마르지 않는 신의 선물이다.

이 내부의 물, 제단이 솟아나는 이 지하 호수는 "오염된 물을 걸러내는 못"일 것이다. 단순히 존재하는 것만으로도 그것은 거대한 도시를 정화할 것이다. 그것은 자신의 유일한 실체의 내밀함과 영원성 안에서 끝없이 기도하는 일종의 질료적 수도원일 것이다. 우리는 [그의] '신학'에서 어떤 실체의 형이상학적 순수성에 대한 다른 많은 증거를 찾을 수 있을 것이다. 우리는 상상력의 형이상학과 관계된 것만 거론했을 뿐이다. 위대한 시인은 천부적으로, 심층의 삶에 그 본래 자리가 있는 가치들을 상상한다.

---

13 Paul Claudel, *Positions et propositions*, t. I, p. 235.

제7장
부드러운 물의 우월성

이 이집트인에게는 모든 물이 다 부드러웠지만,
오시리스의 발현인 강에서 길은 물이 특히 더 그랬다.
제라르 드 네르발Gérard de Nerval, 『불의 딸들Les Filles du feu』, p. 220

I

이 연구에서 우리는 **질료적 상상력**에 관하여 특히 심리학적인 고찰만 하고자 했으므로 현재에도 자연적이고 생동하는 몽상들 속에 되살아날 수 있는 예들만 신화적인 이야기들에서 취해야 했다. 오직 부단히 창의적인 상상력, 기억의 판박이들에서 최대한 멀리 떨어진 상상력의 예들만이 질료적 이미지들을, 형상을 넘어 질료 자체에 도달하는 이미지들을 주려는 이 성향을 설명할 수 있기 때문이다. 그래서 한 세기 전부터 신화학자들을 분열시키고 있는 논쟁에 우리는 개입할 필요가 없었다. 주지하듯이 신화학적 이론들의 대립은 도식적인 형태로 말하자면 신화 연구를 인간의 척도에 따라 해야 하는지 아니면 사물의 척도에 따라 해야 하는지 묻는 데서 이루어진다. 달리 말해서 신화란 영웅의 눈부신 활약에 대한 추억인가 아니면 세계의 대변동에 대한 추억인가?

한데 만약 우리가 고려하는 것이 신화가 아니라 신화의 조각들, 다시 말해 어느 정도 인간화된 질료적 이미지들이라면 그 논쟁은 다소 완화가 되며, 우리는 양극단에 있는 두 신화학 학설을 화해시킬 필요가 있다고 느끼게 된다. 몽상이 현실 세계에 달라붙으면 몽상은 그것[현실 세계]을 인간화하고, 몽상은 그것을 확대하고, 몽상은 그것을 고양시킨다. 실재의 모든 속성은 꿈꿔지는 즉시 영웅적인 특질이 된다. 그래서 물의 몽상에서는 물이 부드러움과 순수성의 히로인이 된다. 꿈꿔진 질료는 객관적으로 머무르지 않고, 유헤메로스화化*한다고 말할 수 있을 것이다.

역으로 유헤메로스설은 그 전반적인 불충분성에도 불구하고 평범한 질료적 인상들에 어떤 비범한 인간적 삶의 지속과 연관을 가져다준다. 강은 천의 얼굴을 가졌지만 단 하나의 운명을 받으며, 강의 원천은 흐름 전체를 책임지고 그 공功도 갖는다. 힘은 원천에서 나온다. 상상력은 지류들은 별로 고려하지 않는다. 상상력은 지리地理가 어느 왕의 역사이기를 바란다. 물이 흘러가는 것을 보는 몽상가는 그 강의 전설적인 기원, 먼 곳에 있는 원천을 떠올린다. 자연의 모든 큰 힘에는 유헤메로스설이 잠재해 있다. 하지만 이 이차적인 유헤메로스설 때문에 질료적 상상력의 깊고 복합적인 감각주의sensualisme를 망각해서는 안 된다. 이 장에서 우리는 물의 심리학

---

*   유헤메로스Euhemeros(기원전 300년 경)는 신화 실계설을 주장했다. 그에 의하면 신이란 영웅이 사후에 숭배된 결과이며, 신화는 그 영웅의 과업(역사적 사실)을 기록한 것이다. 유헤메로스설Euhemerism이란 영웅의 신격화, 역사적 사실의 신화화를 가리킨다.

에서의 감각주의의 중요성을 제시하고자 한다.

신화 속에서 작용하는 이미지들의 자연주의적 학설에 그 논거를 제공하는 이 원초적 감각주의는 바닷물에 대해 샘[源泉]의 물이 갖는 상상적 우월성의 근거가 되기도 한다. 이러한 감각주의에서는 직접 느껴보려는 욕구, 만져보려는 욕구, 맛보려는 욕구가 보는 즐거움을 대신한다. 예를 들어 음료의 질료주의는 시각의 이상주의를 흐리게 할 수 있다. 일견 사소해 보이는 질료적 구성 요소 하나가 어떤 우주론을 변형시킬 수도 있다. 학술적인 우주론은 우리로 하여금 천진한 우주론이 직접적으로 감각적인 특징들을 갖는다는 사실을 잊게 한다. 질료적 상상력이 상상의 우주론에서 마땅히 차지해야 할 제자리를 되찾는다면, 그 순간 우리는 부드러운 물[민물]이야말로 진정한 신화적 물임을 깨닫게 될 것이다.

II

바닷물이 비인간적인 물이라는 것, 이 물에는 인간들에게 직접 봉사한다는, 존경받는 모든 원소의 제1의 의무가 결여되어 있다는 것, 이것이 바로 신화학자들이 너무 과도하게 망각해버린 한 가지 사실이다. 물론 바다의 신들은 더없이 다양한 신화에 생기를 불어넣는다. 하지만 바다의 신화가 모든 경우에 그리고 모든 면에서 과연 하나의 원초적 신화일 수 있는지는 의문이다.

우선 바다의 신화는 분명 지역 신화다. 그것은 해안 주민들만의 관심사다. 더욱이 너무 성급하게 논리에 혹해버리는 역사가들은 연안 주민들이 필연적으로 뱃사람일 것이라고 너무 쉽게 결정해버린다. 아무 근거 없이 남자와 여자, 아이 등 모든 사람에게 바다에 대한 실제적이고 완전한 경험을 부여한다. 우리는 먼 항해, 바다의 모험이 무엇보다도 우선 이야기된 모험이요 여행이라는 점을 잘 헤아리지 않는다. 여행자의 이야기에 귀 기울이는 아이에게 바다에 대한 첫 경험은 이야기의 세계에 속하는 것이다. 바다는 꿈을 주기에 앞서 이야기를 준다. 콩트와 신화의 이러한 갈라짐 — 심리학적으로 너무나 중요한 갈라짐 — 은 바다의 신화에는 해가 된다. 물론 콩트도 결국은 꿈에 합류하며, 꿈도 결국은 콩트를 — 아주 조금이지만 — 섭취한다. 하지만 콩트는 상상적인 이야기를 꾸며내는 자연적인 꿈들의 힘에 진정으로 참여하지 않는다. 바다의 콩트들은 특히 더 그렇다. 여행자의 이야기들은 듣는 자에 의해 심리학적으로 검증되지 않기 때문이다. 겨우 살아서 돌아왔다는 거짓말도 소용없다. 바다의 영웅은 언제나 겨우 살아 돌아온다. 그는 저승에서 오며, 해안 이야기는 전혀 하지 않는다. 바다가 공상적인 것은 그것이 더없이 먼 곳을 여행한 여행자의 입술에 의해 먼저 표현되기 때문이다. 그것은 먼 곳을 꾸며낸다. 하지만 자연적인 꿈은 우리가 보는 것, 우리가 만지는 것, 우리가 먹는 것을 꾸며낸다. 심리학 연구에서 사람들이 꿈과 질료적 상상력의 본질적 인상주의를 해치는 그 일차적 표현주의를 부각하지 않는 것은 잘못이다. 연사가 말을 너무 많이 해서 청자가 뭔가를 많이 느낄 수가 없다. 그러니 바다의 무의식은 말해진 무의식이요, 모험 이야기들 속에서 분산되는 무의식이요, 잠을 자지 않는 무의식이다. 그래서 그것은 곧바로 자신의 몽환적 힘을 상실한다. 이 무의식은 공유되는 경험들 주위에서 꿈꾸는 무의식, 밤의 꿈들 속에서 끝없는 낮의 몽상을 지속하는 무의식보다 덜 깊다. 그래서 바다의 신화는 꾸며내기의 기원들에까지 이르는 경우가 드물다.

물론 우리는 신화들에 대한 정확한 심리학적 연구에 장애가 되는, 교육받은 신화의 영향을 강조할 생각은 없다. 교육받은 신화에서 사람들은 특수한 것에서 시작하지 않고 일반적인 것에서 시작한다. 느끼게 하는 수고를 하지 않고도 이해시킬 수 있다고 생각한다. 우주의 각 지역마다 특별히 지명된 신이 하나씩 있다. 넵튠은 바다를 맡는다. 아폴론은 하늘과 빛을 맡는다. 단지 어휘 문제일 뿐이다. 그러므로 신화 심리학자는 이름 뒤에 있는 사물을 되찾으려고 애써야 하고, 이야기와 콩트에 앞서 원초적 몽상, 자연적 몽상, 고독한 몽상, 즉 모든 감각 경험을 받아들이는 몽상, 우리의 모든 환상을 모든 대상에 투사하는 몽상을 체험하기 위해 애써야 한다. 거듭 말하지만 이 몽상은 보통의 물, 일상의 물을 무한한 바다보다 앞자리에 위치시켜야 한다.

III

물론 현대의 신화학자들은 바닷물에 대한 지상의 물의 우월성을 간과하지 않았다. 이에 대해서는 샤를 플루아의 연구만 상기해보도록 하자. 이 연구가 우리에게 더더욱 흥미로운 것은 원래 플루아 신화학의 자연주의가 가장 보편적인 우주적 현상들에 걸맞은 대규모 자연주의이기 때문이다. 이 예는 역逆의 길을 좇아 가시적인 것과 멀리 있는 것 옆에다 촉각적인 것과 감각적인 것의 자리를 마련해주고자 하는 우리의 질료적 상상력 이론을 시험해보기에 알맞을 것이다.

주지하듯이 샤를 플루아에게 근본적인 신화적 드라마 — 다양하게 변주되는 단조로운 주제 — 는 바로 낮과 밤의 드라마다. 모든 영웅은 태양적이고, 모든 신은 빛의 신이다. 모든 신화가 같은 이야기를 한다. 밤에 대한 낮의 승리다. 그리고 이 신화들에 생기를 주는 감정은 다른 무엇보다 어둠에 대한 두려움이라는 원초적 감정, 새벽이 마침내 치유해주러 오는 불안감이다. 사람들이 이 신화들을 좋아하는 이유는 결말이 좋기 때문이다. 결말이 좋은 이유는 밤이 끝나듯이 끝나기 때문이다. 어둠의 베일을 찢어 산산조각 내고, 고뇌를 해방시켜주고, 지옥 같은 어둠 속에서 길 잃은 사람들에게 삶을 돌려주는 착한 영웅, 용기 있는 영웅의 성공, 낮의 성공으로 끝나기 때문이다. 플루아의 신화 이론에서는 모든 신이, 심지어 지하에 사는 신까지도 신이라는 이유로 새벽을 맞이할 것이다. 단 하루만이라도, 아니면 단 한 시간만이라도 그들은 신의 기쁨에, 언제나 빛의 작용인 낮의 작용에 참여하러 올 것이다.

이러한 전체적인 주장에 맞도록 물의 신도 제 몫의 하늘을 가져야 할 것이다. 제우스가 푸르고 밝고 맑은 하늘을 가졌다면, 포세이돈은 구름으로 뒤덮인 잿빛 하늘을 가질 것이다.[1] 이렇게 포세이돈도

---

1 Charles Ploix, *La Nature et les dieux*, p. 444.

영원한 천상의 드라마에서 한 역할을 맡을 것이다. 그러므로 거대한 구름 덩어리, 온갖 구름과 안개는 넵튠[포세이돈]의 심리학의 원초적 개념들일 것이다. 한데 하늘에 숨어 있는 물을 짜내는 것은 바로 물의 몽상이 끊임없이 응시하는 대상들이다. 비를 예고하는 징후들은 특별한 몽상을 일깨운다. 은혜로운 비를 향한 초원의 욕망을 진정으로 체험하는, 대단히 식물적인 몽상을 일깨운다. 때때로 인간존재는 하늘의 물을 갈망하는 식물이다.

샤를 플루아는 포세이돈이 원초적으로 천상의 특성을 지녔다는 자신의 주장을 밑받침하기 위해 많은 논거를 제시한다. 포세이돈에게 바다의 힘이 뒤늦게 부여된 것은 이 원초적 특성에서 기인한다. 다른 어떤 인물이 이 구름의 신을 대리하러 와야지만 포세이돈이 바다의 신으로 일할 수가 있는 것이다. 플루아는 이렇게 말한다. "민물의 신과 짠물의 신이 동일 인물이라는 것은 절대 있음직하지 않은 일이다." 더욱이 하늘에서 바다로 가기에 앞서 포세이돈은 하늘에서 땅으로 갈 것이다. 그리하여 곧 민물의 신, 지상의 물의 신이 될 것이다. 트로이젠에서는 "사람들이 그에게 지상의 만물 과일을 바친다." 사람들은 그를 포세이돈 피탈미오스phytalmios*라는 이름으로 경배한다. 그러므로 그는 "식물의 신"이다. 모든 식물의 신은 민물의 신이요, 비와 구름의 신들과 혈족인 신이다.

원초적 신화들에서는 샘을 솟아나게 하는 신도 포세이돈이다. 샤를 플루아는 삼지창을 "샘을 찾게 해주는 마술 지팡이와 동일시한

---

* phyto-는 식물 세계와 관련이 있는 단어들에 쓰이는 접두사다.

다."종종 이 "지팡이"는 수컷의 폭력으로 행사된다. 사티로스의 공격으로부터 다나오스의 딸을 지키기 위해 포세이돈이 삼지창을 날리자 창은 바위에 박힌다. "창을 뽑자 거기에서 세 줄기 물이 솟아나 레르네의 샘이 된다." 여기에서 보듯 수맥 탐사가의 지팡이는 참으로 오랜 역사를 갖지 않는가! 또한 그것은 참으로 오래되고 참으로 단순한 심리학에도 참여하지 않는가! 18세기에는 사람들이 종종 그것을 야곱의 막대기라고 부른다. 그 자력磁力은 남성적이다. 재능들이 뒤섞이는 오늘날조차도 "여자 수맥 탐사가"를 언급하는 경우는 별로 없다. 역으로 샘이 영웅의 아주 남성적인 행위에 의해 야기되는 만큼 샘물이 특히 여성적인 물이라는 점에 놀라지 말아야 할 것이다.

샤를 플루아는 이렇게 결론짓는다. "그러므로 포세이돈은 민물의 신이다." 그것은 민물 일반을 말한다. 시골의 무수한 샘에 분산되어 있는 각각의 물은 모두 "자신들의 물신物神"(p. 450)을 지녔기 때문이다. 그러므로 그 최초의 일반화에 있어서 포세이돈은 샘과 강의 신들을 일반화하는 신이다. 사람들이 그를 바다와 결부시킨 것은 단지 이 일반화를 연장한 것일 뿐이다. 한편 로데는 포세이돈이 넓은 바다를 차지할 때, 더 이상 개개의 강에 결부되지 않을 때, 그때는 그가 이미 일종의 신격화된 개념임을 제시했다. 더욱이 바다 그 자체에는 지금까지도 이 원초적 신화의 추억이 결부되어 있다.[2] 오케아노스Okeanos라는 말은 "바다가 아니라 세상 끝에 있는 거대한 민물(포타모스potamos) 저장고로 이해해야 한다"(p. 447)고 플루아는 말한다.

---

[2] Rohde, *Psyché*, trad., p. 104 참조.

적대적인 환경들에도 불구하고 민물에 대한 몽상적 직관은 영속된다는 사실을 어찌 이보다 더 잘 말할 수 있겠는가? 하늘의 물, 고운 비, 유익한 친구인 샘 등은 모든 바다의 물보다 더 직접적인 가르침을 베푼다. 바다를 짜게 만든 것은 타락이다. 소금은 몽상을 방해한다. 가장 질료적이고 가장 자연적인 몽상들 중 하나, 부드러움의 몽상을 방해한다. 자연적인 몽상은 민물, 시원하게 해주는 물, 갈증을 풀어주는 물에 부여한 특권을 언제까지나 간직할 것이다.

IV

신선함에 대해서와 마찬가지로 부드러움에 대해서도 우리는 부드럽게 해주는 모든 특질을 물에 부여하게 하는 은유의 구성을 대체로 질료적으로 따라갈 수 있다. 어떤 직관들에서는 미각에 부드러운 물은 질료적으로도 부드러운 것이 된다. 부르하버의 화학에서 따온 한 예는 부드러움의 이러한 실체화가 의미하는 바를 우리에게 제시해 줄 것이다.

부르하버에게 물은 매우 부드러운 것이다. 사실 "물은 너무나 부드러워, 건강한 인간 속에서 생겨나는 열의 온도로 환원되며, 그런 다음 우리 신체의 여러 부위에, (눈의 각막이나 코의 점막 같은) 감각이 가장 예민한 곳에 적용되어도 어떤 통증도 유발하지 않을 뿐 아니라, 우리의 체액들이 … 자연스런 상태에서 자아내는 감각과 다른 감각을 낳지도 않는다." "더욱이 조그만 자극에도 극히 예민하게 반응하는, 어떤 염증으로 인해 긴장된 신경에 가볍게 적용되어도 물은 그 신경에 전혀 영향을 미치지 않는다. 궤양이 생긴 부위들이나 생살에 부어도 … 전혀 자극을 유발하지 않는다." "궤양암 때문에 노출되어 반쯤 타버린 신경에 뜨거운 물찜질을 해주면 통증이 심해지는 게 아니라 완화된다."**3** 여기서 우리는 '물은 통증을 완화해주며 그래서 부드럽다'는 은유가 어떻게 작동하는지 알 수 있다. 부르하버의 결론은 이렇다. "우리 신체의 다른 체액들과 비교해보면 물은 다른 어떤 것보다도 부드럽다. 우리의 기름드 예외가 될 수 없다. 기름은 아주 부드럽지만 그 점성 때문에 진력이 나도록 이례적이고 성가신 방식으로 우리의 신경에 작용한다…. 끝으로 온갖 종류의 신랄한 물체가 인체에 아주 유해한 그 본연의 신랄함을 상실하게 된다는 점도 물의 위대한 부드러움의 한 증거다."

여기서 부드러움과 신랄함은 더 이상 미각상의 느낌과는 아무 상관이 없다. 이것들은 투쟁에 돌입할 수 있는 실체적 특질이다. 투쟁에서 승리하는 쪽은 물의 부드러움이다. 이것이 물의 실체적 특성을 나타내는 징표다.**4**

이제 우리는 최초의 감각에서 은유에 이르는 그 도정을 이해할 수 있다. 목마른 목이나 메마른 혀가 받아들일 수 있는 부드러움의 인상은 물론 아주 분명하다. 그러나 그 인상에는 물에 의한 실체의 유

---

3 Boerhaave, *Elemens de chymie*, trad. 1752, t. II, p. 586.
4 물의 부드러움은 영혼에도 스며든다. 『에르메스 크리스메지스트Hermès Trismégiste』(trad. Louis Ménard, p. 202)에 이런 문장이 있다. "물이 과하면 영혼이 부드러워지고 상냥해지고 너그러워지고 사교적이 되고 순응적이 된다."

연화와 용해에 대한 시각적 인상과 공통된 것이 전혀 없다. 하지만 질료적 상상력이 일을 한다. 그것이 실체들에 원초적 인상들을 가져다주어야 한다. 그것은 물에 음료의 특질들을, 우선은 제1의 음료로서의 특질들을 부여해야 한다. 그래서 새로운 관점에서는 물이 젖이어야 하고, 젖처럼 부드러워야 한다. 부드러운 물[민물]은 인간의 상상력 속에서 언제까지나 특권적인 물로 남을 것이다.

제8장
난폭한 물

자연이 몽상이요, 권태요, 우울이라고 생각하는 것은
우리 시대의 매우 불길한 성향이다.
미슐레, 『산』, p. 362.

대양이 두려움으로 끓는다.
뒤 바르타스du Bartas

I

역동적 심리학에 그 정당한 역할을 되돌려주는 순간, 모든 질료를 그것들이 도발하거나 혹은 요구하는 인간의 노동에 따라 ― 우리가 물과 흙의 구성에 관한 고찰에서 시도했던 것처럼 ― 구별하는 순간 곧바로 우리는 실재가 인간의 눈에 진정으로 구성되는 것은 인간의 활동이 충분히 공격적일 때, 영리하게 공격적일 때에 한한다는 사실을 이해하게 된다. 그때 세계의 모든 대상은 각자의 온당한 적대성의 계수係數[시련율試鍊率]를 받는다. 우리가 보기에 이 활동주의의 뉘앙스들은 "현상학적 지향성"에 의해 충분히 표현된 것 같지 않다. 현상학자들이 드는 예들은 지향성의 긴장의 정도를 그리 분명히 하는 것 같지 않다. 그것들은 너무 "형상적"이고 너무 지적인 것으로 머문다. 힘이 아니라 형상을 대상화하는 대상화 학설에는 강도와 질료를 평가하는 원칙들이 결여되어 있다. 대상을 그 힘과, 저항과, 질료를 통해 이해하려면, 즉 전체적으로 이해하려면 형상적 지향, 역동적 지향, 질료적 지향이 모두 필요하다. 세계는 우리 시대의 거울이기도 하지만 우리 힘의 반향이기도 하다. 세계가 나의 의지라면, 또한 나의 적이기도 하다. 의지가 커지면 적도 커진다. 쇼펜하우어의 철학을 잘 이해하려면 인간의 의지가 그 본래의 특성을 간직하게 해야 한다. 인간과 세계의 전투에서 전투를 일으키는 쪽은 세계가 아니다. 그러므로 우리는 쇼펜하우어의 가르침을 완성해나갈 것이요, 세계는 나의 도발이라는 공식을 표명할 때, 『의지와 표상으로서의 세계』의 이해 가능한 표상과 분명한 의지를 진정으로 합해나갈 것이다. 내가 세계를 이해하는 것은, 나의 공격들의 올바른 위계位階에 따라서, 나의 즐거운 분노의, 언제나 승리하고 언제나 정복하는 나의 분노의 실현으로 나의 예리한 힘으로, 나의 계획된 힘으로 세계를 불시에 습격하기 때문이다. 존재는 에너지의 원천인 한 선험적으로 분노다.

이 행동주의의 관점에서 보면 질료적 4원소는 도발의 상이한 네 유형, 분노의 네 유형이다. 역으로 심리학이 우리 행동의 공격적인 특성들에 충분한 관심을 갖게 된다면, 질료적 상상력에 대한 연구에서 분노의 네 뿌리를 발견하게 될 것이다. 거기에서 심리학은 외관상의 주관적인 폭발이 객관적 행동임을 알게 될 것이다. 거기에서 심리학은 음험하거나 격렬한, 집요하거나 복수심에 불타는 분노를 상징하기 위해 원소들을 매수할 것이다. 심리학적 조사에서 상징이라는 충분한 부富 없이, 상징의 숲 없이 어떻게 섬세한 정신에 이르길 바랄 수 있겠는가? 만약 우리가 권력 몽상이 승勝하는 너무도 다양한 객관적 계기에 전혀 주의를 기울이지 않는다면, 영원히 충족되지도, 영원히 지치지도 않는 권력 몽상의 그 모든 회귀, 그 모든 되풀이를 어떻게 이해시킬 수 있겠는가?

도발이 우리의 세계 인식의 능동적 역할을 이해하는 데 꼭 필요한 개념인 이유, 그것은 패배로는 심리학이 이루어지지 않기 때문이다. 평온하고 수동적이고 조용한 인식을 통해서는 곧바로 세계를 알 수 없다. 건설적인 모든 몽상 ─ 권력 몽상보다 더 본질적으로 건설적인 몽상은 없다 ─ 은 시련 극복의 희망 속에서, 적을 무찌르는 광경 속에서 활기를 띤다. 사람이 여러 객관적 기념의 중요하고 힘차고 실제적인 의미를 발견하는 것은 어떤 적대적 원소에 대해 거둔 자랑스러운 승리의 심리학적 이야기를 만들어갈 때뿐이다. 존재에 역동적 단일성을 부여하는 것은 바로 자부심이다. 신경섬유를 만들고 늘이는 것은 바로 그것이다. 생의 약동에 직선의 도정들, 즉 절대적인 성공을 제공하는 것도 자부심이다. 반사운동에 그 화살을, 지고의 기쁨을, 실재에 구멍을 내는 남성적인 기쁨을 주는 것은 확실한 승리감이다. 의기양양한, 생동하는 반사운동은 이전에 도달했던 범위를 어김없이 넘어선다. 더 멀리 간다. 만약 그것이 이전의 작용 정도까지밖에 가지 못한다면 이미 그것은 기계조인 것일 터요, 동물화된 것일 터다. 참으로 인간적인 징표인 방어 반사, 인간이 준비하고 갈고닦아 기민하게 유지하는 이 반사는 공격하면서 방어하는 행동이다. 그것은 공격 의지에 의해 항상 활성화되어 있다. 그것은 어떤 모욕에 대한 응대이지 어떤 감각에 대한 응대가 아니다. 그리고 이 점을, 즉 모욕하는 적이 반드시 사람인 건 아니라는 것, 사물들이 이미 우리에게 질문을 던지고 있다는 것을 착각하지 말자. 반면 사람은 자신의 대담한 경험을 통해 실재에 폭력을 가한다.

도발에 의해, 사물을 공격하고자 하는 욕구에 의해, 공격 작업에 의해 제대로 활성화된 인간의 반사운동의 이 역逆발생론적 정의를 진정으로 채택한다면, 질료적 4원소에 대한 승리가 모두 각별히 위생적이고, 활력을 주고, 혁신적인 것이라는 사실을 이해하게 될 것이다. 그 승리들은 건강의 네 유형, 즉 어쩌면 사성체질론*보다 더 중요한 특징들을 행동 분류법에 제공해줄 수 있는 활력과 용기의 네 유형을 결정짓는다. 그러므로 그런 작용이 가해지는 질료들에 의해 특징지어지는 — 그런 작용이 가해지는 질료, 작업이 이루어진 질료에 어찌 제1순위를 주지 않을 수 있겠는가? — 능동적 위생학은 당연히 자연의 삶에서 네 뿌리를 가지게 될 것이다. 4원소는 네 가지 치료 유형을 질료적으로도 명시해주지만, 역동적으로 더욱더 명확히 밝혀준다.

---

* 그리스 고전기의 일부 학자들은 질병이 네 가지 체질에서 기인한다고 가정했다. 4원소론의 영향을 받은 히포크라테스(기원전 460-377)는 우울증, 편집증, 격막염膈膜炎(열을 동반하는 심한 정신착란), 극도의 공포증(포비아) 같은 정신 질환을 신이 가한 징벌로 보기를 거부하고, 그 원인을 식습관과 위생 등의 환경요소에서 찾은 최초의 사상가로 평가받는다.

II

질료적 원소들을 물리치고 품위와 건강을 쟁취하는 방식상의 차이를 잘 느낄 수 있도록 이제부터는 극복해낸 적대성의 인상들을 그것들의 깊은 질료적 흔적은 남겨두면서 가능한 한 가까이에서 연구해보도록 하자. 하나는 바람에 맞서 걷는 사람의 디나모제니 사례이고, 다른 하나는 물살에 맞서 수영하는 사람의 디나모제니 사례다.

이 책에서 우리의 목적은 문학 창작의 심리학에 기여하는 것인 만큼 두 명의 문학 영웅을 선택하여 우리의 고찰들을 예시하도록 하자. 걷는 사람 니체와 수영하는 사람 스윈번Swinburne이 그들이다.

니체가 끈기 있게 자신의 권력의지를 단련한 것은 오랜 산행과 모진 바람이 부는 산꼭대기 생활을 통해서다. 산꼭대기에서 그가 사랑한 것은 이것이다.

> 야생 바위의 울퉁불퉁한 신성함.[1]

바람 속의 사유다. 그는 걷기를 투쟁으로 여겼다. 즉 걷기는 그의 투쟁이다. 차라투스트라의 힘찬 리듬을 제공하는 것이 바로 그것이다. 차라투스트라는 앉아서 말하지 않으며, 소요학파처럼 산책을 하면서 말하지도 않는다. 그는 힘차게 걸으면서 자신의 교의를 설파한다. 그것을 사방의 바람에 날려 보낸다.

---

1 *Ecce Homo*, trad. Henri Albert, p. 183에 나오는 시.

제8장 난폭한 물 **259**

이 얼마나 쉬운 용맹인가! 바람에 맞선 투쟁은 패배를 모른다. 돌풍에 넘어지는 바람의 영웅이 있다면 아마도 그는 패배한 장수들 중 가장 우스운 장수가 될 것이다. 바람을 도발하는 영웅은 "나는 구부러지지만 부러지지는 않는다"는 갈대의 금언을 받아들이지 않는다. 그것은 수동적인 금언, 기다리라고, 힘 앞에서 굽히라고 충고하는 금언이기 때문이다. 그것은 걷는 사람의 능동적인 금언이 아니다. 끈질긴 보행자는 바람 앞에서, 바람에 맞서 몸이 앞으로 굽기 때문이다. 그의 지팡이는 태풍을 꿰뚫고, 대지에 구멍을 내고, 돌풍을 가른다. 역동적 관점에서 보면 바람 속의 보행자는 갈대의 역逆이다.

더 이상 슬픔은 없다. 삭풍에 뽑혀 나온 눈물은 가장 인위적인, 가장 외적인, 가장 덜 슬픈 눈물이다. 그것은 여성적인 눈물이 아니다. 투쟁하는 보행자의 눈물은 고통의 차원이 아니라 분노의 차원에 속한다. 그것은 태풍의 분노에 분노로 응수한다. 패배한 바람이 그 눈물을 닦아줄 것이다. 그럴 때까지 걷는 사람은 단눈치오처럼 투쟁의 흥분 속에서 "태풍의 유황 내음"[2]을 들이마신다.

폭풍에 펄럭이는 천에 휘감긴 보행자, 그는 쉬이 사모트라케섬의 승리를 상징하지 않겠는가! 그는 곧 단기요, 깃발이요, 군기다. 그는 용기의 징표요, 힘의 증거요, 공간의 점령이다. 태풍에 펄럭이는 외투는 일종의 내재적 깃발이다. 누구도 빼앗을 수 없는 바람의 영웅의 깃발이다.

바람에 맞서 걷기, 산속에서 걷기는 분명 열등감 콤플렉스를 극복하는 데 가장 도움이 되는 훈련이다. 목적지를 원하지 않는 이 걷기, 순

---

[2] D'Annunzio, *Forse che si, forse che no*, p. 37.

수시 같은 이 순수한 걷기는 끈질기고 직접적인 권력의지의 인상들을 준다. 그것은 산만한 상태의 권력의지다. 위대한 소심자小心者들은 위대한 보행자들이다. 그들은 한 걸음씩 내디딜 때마다 상징적인 승리를 획득하고, 지팡이를 휘두를 때마다 자신들의 소심함을 보상받는다. 그들은 도시에서, 여자들에게서 멀리 떨어져 산꼭대기의 고독을 추구한다. "친구여, 달아나라. 그대의 고독 속으로 달아나라Fliehe, mein Freund, in deine Einsamkeit."**3** 인간들에 대한 투쟁에서 달아나 순수한 투쟁, 원소들에 대한 투쟁을 되찾아라. 바람에 맞서 싸우며 투쟁하는 법을 배워라. 차라투스트라는 이 시절詩節을 이렇게 맺는다. "거친 강풍이 부는 저 위로 달아나라."

III

이제 이 이폭화二幅畵의 두 번째 그림을 보자.

물속에서는 승리가 좀 더 귀하고, 좀 더 위험하고, 좀 더 칭송받을 만하다. 수영하는 사람은 자신의 자연에 더한층 생소한 원소를 정복한다. 수영하는 어린이는 조숙한 영웅이다. 한때 그런 어린이가 아니었던 수영의 달인이 있을까? 최초의 수영 연습은 두려움을 극복할 기회다. 도보에는 이와 같은 영웅적 행위의 문턱이 없다. 한데 이 새로운 원소에 대한 두려움에는 종종 제자를 깊은 물에 빠트리는 수

---

3 Nietzsche, *Ainsi parlait Zarathoustra*, trad. Albert, p. 72.

영 선생에 대한 두려움이 덧붙는다. 그러므로 수영 선생이 아버지 역할을 하는 가벼운 오이디푸스콤플렉스가 나타난다고 해서 놀랄 필요는 없을 것이다. 에드거 포의 전기 작가들은 훗날 대담한 수영의 달인이 되는 포가 여섯 살 때는 물을 무서워했다고 말한다. 두려움을 극복하면 언제나 자부심이 따른다. 보나파르트 부인은 에드거 포가 수영하는 사람으로서의 자부심을 늘어놓는 편지를 인용한다. "나는 도버와 칼레 사이의 도버해협 횡단을 시도한다고 해서 뭔가 대단한 일을 한다고 생각하지는 않을 것입니다." 또한 그녀는 옛 추억들에 대한 에드거 포의 회상에서 그가 정력적인 수영 선생 역할을 하는 장면, 헬렌의, 사랑하는 여인의 아들을 파도 속에 빠트리는, 수영하는 '아버지'의 역할을 하는 장면들도 전한다. 다른 소년 하나도 그런 식으로 수영에 입문시켰는데, 이 장난이 위험할 뻔해서 에드거 포는 황급히 물에 뛰어들어 제자를 구해야 했다. 그리하여 보나파르트 부인은 이렇게 결론짓는다. "제각각으로 움직이는 이 추억들에 무의식 밑바닥에서 솟아오른, 아버지를 대신하고자 하는 깊은 오이디푸스의 욕망이 겹쳐진 것이다."**4** 물론 포의 오이디푸스콤플렉스에는 좀 더 중요한 다른 원천들이 있지만, 무의식이 아버지의 이미지를 증식시킨다는 사실과, 모든 입문의 형태가 오이디푸스 문제를 제기한다는 사실을 확인하는 것은 분명 흥미롭다.

그렇긴 해도 에드거 포의 물의 정신 현상은 역시 아주 특수하다. 방금 우리가 수영 선생 포에게서 포착한 이 능동적 구성 요소는 포

---

4 Mme Bonaparte, *loc. cit.*, t. I, p. 341.

의 시학에서 물에 대한 직관들의 지배적인 특성으로 남는 그 우울한 구성 요소를 지배하기에 이르지는 않는다. 따라서 우리는 수영의 남성적 경험을 예시하기 위해 다른 시인을 찾아볼 것이다. 우리가 난폭한 물의 영웅으로 지목할 수 있는 사람은 바로 스윈번이다.

스윈번이 다룬 물의 일반적인 시적 이미지나 사색에 대해서는 많은 페이지를 할애할 수 있을 것이다. 스윈번은 와이트섬의 해변에서 행복한 유년기를 보냈다. 뉴캐슬에서 25킬로미터 떨어진 조부모의 다른 영지는 호수와 강의 고장이었으며 큰 정원들이 펼쳐져 있었다. 브라이스 강의 물줄기들이 영지의 경계였다.[5] 진짜 소유주란 영지에 이처럼 "자연의 경계"가 있는 경우 아니겠는가! 그러므로 어린 스윈번은 자신의 강을 갖는다는, 더없이 달콤한 소유의 맛을 경험했다. 그럴 때 물의 이미지는 진정으로 우리에게 속하게 된다. 그것은 우리의 것이요, 우리가 곧 그것이다. 스윈번은 자신이 물에, 바다에 속한다는 것을 이해했다. 바다에게 감사하는 마음으로 그는 이렇게 쓴다.

> *Me the sea my nursing-mother, me the Channel green and hoar,*
> *Holds at heart more fast than all things, bares for me the goodlier breast,*
> *Lifts for me the lordlier love-song, bids for me more sunlight shine,*
> *Sounds for me the stormier trumpet of the sweeter stran to me⋯.*
>
> (*A Ballad at Parting*)

---

5 Lafourcade, *La jeunesse de Swinburne*, t. I, p. 43.

"나를 길러준 바다, 거품 이는 초록의 영불해협에 / 내 마음은 이 세상 그 어떤 것보다 더 단단히 매여 있네. / 바다는 나를 위해 넓은 가슴을 드러내고, / 바다는 나를 위해 더없이 장중한 사랑의 노래를 흥얼거리고, / 바다는 나를 위해 태양에게 그 빛의 반짝임을 더욱 푸짐하게 퍼뜨리도록 명하고, / 나를 위해 내겐 너무나 감미로운, 그 맹렬한 나팔 소리 울리게 하네."

폴 드 뢸은 이런 시편들이 대단히 중요함을 알아보았다. 그는 이렇게 적는다. "시인이 자신을 바다와 공기의 아들이라고 말하고, 삶의 단일성을 만들어주는, 아이를 청소년에, 청소년을 성인에 연결시켜주는 이 같은 자연의 인상들을 축복하는 것은 단지 은유로서가 아니다."[6] 그러면서 폴 드 뢸은 『사이모도스의 정원Garden of Cymodoce』의 다음 시구들을 주석에 인용한다.

> *Sea and bright wind, and heaven and ardent air*
> *More dear than all things earth-born; O to me*
> *Mother more dear than love's own longing. Sea…*

"이 지상에서 태어난 그 무엇도 / 바다와 유쾌한 바람, 하늘과 생동하는 공기보다 내게 더 소중하지는 않다. / 오 바다여, 너는 내게 사랑의 갈망보다도 더 소중한 어머니로구나."

원소가 부르는 소리가 울려 퍼질 때는 사물들, 대상들, 형상들, 자연

---

6 Paul de Reul, *L'œuvre de Swinburne*, p. 93.

의 그 모든 다채로운 경관이 산산이 흩어져 지워진다는 것을 이보다 더 잘 말할 수 있을까? 물의 부름은 어느 면에서는 총체적인 증여, 내밀한 증여를 요구한다. 물은 주민을 원한다. 물은 고향처럼 부른다. 라푸르카드의 인용에 의하면 로세티W. M. Rossetti에게 보내는 편지(*loc. cit.*, t. I, p. 49)에서 스윈번은 이렇게 쓴다. "나는 물속에 있고 싶다는 갈망 없이는 물 위에 있을 수가 없었다." 물을 본다는 것, 그것은 "물속에" 있고 싶어 하는 것이다. 쉰두 살이 되어서도 스윈번은 자신의 열정을 이렇게 말한다. "나는 옷가지들을 벗어던진 채 어린 아이처럼 달려가 물속에 뛰어들었다. 그러던 몇 분이 채 지나지 않아, 나는 하늘나라에 있었다!"

그러니 더 이상 지체하지 말고 수영의 이 역동적 미학을 향해 달려가, 스윈번과 함께 물결의 적극적인 초대에 귀 기울여보자.

우선 도약과 뛰어들기, 바다 속으로의 최초의 도약과 뛰어들기가 있다. "바다에 대해 말하자면 바다의 소금은 내가 태어나기 전부터 나의 피 속에 있었음이 분명하다. 나는 아버지의 두 팔에 붙잡혀 그의 두 손 사이에서 버둥거리다가, 투석기의 돌처럼 공중으로 내던져져 행복한 비명과 웃음을 터뜨리며, 돌진해 오는 파도 속에 거꾸로 뛰어들었을 때의 그 쾌감을 맛보기 이전에는 쾌감이란 것을 알지 못했다 — 그것은 아주 어린 사람만이 느낄 수 있는 쾌감이었다."[7] 이는 입문의 한 장면으로 이에 대해 사람들은 절대적으로 정확한 분석을 하지는 않았다. 스윈번을 믿고 사람들은 이 장면에서 고통과 적의의

---

[7] Lafourcade, *loc. cit.*, t. I, p. 49에서 인용.

모든 동기를 잘라내고, 거기에 최초의 쾌락의 특질을 부여했다. 사람들은 스윈번이 서른여덟 살 때 어느 친구에게 쓴 말을 믿었다. "다른 것들에 겁을 냈던 기억은 있지만, 바다에 겁을 냈던 기억은 전혀 없다." 이런 단언은 최초의 드라마, 언제나 최초의 행위에 결부되어 있는 그 드라마를 망각하게 한다. 이는 입문의 축제를 실체적 기쁨으로 받아들이는 것으로서 그 축제는 추억 속에서조차 입문자의 내밀한 공포를 가려버린다.

사실 바다 속으로의 도약은 위험한 입문, 적대적인 입문의 메아리들을 다른 어떤 신체적 사건보다 더 생생하게 되살린다. 그것은 정확하고 합리적인 유일한 이미지, 즉 우리가 체험할 수 있는 유일한 이미지, 미지 속으로의 도약의 유일한 이미지이다. "미지 속으로의" 도약이 되는 다른 실제 도약은 존재하지 않는다. 미지 속으로의 도약은 곧 물속으로의 도약이다. 그것은 수영 초심자의 첫 도약이다. "미지 속으로의 도약" 같은 추상적인 표현의 근거를 오직 실제 경험에서만 찾을 수 있다는 것, 그것은 이 이미지의 심리학적 중요성을 말해주는 명백한 증거다. 단언컨대 문학비평은 이미지들의 실제 요소들에 충분한 주의를 기울이지 않는다. 우리가 보기에는 "미지 속으로의 도약" 같은 구체적으로 널리 사용되는 표현이 질료적 상상력에 의해 그 원소에 되돌려졌을 때 어떤 심리학적 무게를 수용할 수 있는지를 이 예에 의거하여 이해시킬 수 있을 것 같다. 그런 관점에서 보면 낙하산을 타고 뛰어내린 사람들도 곧 새로운 경험을 하게 될 것이다. 질료적 상상력이 그런 경험에 작용하면 새로운 은유의 영역을 열게 될 것이다.

그러므로 입문에 진실로 근본적이요, 진실로 극적인 그 특성들을 되돌려주자. 아버지의 두 팔을 떠나 "투석기의 돌처럼" 미지의 원소 속으로 던져질 때, 우리가 우선 가질 수 있는 것은 적의의 씁쓸한 느낌뿐이다. 우리는 자신을 "아주 어린 사람"으로 느낀다. 조롱하는 웃음, 상처를 주는 웃음, 입문 지도자의 웃음을 웃는 자, 그는 아버지다. 아이는 웃지만, 그것은 강요된 웃음, 마지 못한 웃음, 놀랍도록 복합적인 신경질적 웃음이다. 아주 짧을 수도 있는 이 시련의 시간이 지나가면 아이는 다시 진짜 웃음을 터뜨리게 될 것이고, 반복되는 용기가 최초의 반항을 가리게 될 것이다. 어렵지 않은 승리, 입문했다는 기쁨, 아버지처럼 물의 사람이 되었다는 자부심 등이 "투석기의 돌[아이]"의 앙심을 가시게 할 것이다. 수영의 행복이 그 최초의 모욕의 흔적을 지울 것이다. 에우헤니오 도르스는 "물의 웃음들"의 다면적 특성들을 잘 간파하고 있었다. 잘츠쿠르크 근교의 헬브룬의 저택을 보여주던 가이드가 목욕하는 페르세우스와 안드로메다 상像을 자랑할 때, 숨겨진 장치가 "백 개의 분수"를 작동시켜 방문객의 머리에서 발끝까지 물을 뿌린다. 에우헤니오 도르스는 "농담을 하는 자의 웃음과 그 희생자의 웃음은 음색이 같지 않다"고 느낀다. 에우헤니오 도르스는 "불시에 당하는 목욕은 자기 모욕이라는 스포츠의 한 변종이다"[8]라고 적는다.

스윈번 역시 생을 통해 축적된 인상들에 속아 그 원초적 인상에 대해 오판했다. 그는 『레스비아 브랜든Lesbia Brandon』에 "그를 매료

---

[8] Eugenio d'Ors, *La vie de Goya*, trad., p. 153.

시키고 그 힘든 물 체험에 집착하게 한 것은 용기라기보다는 욕망이었다"라고 적었다. 그는 욕망과 용기의 복합적인 구성을 보지 못한다. 그는 욕망이 부재하던 시절에 자신이 낸 최초의 용기들을 추억하면서 수영하는 사람이 용기에 대한 욕망을 따른다는 것을 보지 못한다. 수영 경험처럼 많은 에너지가 소모되는 경험에서는 욕망에서 용기로의 교체는 없으며, 속격屬格의 왕성한 작용이 있을 뿐이다. 정신분석학 이전 시대의 다른 많은 심리학자와 마찬가지로 스윈번은 쾌락과 고통을 개별적이고 분리 가능하고 상반된 두 실체로 보는 너무나 단순한 분석으로 기운다. 수영은 양면적이다. 최초의 수영은 희비극이다.

게다가 조르주 라푸르카드는 폭력의 체감적體感的 환희를 잘 평가했다. 그는 자신의 훌륭한 연구 전체에 걸쳐 많은 정신분석학적 주제에 적절하게 자리를 내어주고 있다. 라푸르카드의 주장을 따라가면서 우리는 해양 경험이 지닌 역동적 특성들을 분류해볼 생각이다. 객관적 삶의 요소들이 어떻게 내밀한 삶의 요소들과 일치하는지 살펴볼 것이다. 수영의 근육 활동에는 특수한 양면성이 개입하는데, 이것으로써 우리는 특별한 콤플렉스 하나를 인식할 수 있다. 스윈번의 시학이 가진 특성을 잘 요약해주는 이 콤플렉스를 스윈번 **콤플렉스**로 부르기로 하자.

콤플렉스는 언제나 양면성의 이음매다. 콤플렉스의 주위에서는 언제나 기쁨과 고통이 자신들의 열기를 교환할 채비를 하고 있다. 그래서 수영 경험에서도 양면적인 이중성들이 축적되는 것을 볼 수 있다. 예컨대 찬물은 용감하게 그것을 이겨낼 때 뜨거운 순환의 느낌을 준다. 거기에서 특별한 신선함, 기운을 북돋아주는 신선함의 느낌이 생긴다. 스윈번은 이렇게 말한다. "바다의 맛, 물결의 입맞춤은 쓰고 신선하다." 하지만 모든 것을 지배하는 것은 권력의지에 작용하는 양면성들이다. 조르주 라푸르카드는 이렇게 말한다. "바다는 이기려 드는 적, 무찔러야 할 적이다. 파도는 맞서야 하는 잇단 타격과 같다. 수영하는 사람은 온몸으로 적의 팔다리에 충돌한다고 느낀다."[9] 너무나 적확한 이 의인화의 아주 특수한 성격에 대해 깊이 성찰해보라! 싸움꾼에 앞서 싸움을 먼저 보지 않는가. 좀 더 정확하게 말하면 바다는 우리가 보는 육체가 아니요, 우리가 포옹하는 육체는 더더욱 아니다. 우리의 공격의 역학에 응수하는 것은 역동적 환경이다. 시각적 이미지들이 상상력에서 솟아나 "적의 팔다리에" 형상을 부여하지만, 그 시각적 이미지들은 일차적이고 직접적인 이미지, 따라서 역동적 상상력에 속하는, 용감한 운동의 상상력에 속하는 본질적으로 역동적인 이미지를 독자에게 표현해야 할 필요성에 의해서 이차적으로, 부차적으로 생겨난다는 것을 인정해야 할 것이다. 그 근본적인 역동적 이미지는 어느 면에선 싸움 자체lutte en soi라고 할 수 있다. 다른 누구보다도 수영하는 사람은 세계는 나의 의지, 세계는 나의 도발이라고 말할 수 있다. 바다를 동요시키는 것은 바로 나인 것이다.

이 "싸움 자체"의 맛과, 열기와, 남성적인 쾌감을 음미할 수 있도록 너무 빨리 결론을 내려 하지는 말자. 수영객이 자신의 성공을 음

---

[9] Lafourcade, *loc. cit.*, t. I, p. 50.

미하고, 건강한 피로감 속에서 안도한다고 해서 훈련이 끝났다고 속단해버리지 말자. 역동적 상상력을 특징짓기 위해서 언제나 그랬듯이 여기서도 행위를 정반대로 그 전제들에서 취해보자. "순수 수영"의 이미지를 "순수한 역동적 시"의 특수한 유형으로 구성하고자 한다면, 다음번 쾌거를 꿈꾸는 수영하는 사람의 자부심을 정신분석해보자. 우리는 그의 생각이 이미지화된 도발임을 알게 될 것이다. 이미 그는 자신의 몽상 속에서 바다에게 이렇게 말한다. "다시 한번 더 나는 너에 맞서 헤엄을 칠 것이다. 나의 넘치는 힘을 충분히 의식하면서, 나의 새로운 힘을 믿고서 나는 너의 무수한 물결에 맞서 싸울 것이다." 의지에 의해 몽상되는 이런 무훈, 이것이 바로 난폭한 물의 시인들이 노래하는 경험이다. 그것은 추억보다는 기대에 의해 만들어진다. 난폭한 물은 용기의 도식圖式이다.

한데 라푸르카드는 조금은 너무 성급하게 고전적인 정신분석학의 콤플렉스들 쪽으로 가버린다. 물론 심리학적 분석은 그런 일반적인 콤플렉스들을 재발견해야 한다. 개별화된 모든 콤플렉스는 사실 원초적 콤플렉스들의 소산이다. 하지만 그 원초적 콤플렉스들이 미적 기능을 하는 것은 다만 그것들이 생생한 인상들에 뒤덮이고 객관적 아름다움을 통해 표현되면서 우주적 경험 속에서 개별화될 때뿐이다. 스윈번 콤플렉스가 오이디푸스콤플렉스를 전개하려면, 그 배경이 인물에 걸맞아야 한다. 오직 호수나 강 같은 자연의 물속에서 수영할 때만 콤플렉스의 힘이 활성화될 수 있다. 수영장piscine은, 너무도 우스꽝스럽게 정해진 그 이름도 그렇거니와,* 이 콤플렉스가 힘을 발휘할 만한 진정한 틀이 되지 못한다. 그것에는 우주적 도전의 심리학에 꼭 필요한, 고독이라는 이상도 결여되어 있다. 의지를 잘 투사하기 위해서는 혼자여야 한다. 자발적인 수영의 시들은 고독의 시들이다. 수영장은 수영을 도덕적으로 이로운 것으로 만드는 근본적인 심리학적 요소가 언제나 부족하다.

의지가 수영의 시의 지배적인 주제라 할지라도 감성 역시 당연히 하나의 역할을 갖는다. 물과의 싸움의 특수한 양면성이, 그 승리나 패배와 더불어, 괴로움과 기쁨의 고전적 양면성 속에 삽입되는 것은 감성 덕택이다. 한데 우리는 이 양면성이 균형 잡힌 것이 아니라는 것을 알게 된다. 피로는 수영하는 사람의 운명이다. 사디즘은 조만간 마조히즘에 자리를 내어주게 될 수밖에 없다.

스윈번의 작품에 나타나는 난폭한 물에 대한 찬미에는 우선은 복합적인 자연에 걸맞게 사디즘과 마조히즘이 잘 섞여서 나타난다. 스윈번이 파도에게 말한다. "나의 두 입술은 너의 입술의 거품을 축복해주리라…. 너의 달콤하고도 쓴 입맞춤은 포도주처럼 강하고, 너의 드넓은 포옹은 고통처럼 날카롭다." 하지만 적이 강자가 되는 순간, 따라서 마조히즘이 자리 잡는 순간이 찾아온다. 그때는 "모든 파도가 고통을 안겨주고, 물결 하나하나가 가죽끈처럼 채찍질을 가한다." "거친 물결의 채찍질은 그의 어깨에서 무릎까지 흔적을 남겼고, 바다의 채찍질에 피부가 온통 붉어진 그를 기슭으로 돌려보냈다."(*Lesbia Brandon*) 자주 되풀이되는 이런 은유들 앞에서 라푸르카드

---

* piscine은 수영장을 뜻하지만 원래 '양어장'이라는 의미이다. 음성학적으로는 '소변'을 연상시키기도 한다.

는 마조히즘의 전형적 특징인 채찍질의 양면적 고통을 적절하게 환기한다.

이 채찍질이 이야기된 수영에서 나타난다는 것, 다시 말해 은유의 은유로서 나타난다는 사실을 상기해보면 문학적 마조히즘, 잠재적 마조히즘이 어떤 것인지 이해하게 될 것이다. 마조히즘의 심리학적 현실에서는 채찍질이 쾌락의 선결 조건이지만, 문학적 "현실"에서는 채찍질이 다만 하나의 결과로서, 과도한 행복의 뒤를 이어 나타날 뿐이다. 바다는 자신이 패배시킨 인간, 기슭으로 다시 내던지는 인간을 채찍질하는 것이다. 하지만 이 전도에 속아서는 안 된다. 쾌락과 고통의 양면성은 인생에 흔적을 남기듯 시 작품에도 흔적을 남긴다. 한 편의 시가 극적인 양면적 가락을 지닐 때, 우리는 그것이 시인의 마음속에 온 우주의 선과 악이 서로 뒤엉켜 있는, 그런 가치 부여된 순간의 증폭된 메아리라는 것을 느낀다. 거듭 말하지만 상상력은 개인의 삶의 보잘것없는 사건들을 우주적 차원까지 상승시킨다. 스윈번의 시학 대부분은 물결에 의한 채찍질이라는 이 지배적인 이미지로써 설명된다. 그러므로 우리가 어떤 특수한 콤플렉스를 스윈번이라는 이름으로 지칭하는 데는 분명한 근거가 있다. 확신하건대 수영하는 사람이라면 누구나 이 스윈번 콤플렉스를 인정할 것이다. 특히 자신의 수영을 이야기하는 수영하는 사람, 자신의 수영을 한 편의 시로 만드는 수영하는 사람은 모두 그것을 인정할 것이다. 왜냐하면 그것은 수영의 시화詩化하는 콤플렉스들 중 하나이기 때문이다. 그러므로 그것은 어떤 심리 상태나 어떤 시를 특징짓는 데 유용한 설명의 주제가 될 수 있을 것이다.

바이런Byron도 이 같은 연구의 대상이 될 수 있을 것이다. 그의 작품에는 수영의 시학에 속하는 문구가 많다. 그것들은 이 근본적인 주제의 다양한 변주를 제공해줄 것이다. 예를 들면 『포스카리가家의 두 사람Les Deux Foscari』에 나오는 이런 문구들이 그렇다. "얼마나 자주 나는 물결의 저항에 대담한 가슴으로 맞서면서 건장한 팔로 이 물결을 갈랐던가. 나는 젖은 머리카락을 날린 몸짓으로 뒤로 넘기곤 했다…. 파도 거품을 경멸하듯이 걷어내곤 했다."**10** 머리카락을 뒤로 넘기는 이 몸짓은 오직 그에게만 의미심장하다. 그것은 결의의 순간이요, 전투를 받아들이겠다는 신호다. 머리의 움직임은 움직임의 머리가 되겠다는 의지를 나타낸다. 수영하는 사람은 진정으로 물결과 대적하며, 그럴 때 "파도는 자신의 주인을 알아본다." 『차일드 해럴드의 순례Childe Harold』에서 바이런이 하는 말이다.

물론 우리가 이 장에서 지금 막 살펴본 격렬하고 활발한 수영과는 다른 유형의 수영도 많다. 물의 완전한 심리학은 문학에서 수영하는 사람과 파도의 역동적 일치communion를 나타내는 페이지들을 찾아낼 수 있을 것이다. 예를 들어 존 샤르팡티에가 콜리지에 대해 하는 대단히 훌륭한 말들을 살펴보자. "그는 자신의 꿈같은 유혹에 빠져든다. 거기에서 그는 마치 바닷속의 해파리처럼 활짝 피어난다. 거기에서 해파리는 경쾌하게 유영하며, 제 낙하산의 팽창을 바다의 리듬과 일치시키고, 자신의 물렁한 우산 같은 몸으로 떠다니면서 물결을

---

10 Paul de Reul, *De Wordsworth à Keats*, p. 188에서 인용.

제8장 난폭한 물　**273**

애무하는 것 같다…."¹¹ 역동적으로 너무나 잘 체험된, 질료적 상상력에 너무나 충실한 이 이미지로써 존 샤르팡티에는 무의식에서는 모든 것이 서로 혼인 관계를 맺기에 수동과 능동의 경계에서 이루어지는, 흔들리는 몽상에 합류하는 충동과 부유의 아슬아슬한 경계에서 이루어지는 물렁하면서도 질량감 있는 수영을 이해할 수 있게 해준다. 게다가 이 이미지는 콜리지의 위대한 진실이기도 하다. 콜리지는 1803년에 웨지우드Wedgwood에게 이렇게 쓰지 않았는가? "나의 존재는 공통의 주인이 없는 사물들처럼 여기저기로 나뒹굴며 부서지는 파도들로 가득하다." 세계를 도발할 줄 모르는 남자의 꿈이 그러할 것이다. 바다를 도발할 줄 모르는 남자의 수영이 그러할 것이다.

연구를 이 방향으로 좀 더 밀고 나가면 아마도 우리는 수영의 유형이 물고기 모양으로 변신하는 과정을 추적할 수 있을 것이다. 그때는 상상의 물고기들의 자연사自然史를 정립해야 할 것이다. 이 상상의 물고기들은 문학에서는 그 수가 너무 적다. 우리의 물의 역동적 상상력이 아주 빈약하기 때문이다. 티크는 자신의 콩트 『어인魚人 Wassermensch』*에서 원소적인 물에 헌신한 한 남자의 변신을 성실히 추적하고자 했다. 반면 지로두Giraudoux의 『옹딘Ondine[물의 요정]』은 신화에 성실하지도 않고, 깊은 몽환적 경험의 혜택도 누리지 않는다. 지로두는 마치 자신을 피곤하게 하는 게임에서 도망치듯 자신의 "물고기의 은유들"에서 얼른 도망쳐버리는 것만 같다. 그는 은유

---

11 John Charpentier, *Coleridge*, p. 135.
*   어인merman은 여성인 인어에 대응되는 남성적인 전설의 생물이다.

에서 갖가지 변신으로 넘어갈 수가 없었다. 인어에게 다리를 쫙 벌리라고 요구하는 것은 물의 역동적 상상력과는 맥이 잘 통하지 않는 정태적, 형상적 농담일 뿐이다.

콤플렉스의 심리학은 약화된 혹은 파생된 콤플렉스들에 대한 연구를 통해 종종 명확히 밝혀지기도 하는 만큼 이제부터는 약화된 스윈번 콤플렉스들을 연구해보기로 하자. 사실 바다에 대한 도발에서도 특유의 허풍쟁이들이 있다. 예컨대 기슭에서는 도발이 훨씬 쉽고, 그래서 한층 더 웅변적이다. 그럴 때 그것은 아주 다양한 미학적 구성 요소로 장식되는 잠재적 스윈번 콤플렉스들을 나타낸다. 그러므로 이제부터는 물의 문학과 몽상에 나타나는 그런 새로운 양상 몇 가지를 살펴보도록 하자.

IV

대양大洋의 분노라는 주제만큼 진부한 주제가 있을까? 온화한 바다가 갑자기 노여움에 사로잡힌다. 바다는 포효하고 울부짖는다. 그것은 분노의 모든 은유를, 발광과 격노의 모든 동물적 상징을 받아들인다. 바다는 사자의 갈기를 흔들어댄다. 그 물거품은 "리바이어던의 침"과 비슷하며, "물에는 발톱들이 가득하다." 폭풍의 놀라운 심리학을 보여주는 책 『바다의 일꾼들』에서 빅토르 위고는 그렇게 적었다.[12] 민중의 영혼을 향해 많은 말을 하는 이 페이지들에서 빅토르 위고는 사람들이 이해하리라고 믿고서 더없이 다양한 은유를 축적했다. 왜냐하면 분노의 심리학은 가장 풍부하고 가장 뉘앙스가 다양한 심리학의 하나이기 때문이다. 그것은 위선과 비겁함에서부터 냉소주의와 범죄까지 아우른다. 투사投射해야 할 심리 상태는 사랑보다는 분노에서 더 많이 나타난다. 그러므로 선하고 행복한 바다의 은유는 나쁜 바다의 은유보다 그 수가 훨씬 적을 것이다.

이 페이지들에서 우리는 특히 역동적 투사의 원리를 밝혀내고자 하는 만큼 가능한 한 시각적 이미지들의 영향은 제외하고, 우주의 역동적 내밀함에 참여하는 몇몇 태도만 따라가면서 난폭함의 투사라는 극히 한정된 경우만 살펴보고자 한다.

예를 들면 발자크는 『저주받은 아이L'Enfant maudit』에서 바다의 역동적 삶과 완전한 상응 관계에 있는 한 영혼을 수차례에 걸쳐 우리에게 제시한다.

저주받은 아이 에티엔은 말하자면 바다의 노여움을 운명처럼 짊어진 아이다. 그가 태어났을 때 "무서운 폭풍이 벽난로를 통해 울부짖었고, 벽난로는 아주 작은 돌풍에도 불길한 의미를 실어 그 울음을 되풀이했다. 넓은 벽난로 관이 폭풍과 하늘을 너무도 잘 통하게 해서 아궁이의 숱한 깜부기불은 마치 숨이라도 쉬는 듯 바람에 따라 번뜩이기도 하고 꺼지기도 했다."[13] 기이한 이미지다. 벽난로 관

---

12 Victor Hugo, *Les Travailleurs de la Mer*, liv. III, La lutte.
13 Balzac, *L'Enfant maudit*, Éd. Librairie Nouvelle, Paris, 1858, p. 3.

이 마치 어떤 미완성의 거친 목구멍처럼 폭풍의 노호하는 호흡을 서투르게 합리화한다 — 물론 이는 의도적인 서투름이다. 이 서투른 방법으로 대양은 꽉 닫힌 방안에 예언자적 목소리를 옮겼다. 무서운 폭풍의 밤에 탄생했다는 것이 저주받은 아이의 삶에 영원히 숙명의 징표를 찍는다.

한데 발자크는 이야기의 중심부에 이르러 자신의 내밀한 생각을 우리에게 밝히려 한다. 즉 노여움 상태에 있는 원소의 삶과 불행한 의식의 삶 사이에 스베덴보리적인swedenborgien 의미의 상응이 존재한다는 것이다. "벌써 여러 번 그는 자신의 감정과 대양의 움직임 사이에 신비적 교감이 있음을 발견했다. 그가 신비학을 통해 얻게 된, 질료의 생각들을 점치는 능력이 그 현상을 다른 누구보다도 그에게 특히 더 의미심장한 것으로 만들었다."(p. 60) 질료가 우리 내부로 생각하러 오고, 꿈꾸러 오고, 괴로워하러 올 뿐만 아니라 어떤 생각을, 어떤 몽상을 소유하고 있음을 어찌 이보다 더 분명하게 인정할 수 있겠는가? 저주받은 아이의 "신비학"이 어떤 교묘한 마술이 아니라는 사실도 잊지 말자. 그것은 파우스트의 "학술적인" 과학과는 아무런 공통점도 없다. 그것은 신비스런 전 과학인 동시에 원소들의 내밀한 삶에 대한 직접적인 인식이다. 그것은 실험실에서 실체들을 다루며 습득한 것이 아니라 '자연'을 마주하고서, '대양'을 마주하고서, 고독한 명상을 통해 습득한 것이다. 발자크는 이렇게 계속한다. "그가 마지막으로 어머니를 만나러 간 그 운명의 밤, 바다는 기이해 보이는 움직임으로 요동쳤다." 기이한 폭풍이란 기이한 심리 상태에 있는 관찰자가 본 폭풍이라는 사실을 강조할 필요가 있을까? 참으로 세계와 인간 사이에는 기이한 상응이, 내적이고 내밀하고 실체적인 소통이 있는 것이다. 상응은 드물게 엄숙한 순간에 맺어진다. 내밀한 명상은 세계의 속내를 간파하는 응시를 할 수 있게 해준다. 두 눈을 감은 명상과 눈을 크게 뜬 응시가 문득 같은 삶을 산다. 영혼이 사물들 속에서 괴로워한다. 영혼의 절망에 바다의 비탄이 상응한다. "바다의 오장육부가 꼬이는 것을 보여준 것은 물의 움직임이었다. 바다는 비탄에 잠긴 개의 울부짖음 같은 불길한 소리를 내며 숨을 내쉬는 커다란 파도들로 부풀어 오르고 있었다." 에티엔은 깜짝 놀라 이렇게 혼잣말을 한다. "대체 바다가 내게 원하는 게 뭐지? 마치 살아 있는 피조물처럼 꿈틀대며 탄식을 하지 않는가! 종종 어머니는 내가 태어난 날 밤 내내 바다가 무시무시한 경련을 일으켰다고 내게 이야기해주셨지. 대체 내게 무슨 일이 일어나려는 거야?" 이처럼 어떤 극적인 탄생의 경련들은 바다의 경련이 되기까지 하는 것이다.

이 상응은 페이지가 넘어갈수록 강화된다. "자기 생각을 털어놓을 수 있는 존재를, 그 존재의 삶이 곧 그 자신의 삶이 될 수 있는 또 하나의 자신을 찾으려 애쓰던 끝에 결국 그는 바다와 마음이 통하게 되었다. 그에게 바다는 생각을 하는, 살아 있는 존재가 되었다⋯."(p. 65) 만약 사람들이 여기서 진부한 애니미즘만 본다거나 의인화로 배경에 생기를 부여하려는 문학적 기교만 본다면 그것은 이 페이지들의 중요성을 잘 이해하지 못한 탓일 것이다. 사실 발자크는 사람들이 유의한 적이 너무나 드문 심리학적 뉘앙스들을 발견하기에 이르는데, 그것들의 새로움은 실제적인 심리학적 관찰을 보증한다. 그것들을 우리는 역동적 상상력의 심리학에 대해 많은 가르침을 주는 관찰들로 간직해야 할 것이다.

이제 권력의지가 등장하는 장면을 보자. 에티엔과 대양 사이에 막연한 공감, 말랑말랑한 공감만 있는 것은 아니다. 거기에는 특히 분노의 공감이, 난폭함의 직접적이고 가역적인 소통이 있다. 폭풍의 객관적 기호들은 더 이상 저주받은 아이가 폭풍을 예언하는 데 필요한 것들이 아니다. 그 예언은 기호학적 차원에 속하는 것이 아니다. 그것은 분노의 심리학에 속한다.

격노한 두 존재 사이에서 나타나는 최초의 징후들은 아무것도 아닌 것들 — 거짓 없는 사소한 것들 — 이다. 분노하는 두 존재의 대화보다 더 내밀한 대화가 있을까? 성난 나와 너는 같은 순간에, 같은 평온한 환경에서 태어난다. 최초의 징후들이 나타날 때쯤 둘의 관계는 직접적인 동시에 베일에 가려진다. 성난 나와 너는 함께 은밀한 삶을 지속한다. 그들[나와 너]은 숨어 있는 동시에 드러나 있으며, 그들의 위선은 공통의 체계, 관례에 맞춘 예의의 체계에 가깝다. 그러다 마침내 성난 나와 너는 마치 전투를 고하는 나팔 소리처럼 함께 폭발한다. 둘은 동일한 음역에 놓인다. 저주받은 아이와 대양 사이에 분노의 동일한 그래프, 난폭함의 동일한 음계, 권력의지의 동일한 화음이 정립된다. 에티엔은 "(바다가) 격노했을 때, 자신의 영혼 속에서 진짜 폭풍이 이는 것을 느꼈다. 그는 바다의 날카로운 휘파람 소리 속에서 분노의 숨을 내쉬었고, 액체로 된 수천의 술 장식처럼 바위 위로 부서지는 거대한 파도의 물결과 함께 달렸다. 그는 자신이 바다처럼 대담하고 맹렬하다고 느꼈으며, 또한 바다처럼 경이롭게 반복적으로 뛰어오르곤 했다. 그는 바다의 음울한 침묵을 간직했고,

그 돌연한 온화함을 흉내 내기도 했다."(p. 66)

여기서 발자크는 기이한 행동의 일반성을 증명하는 한 가지 실제적인 심리학적 특징을 발견한다. 사실 무심한 어린아이가 바닷가에서 파도에게 명령을 해대는 것을 보지 않은 이가 어디 있겠는가? 어린아이는 파도가 복종하는 순간을 헤아려서 명령을 한다. 그는 자신의 권력의지를 모래사장 위로 밀려왔다가 되돌아가는 파도의 주기와 일치시킨다. 그는 손쉬운 방어와 언제나 승리하는 공격이 번갈아 이어지는, 교묘한 리듬의 분노를 자기 자신 안에 구축한다. 대담하게 어린아이는 퇴각하는 파도를 뒤쫓는다. 달아나는 적 바다에게 도전하고, 역습해오는 바다에게서 도망치면서 조롱한다. 인간의 모든 투쟁은 이 어린아이의 놀이와 일치한다. 몇 시간 동안이나 파도에게 명령을 하면서 어린아이는 이런 식으로 잠재적 스윈번 콤플렉스, 물에 사는 인간의 스윈번 콤플렉스를 키운다.

스윈번 콤플렉스의 모든 형태가 잘 분리된다면, 문학비평에서는 이런 특징적인 페이지들에 지금까지보다 더 큰 중요성을 부여하게 될 것 같다. 미슐레는 언제나처럼 깊은 심리학적 통찰로 동일 장면을 다음과 같이 해석했다. "아주 어린 상상력이 (파도의 난폭함에서) 전쟁의, 투쟁의 이미지를 보고 우선은 겁을 낸다. 그런 다음 그 격노가 끝나는 경계가 있음을 관찰하면서 안심한 아이는 마치 자신을 원망하는 것 같은 그 야만스런 것을 두려워하기보다는 증오한다. 그리하여 그는 포효하는 그 거대한 적에게 지지 않고 돌멩이를 던진다. 나는 이 대결 장면을 1831년 7월, 르아브르 항구에서 관찰했다. 내가 그곳으로 데리고 갔던 한 여자아이는 바다 앞에서 치기 어린 용기를 느꼈고, 바다의 도발에 화가 났다. 그 아이는 전쟁에 전쟁으로 응했다. 연약한 여자아이의 가느다란 팔과 그 아이 따위엔 눈 하나 깜짝하지 않는 무시무시한 힘이 벌인, 참으로 가소롭고 불균형한 전투였다."[14]

사실 어떤 콤플렉스를 잘 이해하려면 자기 자신이 거기에 참여해보아야 한다는 건 두말할 나위도 없다. 그 점에 있어서는 미슐레가 좋은 예다. 그는 바다가 인간들의 용기에 "눈 하나 깜짝하지 않는다"는 사실에 철학적으로 괴로워하는 것처럼 보이지 않는가?

이러한 상호 도전의 상황에서는 작가의 말이 빈약해질수록 바다는 더욱 말이 많아진다. 그러나 달아나는 파도를 앞에 두면 언제나처럼 자부심이 끓어오른다. 우리 앞에서 꼬리를 말고 도망치는 것은 무엇이든, 그것이 기운 없는 죽은 물일지라도, 우리를 용자로 만든다. 쥘 상도의 소설에는 이와 동일한 잠재적 스윈번 콤플렉스가 세밀하게 그려져 있다. "마리아나가 좋아했던 것은 대양이 바다 기슭을 떠날 때 도망치는 파도를 뒤쫓아 갔다가 그것이 그녀 곁으로 되돌아오는 것을 보는 것이었다. 그럴 때는 도망치는 쪽이 그녀였다…. 그녀는 달아났다. 그러나 한 발, 또 한 발 기운 없이 물러나는 그 발걸음을 보면, 마치 자신을 뒤쫓아 와주기를 바라기라도 하는 것 같았다."[15] 때로는 해안 경비원의 외침 소리가 "그녀를 뒤덮어버릴 것 같은 파도의 포옹에서" 도망치게 했다. 글을 읽어나갈수록 위

---

[14] Michelet, *La Mer*, p. 12.
[15] Jules Sandeau, *Marianna*, IIe éd., Paris, 1876, p. 202.

험이 점점 더 커져 마치 파도가 마리아나에게 "하이에나처럼" 덤벼들고, 큰 파도가 "그녀의 몸을 짓밟아버릴" 것만 같다. 이와 같이 바다에게도 동물적 분노, 인간적 분노가 있다.

상처받은 영혼, 생에 배신당한, 배신 중에서도 가장 부당한 배신에 깊은 상처를 입은 위대한 연인의 반항을 묘사해야만 하는 소설가가 그토록 내밀한 반항을 그려내기 위해 찾아낸 최고의 소재가 바다에 도전하는 어린아이의 장난이라니! 이는 근본적인 상상력의 이미지들이 우리의 인생 전체를 지배하기 때문이다. 그것들이 마치 스스로 움직이듯 인간 드라마의 중심으로 이동하기 때문이다. 폭풍은 우리에게 열정의 자연스런 이미지들을 제공한다. 노발리스가 특유의 직접적인 표현 능력을 발휘하여 말하듯이 "폭풍은 열정의 생장을 도와준다."

이처럼 이미지의 기원으로 나아가면, 이미지를 그 질료와 그 최초의 힘을 통해 다시 체험해보면 과장된 수사修辭라고 부당하게 비난받는 페이지들에서 감동을 발견할 수 있다. 그 미려한 필치의 과장된 수사가 더 이상 말의 폭풍, 표현하고자 하는 열정만은 아닌 것 같다! 이렇게 스윈번 콤플렉스의 사실주의적 의미를 깨닫고 나면 우리는 다음과 같은 페이지에서 진지한 어조를 되찾게 된다. "오 고통의 덧없음이여! 바다를 눈앞에 두고, 마리아나는 그 영원한 탄식의 기슭을 가득 채우고 있는 거대한 쓸쓸함 앞에 굴하지 않았다. 자신의 영혼의 울음소리에 어떤 영혼이 응답하는 소리가 들리는 것 같았다. 둘 사이에 알 수 없는 신비로운 소통이 이루어졌다. 파도가 격노하여 — 흰 갈기를 휘날리는 암말처럼 — 솟구쳐 오를 때, 그녀는 흐트

러진 머리, 창백한 얼굴로 모래사장으로 갔다. 그리고 거기서 '폭풍의 정령'처럼 그녀는 폭풍의 노호에 자신의 외침을 뒤섞었다. 좋아! 그녀는 큰 파도를 향해 걸으며 말했다. 좋아! 나처럼 괴로워하고 있구나. 난 그래서 네가 좋아! 바람이 그녀의 얼굴에 날리는 차가운 파도 거품에 우울한 기쁨으로 자신을 내줄 때는 자신의 절망의 자매가 해주는 키스를 받는다는 생각이 들었다."[16]

이 잔혹한 멜랑콜리, 이 적극적인 멜랑콜리, 인간의 모욕을 감내한 후 또다시 사물의 모욕을 받고자 하는 이 멜랑콜리의 뉘앙스를 강조할 필요가 있을까? 이것은 죽은 물의 에드거 포적인 멜랑콜리와는 전혀 다른 난폭한 물의 멜랑콜리다.

더없이 부드러운 영혼들이 놀랍게도 영웅적으로 "벌충되는" 모습이 포착될 수도 있다. 온순한 성품의 마르슬린 데보르드발모르 Marceline Desbordes-Valmore — 그녀의 큰딸의 이름은 옹딘이다 — 는 열다섯 살 때 아메리카에서 혼자 귀국하는 길에 뱃사람들에게 부탁해 밧줄로 자신을 돛대에 단단히 묶게 하여, "감동적인 광경을, 날뛰는 원소들에 맞서는 인간들의 그 투쟁"[17]을 원망이나 비명은커녕 신음 소리 한 번 내지 않고 구경했던 일을 전한다. 이 먼 추억의 실재성을 판단하지 말고, 이런 것은 작가들의 "유년 시절의 추억"에서 너무나 자주 되풀이되는 영웅주의의 하나가 아니냐고 자문하지 말고 상상력의 심리학의 위대한 특권, 즉 실증적 사실의 과장은 — 오히려 — 상

---

16 Jules Sandeau, *loc. cit.*, p. 197.
17 Arthur Pougin, *La jeunesse de Mme Desbordes-Valmore*, p. 56.

상력의 사실에 대한 어떤 반대되는 증언[그 가치를 떨어트리는 증언]도 하지 못한다는 사실에 주목해보자. 상상된 사실은 실제 사실보다 더 중요하다. 마르슬린 데보르드발모르의 추억에서 기억은 극화劇化한다. 그래서 우리는 작가가 상상을 한다고 확신한다. 이 어린 고아의 드라마는 하나의 거대한 이미지 속에 각인되었다. 생 앞에서의 그녀의 용기는 노호하는 바다 앞에서의 용기에서 그 상징을 찾아낸 것이다.

다른 한편 스윈번 콤플렉스가 감시당하고 통제되는 형태로 작용하는 것처럼 보이는 경우들도 발견된다. 우리가 보기에 그것들은 역동적 상상력에 관한 우리의 주장에 귀중한 확증을 가져다줄 수 있을 것 같다. 인간의 참된 평온이란 무엇인가? 그것은 자기 자신을 극복하고 얻은 평온이지, 자연적인 평온이 아니다. 그것은 어떤 폭력을, 분노를 극복하고 얻은 평온이다. 그것은 적을 무장해제시킨다. 그것은 적에게 자신의 평온을 부과한다. 그것은 이 세계에 평화를 선언한다. 우리는 세계와 인간 사이의 상호적인 마술적 상응을 꿈꾼다. 에드가 키네는 그런 상상력의 마술을 '마법사 메를렝'에 관한 위대한 시 작품에서 독특한 힘으로 표현한다.

> 노호하는 바다를 진정시키려 그대는 무엇을 하는가?
> 나는 나의 분노를 억누른다네.[18]

역동적 상상력에 대한 근본적 인식이 바로 분노라는 사실을 이보

---

[18] Edgar Quinet, *Merlin l'Enchanteur*, t. I, p. 412.

다 더 잘 말할 수 있을까? 사람들은 그것을 주기도 하고 받기도 한다. 그것을 우주에 전달하기도 하고, 우주에서 그것을 멈추듯 마음에서 그것을 멈추기도 한다. 분노는 인간과 사물이 하는 거래 중에서 가장 직접적인 것이다. 그것은 공허한 이미지를 야기하지 않는다. 최초의 역동적 이미지를 제공하는 것이 바로 그것이기 때문이다.

 난폭한 물은 우주의 분노를 나타내는 으뜸가는 도식의 하나다. 그래서 폭풍우 치는 장면이 없는 서사시는 없다. 루슈는 이 점을 강조하면서 롱사르Ronsard의 『프랑시아드Franciade』에 묘사된 폭풍우를 ─ 기상학자로서 ─ 연구한다.[19] 인간의 위대함은 세계의 위대함과 견주어져야 한다. "고귀한 생각은 고귀한 광경에서 탄생한다." 샤토브리앙Chateaubriand이 『순교자들Les Martyrs』에서 폭풍우 치는 장면을 묘사한 뒤 하는 말이다.

 사실 스윈번 콤플렉스가 거창한 철학에 생기를 불어넣는 페이지들을, 자신의 초인적 힘을 의식한 인간이 스스로를 지배자인 넵튠의 역할까지 하는 존재로 격상시키는 페이지들을 찾아낼 수 있을 것이다. 지질학에 있어 넵튠주의[수성설水成說]의 신봉자로 알려진 괴테가 가장 분명한 심리학적 넵튠의 한 사람인 것은 우연의 일치일까? 『파우스트 II』에서 우리는 이런 글을 읽게 된다. "나의 시선은 먼 바다를 향해 있었네. 바다는 부풀어 올라 저 혼자 솟구치더니 누그러져서는 자신의 파도들을 뒤흔들어 완만하게 펼쳐진 드넓은 해변을 덮었다네. 오

---

[19] J. Rouch, *Orages et tempêtes dans la littérature*, 1929, p. 22.

만함이 들뜬 혈기를 못 참고서 모든 권리를 존중하는 자유로운 정신의 불만을 유발하는 걸 보고 나는 기분이 상했네. 나는 그것이 그저 우연이겠거니 하고 생각하며 나의 시선을 날카롭게 가다듬었네. 밀려오던 파도가 멈추고, 뒷걸음질을 쳐서, 오만하게 점령한 목표에서 멀어져가더군. … 파도는 그것 자체로 무익한 존재로서 사방 천지로 무익함을 퍼뜨리려 슬그머니 다가온다네. 그러고는 점점 부풀어 올라 한껏 커져서는 사납게 넘실거리며 황량한 해변의 그 흉측한 공간을 덮치지. 파도들은 꼬리에 꼬리를 물고 몰려왔다가 물러나네만 … 이루는 것은 아무것도 없지. 날뛰는 원소들의 그 맹목적인 힘이 나로선 참으로 절망적일 만큼 괴로운 일일세. 나의 정신은 감히 그 자신의 저 위로 상승하고자 하네. 바로 거기에서 나는 싸우고 싶다네! 바로 거기에서 나는 이기고 싶다네! 그리고 그것은 가능한 일이라네. … 아무리 난폭한 파도라 하더라도 언덕 앞에서는 휘어지지 않는가. 그것이 제아무리 오만하게 솟구치더라도 제방을 조금 더 높이 쌓으면 당당히 맞설 수 있고, 도랑을 조금 더 깊이 파면 힘차게 끌어들일 수 있다네. 내가 머릿속으로 많은 계획을 세워두었다네. 그러니 그 드문 기쁨을 누리게 해주게! 오만한 바다를 해변에서 쫓아내고, 축축한 공간의 경계를 좁히고, 바다를 멀리 원래 있던 곳으로 몰아내는 기쁨을. … 그것이 나의 바람이네."[20]

파우스트의 의지가 바라듯 요동치는 바다를 시선으로 멈추게 하는 것, 미슐레의 어린아이가 그렇게 하듯 적대적인 파도에 돌멩이

---

[20] Gœthe, *loc. cit.*, trad. Porchat, p. 421.

를 던지는 것, 그것은 똑같은 역동적 상상력의 이미지다. 똑같은 권력의지의 꿈이다. 파우스트와 어린아이의 이런 뜻밖의 만남에서 우리는 권력의지에는 언제나 어느 정도의 유치함이 존재함을 이해할 수 있다. 사실 권력의지의 운명은 실제 힘을 넘어서는 권력을 꿈꾸는 것이다. 이 꿈의 프린지frange가 없다면 권력의지는 무기력할 것이다. 권력의지가 더없이 공격적인 것은 꿈 때문이다. 그러므로 초인이 되고자 하는 자는 어른이 되고자 하는 어린아이와 같은 꿈들을 찾게 마련이다. 바다에게 명령을 내리는 것은 초인의 꿈이다. 그것은 천재의 의지인 동시에 어린아이의 의지다.

V

스윈번 콤플렉스에는 마조히즘적 요소가 많다. 우리는 이 난폭한 물의 콤플렉스에, 크세르크세스 콤플렉스라는 이름의 좀 더 확연하게 사디스트적인 콤플렉스를 결합시킬 수 있을 것이다. 독자들의 눈앞에 헤로도토스가 전하는 일화를 다시 펼쳐보자.[21] "크세르크세스는 세스토스와 아비도스라는 도시 사이에 몇 개의 다리를 건설하도록 명했는데, 다리가 완성되자 무시무시한 폭풍이 일어 동아줄을 끊고 함선들을 부숴버렸다. 그 소식에 격노한 크세르크세스는 홧김에 헬레스폰트 바다[다르다넬스해협]에 300대의 채찍질을 가하게 하고는

---

[21] Hérodote, *Histoire*, VII, 34, 35.

거기에 수갑 한 쌍을 던져 넣게 했다. 또한 왕명 집행자들과 함께 사람들을 보내어 달군 쇠로 바다에 낙인을 찍게 했다고 한다. 확실한 것은 사람들이 바다에 채찍질을 할 때 그들에게 다음과 같은 야만적이고 광기 어린 말을 하게 했다는 것이다. '못된 바다여, 네 주인이 너를 벌하는 것은 네가 마땅한 이유 없이 네 주인을 모욕했기 때문이다. 크세르크세스 왕은 좋든 싫든 너를 건너갈 것이다. 너는 기만적이고 더러운 강이므로 당연히 누구도 너에게 공물을 바치지 않을 것이다.' 그는 이렇게 바다를 처벌하고는 다리 건설을 지휘한 사람들의 목을 잘라버렸다."**22**

만약 이것이 고립된 일화요 예외적인 광기라면 이런 페이지는 상상력 연구에 그리 중요하지 않을 것이다. 그러나 사정은 전혀 그렇지 않으며, 더없이 기이한 정신착란도 결코 예외적이지 않다. 메디아[고대 페르시아]의 왕 크세르크세스의 이런 행동을 되풀이하는 전설은 많다. 얼마나 많은 마녀가 주술에 실패하고는 늪의 수면을 치며 자신들의 원한을 객체화했는가!**23** 푸크빌Pouqueville의 말에 따르면 생티브는 이나코스 강변에 사는 터키인들의 관습을 전하고 있는데, 그런 관습은 1826년경까지도 존속했다고 한다. "터키인들은 형식에 맞게 작성되고 서명된 청원서를 재판관에게 제출한다. 이나코스강이 경

---

22 이미 키루스[고대 페르시아 제국의 건설자]도 자신의 성스러운 말 한 마리를 가져간 디얄라강Gynde에 복수를 한 바 있다. "강의 모욕에 화가 난 키루스는 여자들까지도 무릎을 적시지 않고 건널 수 있을 만큼 강을 약하게 만들어버리겠다고 위협했으며, 강물을 우회시키려고 군대를 동원하여 300개의 운하를 파게 했다."

23 Sébillot, *loc. cit.*, t. II, p. 465 참조.

계를 넘어와 사람들의 밭을 황폐하게 한다고 진술하고는 명을 내려 그 강이 제 하상河床으로 되돌아가게 해달라고 탄원하는 것이다. 재판관은 기대대로 판결을 내리고 사람들은 이에 만족한다. 그래도 또 물이 불어나면 재판관은 주민들을 데리고 현지로 가서 강에게 퇴거를 권고한다. 관계자가 재판관의 권고서 사본을 강에 던진다. 백성들은 강을 침략자, 약탈자로 규정하고, 강에게 돌을 던진다…." 이와 같은 관습은 아쉴 밀리앙Achille Millien이 쓴 『그리스와 세르비아의 민요Chants populaires de la Grèce et de la Serbie』(1891, p. 68)에도 언급되어 있다. 죽은 뱃사람들의 아낙들이 바닷가에 모여든다. 각자가

> 돌아가며 물결의 수면을 채찍질한다.
> 오 바다여, 거품 부글거리는 못된 바다여,
> 우리 남편들은 어디 있느냐, 그리운 이들은 어디 있느냐?

이 폭력들은 모두 원한의 심리학, 간접적인 상징적 복수의 심리학을 따른다. 우리는 물의 심리학에서 다른 형태의 분노에 찬 흥분을 이용하는 유사한 폭력들을 찾아낼 수 있다. 그것들을 주의 깊게 검토해보면 분노의 심리학의 모든 세부 내용이 우주적 차원에서 발견됨을 알 수 있을 것이다. 사실 템페스타리들Tempestiaires*의 관습에서는 명백한 희롱taquin의 심리학을 엿볼 수 있다.

---

* 동양의 음양가陰陽家와 유사한 이들로 술법을 사용하여 비, 바람, 우박 등의 천문 현상을 통제할 수 있는 능력이 있다고 인정받는 사람들.

원하는 폭풍을 얻기 위해 템페스타리는 마치 어린아이가 개를 짓
궂게 괴롭히듯이 물을 자극한다. 어딘가에 샘이 하나 있으면 된다.
그는 개암나무 막대기, 즉 자신의 야곱의 지팡이를 가지고 물가로
가서, 지팡이 끄트머리로 샘의 투명한 거울을 긁어 상처를 내고는
재빨리 빼낸다. 그러곤 또다시 갑작스런 동작으로 지팡이를 내밀어
물을 찌른다.

휴식을 취하고 있는 참으로 고요하고 평화로운 물은

그 무엇으로도 상처 입힐 수 없는
피부 같은 물이다.[24]

그 물이 결국 화를 낸다. 이제 물의 신경은 곤두서 있다. 그러면
템페스타리는 지팡이를 바닥까지 찔러 넣는다. 샘의 내장까지 자극
을 해댄다. 급기야 원소가 화를 터뜨리고, 그의 분노가 우주적인 것
이 된다. 천둥이 울고, 벼락이 치고, 우박이 쏟아지고, 물이 대지에
범람한다. 템페스타리는 자신의 우주발생론적 과업을 완수했다. 이
를 위해 그는 물이 일반적인 심리학의 모든 특성을 가졌다고 확신하
고서 짓궂은 희롱의 심리학을 투사한 것이다.

우리는 생티브의 『물의 민속』에서 템페스타리들이 행하는 이런
수법의 많은 예를 찾아볼 수 있다.[25] 그중 몇 가지만 요약해보자. 니

---

[24] Paul Éluard, "Mouillé", *Les animaux et leur hommes. Les hommes et leurs animaux*.
[25] Saintyves, *loc. cit.*, pp. 205-211.

콜라스 레미Nicolas Rémy(1595)의 『악마 숭배 Démonolâtrie』에서는 다음과 같은 문장을 읽을 수 있다. "200명이 넘는 사람의 자유롭고 자발적인 단정적 증언에 의하면 마술사라는 이유로 화형 선고를 받은 두 남자가 며칠씩 호숫가나 강가에 모여서 악마에게서 받은 검은 막대기로 물을 세차게 내려쳤고, 그러면 많은 수증기가 일어나 그들을 하늘 높이 들어 올렸으며, 그렇게 술법을 이루고 난 뒤 그들은 억수같이 쏟아지는 우박과 함께 다시 지상으로 떨어졌다고 한다…"

어떤 호수들은 유난히 자극을 잘 받는다. 그것들은 아주 사소한 희롱에도 즉각 반응한다. 백작령인 푸아, 베아른, 나바르주의 어느 옛 역사가가 전하는 바에 의하면 피레네 지역에 "불꽃과 불과 천둥을 먹여 살리는 두 개의 호수"가 있는데, "사람들이 거기에 뭔가를 던지면 곧바로 공중에서 굉장한 소음이 들려오고, 그런 진노를 목격한 구경꾼 대부분은 불에 데거나 그 호수에서 예사로 발생하는 벼락을 맞는다"고 한다. 또 다른 작가는 "바덴에서 40리 떨어진 곳에 작은 호수가 하나 있는데, 지상에서 거기에 돌 같은 물체를 던지면 반드시 하늘이 금방 비나 폭풍으로 어지러워진다고 기록하고 있다." 폼포니우스 멜라Pomponius Mela도 유난히 "상처를 잘 받는" 샘을 특기하고 있다. "사람 손이 (샘가의 어느 바위에) 닿으면 그 즉시 샘은 부풀어 올라 폭풍에 출렁이는 바다의 물결과 비슷한 모래 소용돌이를 일으킨다"[26]는 것이다.

이상에서 보듯 민감한 피부를 가진 물들이 있다. 우리는 그 뉘앙

---

[26] Saintyves, *loc. cit.*, p. 109에서 인용.

스들의 수를 불릴 수 있을 것이다. 물에 가하는 공격을 물리적으로 약화시켜도 난폭한 물의 반응이 전혀 손상되지 않는 경우를 제시할 수 있을 것이다. 채찍질이 아니라 단순한 위협만으로도 물에 대한 공격이 될 수 있는 경우를 제시할 수 있을 것이다. 그저 손톱으로 한 번 긁거나, 아주 경미하게 오염시키는 것만으로도 물의 분노를 일깨울 수 있다.

전설이나 고대의 이야기만 인용해서는 우리의 문학 심리학의 과업이 제대로 수행되었다고 할 수 없을 것이다. 사실 우리는 크세르크세스 콤플렉스가 어떤 작가들의 몽상에서도 활동적이라는 사실을 제시할 수 있다. 이제 그 몇 가지 경우를 살펴보기로 하자.

먼저 물에 대한 공격이 단순한 경멸 차원을 별로 넘어서지 않는 아주 흐릿한 경우를 보자. 그런 경우는 에드가 키네의 『아하스베루스』(p. 76)에 나타난다. 자신의 권력의지를 확신하는 오만에 찬 왕이 홍수를 일으키려 부풀어 오르는 대양을 다음과 같은 말로 도발한다. "대양이여, 먼 바다여, 너는 내 망루의 계단 수를 미리 헤아려보긴 했느냐…. 조심해라, 성난 어린아이여, 너의 발이 나의 포석들 위에서 미끄러지지 않도록, 너의 침을 나의 난간에 묻히지 않도록 조심해라. 나의 계단을 채 절반도 오르기 전에 너는 부끄러워하며, 숨을 헐떡이며, 물거품으로 스스로를 가리면서, '지쳐버렸어'라고 생각하면서 네 집으로 돌아가리라." 『오시앙Ossian』*에서는 사람들이 종종 검을 들고 폭풍과 싸운다. 세 번째 노래에서 칼마르는 검을 뽑아 들

---

* 3-5세기경의 군인이자 시인인 오시앙이 노래했다는 서사시.

고 파도를 향해 나아간다. "구름이 낮게 내려와 그의 곁을 지나가자, 그는 그 검은 솜구름을 붙잡고는 시커먼 안개 속에 칼을 찔러 넣는다. 그러자 폭풍의 정령은 공기를 포기해버린다…." 마치 사람들과 싸우듯 사물들과 싸우는 것이다. 전투 정신은 매한가지다.

때로는 은유의 방향이 역전된다. 바다에 대한 저항이 사람들에 대한 저항에 자신의 이미지들을 제공한다. 빅토르 위고는 자신의 작중 인물 메스 레티에리를 이렇게 그린다. "단 한 번도 거친 날씨가 그를 뒤로 물러서게 한 적은 없었다. 이는 그가 방해에 흔들리는 사람이 아니었기 때문이다. 방해하는 것이 바다건 사람이건 그는 용납하지 않았다. 그는 그것을 굴복으로 이해했다. 바다가 버텨봐야 별 수 있겠는가. 바다는 그것을 제 운명으로 받아들여야 했다. 메스 레티에리는 전혀 양보하지 않았다. 앙버티는 파도도 반항하는 이웃 사람과 마찬가지로 그를 멈추게 하지 못했다."[27] 이 남자는 요지부동이다. 그는 모든 적에 대해 동일한 의지를 품고 있다. 모든 저항이 동일한 욕망을 일깨운다. 의지가 지배하는 세계에서는 사물과 인간의 구분이 없다. 단 한 사람의 저항에 화가 나서 물러나는 바다의 이미지는 독자의 비판을 전혀 야기하지 않는다. 하지만 잘 생각해보면 이 이미지는 크세르크세스의 그 터무니없는 행위의 단순한 은유이다.

위대한 시인이 그런 원초적 생각들을 되찾는다. 그의 붓 아래에서 이 전설의 유치함은 형언키 어려운 전설적 아름다움 앞에서 흐려진다. 크세르크세스가 반항하는 헬레스폰트 바다에 벌겋게 달군 쇠

---

27 Victor Hugo, *Les Travailleurs de la Mer*, Ire partie, livre IV.

로 낙인을 찍게 했던가? 폴 클로델이 그 이미지를 되찾는데, 헤로도토스의 책은 그의 염두에 없었던 것 같다. 그 멋진 이미지는 『정오의 분할Partage du Midi』 제1장의 서두에 나온다. 기억을 되살려 인용해보면 이렇다. "번쩍이는 등줄기를 가진 저 바다, 벌겋게 달군 쇠로 낙인이 찍히는 쓰러진 암소 같다." 이 이미지는 놀란 바다에게 피가 나도록 상처를 주는 저녁 하늘의 감동적인 아름다움을 지니고 있지 않은가? 그것은 — 책이나 교과서적인 조언과는 무관한 — 시인의 자연에 의해서, 자연 앞에서 만들어졌다. 이런 페이지들은 우리의 주장을 펴는 데 아주 유용하다. 그것들은 시詩가 일견 인공적으로 보이는 이미지들의 자연적이고 지속적인 종합임을 보여준다. 정복자와 시인은 둘 다 우주에 자신들의 힘의 낙인을 찍고 싶어 한다. 둘 다 손에 낙인을 들고서, 자신들이 정복한 우주에 벌겋게 단 쇠를 찍는다. 역사 속의, 먼 과거의 터무니없는 일로 여겨지던 것이 이제 자유로운 상상력의 깊은 진실, 영원한 현재가 된다. 이 은유는 물리적으로는 인정이 불가능하고 심리학적으로는 터무니없지만, 그럼에도 하나의 시적 진실이다. 은유는 시적 영혼의 현상이기 때문이다. 우주의 자연에 인간의 자연을 투사하는 하나의 자연현상이기도 하다.

VI

그러니 이 모든 전설, 이 모든 정신착란, 이 모든 시적 형태를 애니미즘의 이름하에 포괄했다고 해서 모든 것을 말한 것은 아니다.

여기서 다룬 애니미즘은 정말로 생기를 주는 애니미즘, 무생물의 세계에서 감각적이고 의지적인 생의 그 모든 뉘앙스를 확실하게 재발견하는 전적으로 정밀하고 전적으로 섬세한 애니미즘, 자연을 인간의 변화하는 얼굴로 읽는 애니미즘이라는 점을 이해해야 한다.

이제 상상력의 심리학은 더 이상 교육되는 능력이 아니라 자연적인 능력으로 이해되는바, 그런 상상력의 심리학을 이해하고자 한다면, 이 말 많은 애니미즘, 모든 것에 생기를 주고, 모든 것을 투사하고, 모든 것에 대하여 욕구와 비전, 내밀한 충동과 자연의 힘을 뒤섞는 이 애니미즘이 제 역할을 하게 해주어야 한다. 그럴 때 우리는 당연히 이미지를 관념에 선행하는 것으로 재배치하게 될 것이다. 당연히 우리는 자연적인 이미지들, 즉 자연이 직접 제공하는 이미지들, 자연의 힘과 우리의 자연의 힘을 동시에 따르는 이미지들, 자연 원소의 질료와 움직임을 취하는 이미지들, 우리 자신 속에서, 우리의 기관 속에서 활동하고 있다고 느껴지는 이미지들을 맨 첫 줄에 놓게 될 것이다.

우리는 인간의 모든 활동에 대해서 고찰해볼 수 있다. 우리는 그 활동이 사람들 사이에서 이루어질 때와 들판 한가운데에서 이루어질 때 서로 다른 맛을 가진다는 사실을 알게 될 것이다. 예컨대 어린 아이가 체육관의 톱밥 속에서 멀리뛰기를 시도할 때, 아이는 인간에 대한 경쟁심만 느낄 뿐이다. 그 훈련에서 일등을 하면 인간들 사이에서 일등을 하는 것이다. 그러나 다른 자부심이 있다. 자연의 장애물을 뛰어넘을 때, 시냇물을 단숨에 뛰어넘을 때 느끼는 초인적인 자부심! 이때 아이는 혼자 있어도 일등이다. 자연의 서열에서 일등인 것이다. 그리고 아이는 버드나무 그늘에서 놀다 지치면, 두 세계의 주인으로서 이 초원에서 저 초원으로 옮겨 다니며 요동치는 물에 대든다. 얼마나 많은 이미지가 거기에서 자연적으로 유래하게 되겠는가! 얼마나 많은 몽상이 거기에서 권력의 맛, 승리의 맛, 우리가 극복하는 것에 대한 경멸의 맛을 보러 오겠는가. 넓은 초원의 시냇물을 뛰어넘는 아이는 모험을 꿈꿀 줄 안다. 힘을, 도약을 꿈꿀 줄 알고, 대담함을 꿈꿀 줄 안다. 정말로 그는 70리를 나는 마법의 구두를 신었다.

한데 자연의 장애물로서의 시냇물을 뛰어넘는 것은 우리가 꿈에서 즐겨 하는 도약과 가장 유사한 도약이다. 우리가 제안하듯이 만약 사람들이 실제 경험의 문턱을 넘어서기 전에 잠이라는 거대한 나라에서 하던 그 상상적 경험들을 재발견하려고 노력한다면, 상상적인 것과 몽상의 세계에서는 낮이라는 것이 우리의 밤의 경험들을 검증하기 위해 주어진 것이라는 사실을 헤아릴 수 있을 것이다. 샤를 노디에는 『몽상』에서 이렇게 적었다. "우리 시대의 가장 총명하고 심오한 철학자 중 한 사람이 내게 이런 얘기를 들려주었다. … 그가 젊었을 때, 허공에 떠 있거나 허공을 날아다니는 놀라운 능력을 얻는 꿈을 여러 날 계속해서 꾸고 난 뒤에는, 냇물이나 도랑을 지날 때마다 그런 능력을 시험해보지 않고서는 절대로 그 인상을 떨쳐버릴 수 없었다고."(p. 165) 시냇물을 보면 아득한 꿈이 되살아난다. 그것은 우리의 몽상에 생기를 불어넣는다.

역으로 활력이 제대로 부여된 문학 이미지들은 독자를 움직이게 한다. 그런 이미지들은 공명하는 영혼 속에서, 독서의 생리적 건강법 같은 것, 어떤 상상의 체조, 신경중추의 체조를 결정짓는다. 신경체계는 그런 시들을 필요로 한다. 불행하게도 우리의[프랑스의] 흐린 시학에서는 우리의 독창적인 체제가 쉬이 발견되지 않는다. 수사학은 그 빛바랜 미의 백과사전과 더불어, 빛의 그 유치한 합리화들과 더불어 우리로 하여금 우리의 원소들에 진정으로 충실할 수 있게 해주지 않는다. 그것은 우리의 상상적 자연의 실제 환영을, 그것의 충만한 비상을 따르지 못하게 가로막는다. 그 환영이 우리의 생을 지배한다면 아마도 그것은 우리 존재의 진실을, 우리 자신의 역동성의 에너지를 우리에게 되돌려줄 것이다.

결론
물의 말

나는 강의 물결을 바이올린처럼 쥐고 있다.
폴 엘뤼아르,『열린 책』

거울보다는 전율 … 휴식인 동시에 애무,
이끼의 합주를 통과하는 액체 악궁의 방문.
폴 클로델,『해 뜨는 나라의 검은 새』, p. 230.

I

결론에서는 강이 우리에게 주는 서정성의 그 모든 교훈을 모아보고 싶다. 사실 그 교훈들은 매우 큰 단일성을 갖고 있다. 참으로 그것들은 하나의 근본적인 원소의 교훈들이다.

물의 시의 목소리가 지닌 단일성을 제시하기 위해서 우리는 한 가지 극단적인 역설을 제시하고자 한다. 물은 유창한 언어의 주인이다. 마찰 없는 언어, 지속하고 지속되는 언어, 리듬을 부드럽게 하는 언어, 상이한 여러 리듬에 동형의 질료를 부여하는 언어의 주인이다. 그러므로 우리는 유창하고 활발한 시, 샘에서 흘러나오는 시의 특질을 말하는 표현에 망설임 없이 그 충만한 의미를 부여할 것이다.

폴 드 뢸은 지금 우리가 하고 있는 것처럼 과장 없이, 유음流音[설음舌音]에 대한 스윈번의 애착을 정확하게 관찰한다. "다른 자음들의 중첩과 마찰을 피하기 위해 유음을 사용하려는 경향은 다른 중간 음들을 증가시키는 쪽으로 그를 이끈다. 관사의 사용이나 단일어를 대신하는 파생어의 사용, 즉 6월의 나날에 놓인 — 삶 안의 삶in the june days — Life within life in laid 등에는 대개 다른 동기가 없다."[1] 여기서 폴 드 륄은 수단들을 보고 있으나, 우리가 보는 것은 목적이다. 즉 우리가 보기에 이 유동성은 언어의 욕망 그 자체다. 언어는 흐르고 싶어 한다. 언어는 원래 흐르는 것이다. 언어의 요동질, 언어의 자갈, 언어의 딱딱함 등은 자연화하기 더 어려운, 더 인공적인 시도들이다.

우리의 주장은 의음擬音 시의 가르침들에 국한되지 않는다. 사실 의음 시는 피상적으로 머무를 수밖에 없는 것 같다. 그것은 살아 있는 소리에서 난폭함과 서투름밖에 끌어내지 못한다. 그것은 소리의 기계적인 움직임을 제공할 뿐 인간적으로 살아 있는 음향을 주지는 않는다. 예를 들어보자. 스피어맨은 다음 시구에서 거의 말이 질주하는 소리가 들리는 것 같다고 말한다.

> 나는 말의 등자에 뛰어올랐다. 조리스도, 그도.
> 나는 질주했고, 디르크도 질주했고, 우리 셋 모두 질주했다.[2]

어떤 소리를 잘 재현하기 위해서는 그것을 좀 더 깊은 곳에서 만들어야 한다. 그것을 만들려는 의지를 체험해보아야 한다. 이 시에

---

[1] Paul de Reul, *L'œuvre de Swinburen*, p. 32의 주.
[2] Spearman, *Creative mind*, p. 88.

대해 말하자면 시인은 우리에게 다리를 움직이도록, 또 말의 질주의 불균형한 움직임을 충분히 체험하기 위해 선회하면서 달리도록 유도하지 않으면 안 된다. 그런 역동적인 준비가 여기서는 부족하다. 그런 역동적인 준비가 활동적인 청력, 즉 말하게 하고, 몸을 움직이게 하고, 형상이 보이게 하는 청력을 만들어내는 것이다. 사실 스피어맨의 학설은 전체적으로 너무나 개념적이다. 그의 추론은 데생에 근거를 두고 있고, 시각에 놀라울 만큼 특권을 준다. 그렇게 하면 결국에는 재현하는 상상력의 양식화에 이를 뿐이다. 한데 그런 재현하는 상상력은 창조적 상상력을 눈가림하거나 방해한다. 결국 상상력 연구의 진정한 영역은 회화가 아니라 문학작품이다. 언어이고, 문장이다. 이때 형상은 얼마나 하찮은가! 질료가 얼마나 강하게 지배하는가! 시냇물은 얼마나 위대한 스승인가!

"인간의 모든 말 속에는 신비가 묻혀 있다."[3] 이는 발자크의 말이다. 그러나 진정한 신비가 반드시 근원에, 뿌리에, 옛 형상에 있는 것은 아니다…. 활짝 꽃핀, 충만한 생을 구가하는 말들이 있다. 과거가 완성시키지 못했던 말들, 옛사람들은 그렇게 아름다운 줄 몰랐던 말들, 언어의 신비로운 보석인 말들이 있다. 리비에르rivière[강]라는 말이 그렇다. 그것은 다른 언어들로는 표현할 수 없는 현상이다. 영어 리버river라는 말의 음향적 난폭함을 음성학적으로 생각해보라. 리비에르라는 말이 다른 어떤 말보다도 프랑스적인 말임을 이해하게 될 것이다. 그것은 움직이지 않는 리브rive[기슭]의 시각적 이미지로 만

---

[3] Balzac, *Louis Lambert*, Éd. Leroy, p. 5.

들어졌으되 흐름을 멈추지 않는 말이다….

어떤 시적 표현이 순수한 동시에 지배적인 것으로 드러난다면, 우리는 곧바로 그것이 언어의 원소적인 질료적 원천들과 직접적인 관계가 있음을 확신할 수 있다. 나는 시인들이 하모니카를 물의 시와 결합시킨다는 사실에 언제나 놀라곤 했다. 장파울의 『티탄』에서 유순한 맹인 여자는 하모니카를 연주한다. 티크의 소설 『포칼Pokal』에서 주인공은 컵의 가장자리를 하모니카처럼 연주한다. 나는 소리 나는 물 잔이 어떤 불가사의에 의해 하모니카라는 이름을 얻게 되었는지 궁금해했다. 그러다 한참 뒤에 바호펜의 책에서 모음 *a*가 물의 모음이라는 이야기를 읽었다. 이 모음은 aqua[물의 라틴어], apa[물의 루마니아어], wasser[물의 독일어]를 지배한다. 그것은 물에 의한 창조의 음소다. *a*는 제1의 질료를 나타낸다. 그것은 우주의 시의 머리글자다. 티베트의 신비신학에서 영혼의 휴식을 나타내는 문자이기도 하다.

여기서 사람들은 단순한 언어적 근접성을 확고한 근거로 받아들인다며 우리를 비난할 수 있을 것이다. 유음은 그저 음성학자들의 재미난 은유를 상기시킬 뿐이라고 말할 것이다. 하지만 우리에게 그런 이의 제기는 말과 실재의 상응을 그 깊은 삶의 차원에서 느끼길 거부하는 태도처럼 보인다. 그런 이의 제기는 창조적 상상력, 즉 말에 의한 상상력, 말하기에 의한 상상력, 말하기를 근육으로 즐기는, 쉴 새 없이 말하는, 존재의 심적 부피를 불리는 상상력의 영역 전체를 배제하려는 의지의 표현이다. 이런 상상력은 퀴비에르가 구두점 없는 말이라는 것을, 자기 이야기에 "구두점 찍는 사람들"을 용납하지 않는 엘뤼아르적인 문장이라는 것을 잘 알고 있다. 오, 강의 노래여, 어린아이-자연의 경이로운 수다여!

그러니 어찌 이 흐르는 말하기, 이 빈정대는 말하기, 이 시냇물의 은어隱語를 체험해보지 않을 수 있겠는가!

사람들이 이 말하는 상상력의 측면을 쉬 파악하지 못하는 것은 의성어의 기능에 너무 제한적인 의미를 부여하고 싶어 하기 때문이다. 언제나 사람들은 의성어가 하나의 메아리이기를 바란다. 그것이 전적으로 청각에 인도되기를 바란다. 사실 귀는 우리가 짐작하는 것보다 훨씬 더 자유분방해서 모방 속에서 어떤 전환을 수용하고자 하며, 그래서 곧바로 일차 모방을 모방한다. 인간은 듣는 기쁨에 능동적 말하기의 기쁨, 모방자로서의 자신의 재능을 나타내는 온갖 표정의 기쁨을 결합하고 싶어 한다. 소리[音]는 이 모방법mimologisme의 일부일 뿐이다.

샤를 노디에는 특유의 어린아이 같은 천진한 학식으로 의성어들이 가진 투사投射 특성을 잘 이해했다. 그는 브로스Brosses 의장*과 전적으로 같은 견해를 가졌다. "많은 의성어는 그것이 표현하는 운동이 발생시키는 소리에 따라 만들어졌지만 그렇지 않은 경우에는 적어도 그 운동을 동종의 다른 운동과 비교하고 그 운동이 만들어내는 보통의 효과를 감안하여 그 운동이 분명 만들어내리라고 생각되는 소리에 따라 만들어졌다. 예를 들면 눈을 깜박거리는 행위는 그런 추

* 18세기 프랑스의 정치가, 역사가이자 언어학자.

측들을 하게 할 뿐이지 실제로는 아무런 소리도 만들지 않는다. 그러나 동종의 여러 행위가 그것에 동반되는 소리에 의해서 이 말의 뿌리가 된 소리를 극히 명료하게 상기시키는 것이다."[4] 그래서 듣기 위해 만들어내야 하는, 투사해야 하는 일종의 대리 의성어가 존재하는 것이다. 일종의 추상적인 의성어가 떨리는 눈꺼풀에 소리를 주는 것이다.

소낙비가 내린 뒤 나뭇잎에서 떨어지는 물방울들이 그렇게 깜박거리고clignotent[반짝거리고],* 물의 거울과 햇살을 떨게 한다. 그것들을 바라보면 그것들이 떨리는 소리가 들린다.

그러므로 우리가 보기에 시적 활동에는 기묘한 반사, 일종의 조건 반사가 있는 것 같다. 이 반사는 뿌리가 셋이기 때문이다. 그것은 시각적 인상, 청각적 인상, 음성적 인상을 결합한다. 한데 표현하는 기쁨이 너무나 충만해서 결국에는 음성적 표현이 풍경에 자신의 지배적인 "필치"를 새긴다. 소리가 비전을 투사한다. 그래서 입술과 치아는 서로 다른 광경을 만들어낸다. 주먹과 턱뼈로 구상되는 풍경이 있고…, 참으로 부드럽고, 기분 좋고, 발음하기 쉬운 순형脣形의 풍경이 있다…. 그중에서도 특히 유음의 음소를 지닌 모든 말을 한 무리로 모을 수 있다면 아마 아주 자연스럽게 물의 풍경을 얻게 될 것이다. 역으로 물의 심적 상태, 물의 언어로 표현된 시적 풍경은 아주 자연스럽게 유음을 찾는다. 소리, 천부의 소리, 자연의 소리 — 즉 목소리 — 는 사물들을 그것들 고유의 집단에 위치시킨다. 발성 행위가 진

---

4 Charles Nodier, *Dictionnaire raisonné des Onomatopées françaises*, 1828, p. 90.
* clignoter는 '반짝거리다'라는 비유적 의미를 내포한다.

정한 시인들의 회화를 지휘한다. 이제 시인들의 상상력이 결정적으로 발성에 귀속되는 한 예를 제시해보도록 하자.

　나는 시냇물의 소용돌이 소리를 들으면서 아주 자연스럽게 시냇물이 시인들의 많은 시구에서 백합과 글라디올러스를 꽃피웠을 거라고 생각하게 되었다. 이 예를 좀 더 자세히 살펴보면 시각적 상상력에 대한 언어적 상상력의 승리, 좀 더 간단하게는 사실주의에 대한 창조적 상상력의 승리를 이해하게 될 것이다. 동시에 어원학의 시적 무력함도 이해하게 될 것이다.

　글라디올러스는 그 이름을 ― 시각적으로, 수동적으로 ― 검劍 glaive에서 받았다. 그것은 휘두르지 않고 자르지 않는 검, 그 끝이 매우 날카롭고 모양이 참으로 훌륭하지만 부러지기 쉽고 찌를 수 없는 검이다. 그 형상은 물의 시에 속하는 것이 아니다. 색깔도 그렇다. 꽃의 색깔은 지옥의 불꽃과 같은 선명하고 뜨거운 색이다. 어떤 지방에서는 글라디올러스가 정말로 "지옥의 불꽃"으로 불린다. 어쨌든 우리가 이 꽃을 시냇가에서 보게 되는 일은 별로 없다. 우리가 노래를 할 때, 사실주의는 언제나 틀린다. 시각은 더 이상 지휘하지 않고, 어원은 더 이상 생각하지 않는다. 귀, 귀가 꽃들에게 이름을 붙이고 싶어 한다. 귀는 자신이 듣는 것이 꽃피기를, 직접 꽃피기를, 언어 속에서 꽃피기를 바란다. 흐르는 부드러움 역시 보여줄 이미지들을 원한다. 들어보라! 글라디올러스glaïeul는 강의 특별한 탄식이다. 우리 안의 가벼운, 아주 가벼운 슬픔, 펼쳐지고, 흘러가고, 그리하여 더 이상 명명되지 않을 슬픔과 동기화된 탄식이다. 글라디올러스는 우울한 물의 반半죽음이다. 스스로를 추억하는, 스스로를 비추는 찬란한 색깔이기는커녕 사람들에게 잊히는 가벼운 눈물이다. "흐르는" 음절들은 옛 추억에 잠시 멈춘 이미지들을 부드럽게 해서 가져가버린다. 그것들은 슬픔에 약간의 유동성을 돌려준다.[5]

이토록 많은 파묻힌 종鐘, 지금도 울리고 있는 숱한 가라앉은 종, 수정 같은 목소리에 장중함을 부여하는 숱한 황금 하프를 물의 음들의 시에 의하지 않고 달리 어떻게 설명할 수 있을까? 슈레가 전하는 어느 리트[독일 가곡]에서는 한 젊은 아가씨가 강의 요정 닉스에게 홀리게 되자 그녀의 연인이 황금 하프를 연주한다.[6] 그 하모니에 서서히 굴복당한 닉스는 약혼녀를 돌려준다. 마법을 마법으로, 음악을 음악으로 물리친 것이다. 마법에 걸린 대화들은 이렇게 전개된다.

이와 마찬가지로 물의 웃음도 전혀 무미건조하지 않을 것이다. 그것을 표현하려면 약간 미친 종들처럼 약간 떫게 울리는 "청록색"의 음들이 필요할 것이다. 개구리는 음성학적으로 — 상상된 음성학이라는 진정한 음성학에서는 — 이미 물의 동물이다. 그것이 녹색인 것은 필연적이다. 민중은 이를 잘 알아서 물을 그르누이유grenouille[개구리]의 시롭sirop[마시는 물]이라고 부른다. 그 물을 마시는 자는 그리부이유gribouille[얼간이][7]다!

---

5 말라르메는 글라디올러스와 백조를 결합한다. "목이 가는 백조들과 함께 있는 황갈색 글라디올러스."("Les Fleurs") 우리가 보기에 이는 물에서 생겨난 "결합"이다.
6 Schuré, *Histoire du Lied*, p. 103.
7 『개구리들에게』라는 베다 찬가의 이 "고의적인 혼돈"을 번역하기 위해 루이 르누Louis Renou(*loc. cit.*, p. 75)는 "그르누이유" 대신 남성형 동의어로 그리부이유를 사용하고자 했다. 어느 샹파뉴 마을의 이야기들에서 아빠 그리부이유는 엄마

폭풍의 *a*들 다음에, 즉 삭풍aquilons의 요란한 소리들fracas 다음에, 물eau의 *o*들, 즉 음의 소용돌이trombes와 아름다운 통통함rondeurs을 듣는 행복. 유쾌함을 되찾으니 말들이 미친 여자들처럼 뒤집어진다 — 시냇물이 킬킬거리고 개울물이 줄줄 흐른다le ruisseau rigole et la rigole ruisselle.

소용돌이와 돌풍 소리에 귀 기울여보면, 석루조石漏槽gargouille의 비명과 캐리커처를 함께 연구해보면, 물의 상상의 음성학의 모든 이중어를 끝없이 찾아볼 수 있을 것이다. 소낙비를 욕설처럼 내뱉고, 물의 후음喉音의 욕설들을 토해내기 위해서는 석루조에 전체가 아가리이고, 입술이 두껍고, 뿔이 나고, 입을 크게 벌린 괴물의 형상을 붙여야 했다. 석루조는 폭우와 끝없이 장난을 친다. 석루조는 이미 지어지기 이전에 소리[音]였다. 적어도 석루조는 먼저 소리였다가 곧바로 자신의 돌 이미지를 찾아냈다.

괴로움과 기쁨 속에서, 자신의 소란과 평화 속에서, 자신의 농담과 불평 속에서 샘은 분명 폴 포르가 말하듯 "자신을 물로 만드는 '말Verbe'이다."[8] 너무도 아름답고, 너무도 단순하고, 너무도 신선한, 물의 그 모든 음을 듣고 있노라면 물이 "입에서 솟아나는" 것만

그리부이유의 짝이었다. 다음은 루이 르누가 번역한 두 구절이다. "장마가 시작되어, 잔뜩 목말라하는 [개구리들] 위에 비가 내리자, 개구리들은 아크칼라! 하고 외치고는 아들이 아버지에게 가듯 수다를 떨며 서로에게 다가가는 거야." "만약 그 개구리들 중 어느 하나가 마치 학생이 선생 말을 따라하듯 다른 이의 말을 되풀이하면, 여러분은 아름다운 목소리로 물 위에서 흥얼거리는 곡조처럼 모든 것이 조화를 이루게 되지."

8 *Ermitage*, juillet 1897.

같다. 입을 다물게 해야 할까? 축축한 언어[젖은 혀]의 그 모든 행복을? 그렇다면 축축한 것의 그 깊은 속내를 환기시키는 특정 문구들을 어떻게 이해할 수 있을까? 예컨대 2행으로 된 『리그베다』의 한 찬가는 바다와 혀[언어]를 접근시킨다. "소마에 목마른 인드라의 가슴은 언제나 가득 채워져 있어야 한다. 바다가 언제나 물로 부풀어 있고, 혀가 끊임없이 침에 젖어 있듯이."9 억체성은 언어의 근원이다. 언어는 물로 부풀어 있어야 한다. 트리스탕 차라가 말하듯이 사람이 말을 할 줄 알게 되는 순간, "맹렬한 강들이 구름 떼처럼 몰려와 건조한 입을 가득 채운다."10

이완과 느림의 폭넓은 간격 없이는 위대한 시가 없고, 침묵 없이는 위대한 시 작품이 없다. 물은 고요와 침묵의 모델이기도 하다. 클로델이 말하듯이 잠을 자는 조용한 물은 풍경들 속에 "노래의 호수들"을 넣는다. 그 물 곁에서 시적 엄숙함이 깊어진다. 물은 질료화된 거대한 침묵처럼 산다. 펠레아스Pélléas가 "언제 봐도 이상한 침묵이 있어…. 물이 잠자는 소리가 들리는 것 같아"(acte I)라고 중얼거리는 것도 멜리장드Mélisande의 샘 곁에서다.* 침묵을 잘 이해하려면 우리의 영혼이 침묵하는 어떤 것을 볼 필요가 있는 것 같다. 확실하게 휴식을 취하려면 잠자는 어떤 거대한 자연의 존재가 우리 영혼 가까이

---

9 *Le Rig-Véda*, trad. Langlois, t. I, p. 14.
10 Tristan Tzara, *Où boivent les loups*, p. 151.
* 『펠레아스와 멜리장드』는 마테를링크Maeterlinck의 1892년 작인 멜로드라마로 드뷔시에 의해 오페라로도 제작되었으며 상징주의 연극의 절정을 구가한 작품으로 알려져 있다.

에 있다고 느낄 필요가 있는 것 같다. 마테를링크는 시와 침묵의 극한에서, 잠자는 물의 음향 속에서 최소한의 목소리로 작업했다.

II

물은 간접적인 목소리들도 갖고 있다. 자연은 존재론적인 메아리들을 울려 퍼지게 한다. 존재들은 원소적인 목소리들을 모방하여 서로 어울린다. 모든 원소 중에서 물은 가장 충실한 "목소리의 거울"11이다. 예를 들어 티티새는 맑은 물의 폭포처럼 노래한다. 『울프 솔렌트Wolf Solent』라는 제목의 장편소설에서 포이스Powys는 이 은유métaphore, 이 모음 변이métaphonie에 사로잡혔던 것 같다. 예를 들면 이렇다. "이 세상의 어떤 소리보다 공기와 물의 정령이 더 많이 스며 있는, 티티새의 노래의 독특한 억양은 언제나 신비적인 매력으로 울프를 매혹시켰다. 나무 그늘로 뒤덮이고 고사리들에 둘러싸인 연못들이 질료의 영역에서 내포하는 것을 그것은 소리의 영역에서 내포하고 있었다. 그것은 슬픔이 절망으로 변하는 지대의 보이지 않는 경계선을 넘어서지 않고 느낄 수 있는 모든 슬픔을 품고 있는 것 같았다."(trad., p. 137) 종종 나는 이 페이지들을 읽고 또 읽었다. 그 덕택에 티티새의 지저귐이 떨어지는 수정水晶이라는 것, 죽어가는 폭포라는 것을 이해하게 되었다. 티티새는 하늘을 위해 노래하지 않는

---

11 Tristan Tzara, *loc. cit.*, p. 161 참조.

다. 티티새는 곧 떨어질 다음 물을 위해 노래한다. 좀 더 뒤로 가면 (p. 143) 포이스는 티티새와 물의 동류성을 강조하면서 티티새의 노래에서 또다시 "마르고 싶어 하는 [듯한], 떨리는, 신선한 액체의 음정들로 이루어진 아름다운 선율의 폭포" 소리를 듣는다.

만약 자연의 목소리들 속에 의성어의 이러한 중복이 없다면, 만약 떨어지는 물이 노래하는 티티새의 억양을 다시 제공하지 않는다면 아마도 우리는 자연의 목소리들을 시적으로 들을 수 없을 것이다. 예술은 반영反影들을 배울 필요가 있고, 음악은 메아리들을 배울 필요가 있다. 우리는 모방을 하면서 창작한다. 우리는 실재를 좇는다고 믿지만 그것을 인간적으로 번역한다. 티티사도 강을 모방하면서 순수성을 좀 더 투사한다. 울프 솔렌트가 바로 모방의 희생자라는 사실과, 강 위에 늘어진 나뭇잎사귀들에서 들리는 티티새의 지저귐이 아름다운 게르다Gerda의 맑은 목소리라는 사실은 다만 자연음들의 모창模唱에 좀 더 많은 의미를 부여해줄 뿐이다.

'우주'에서는 모든 것이 메아리다. 어느 몽상적인 언어학자의 견해대로 만약 새들이 인간에게 영감을 준 최초의 발성자發聲者들이라면, 새들 자신은 자연의 목소리를 모방했다. 부르고뉴 지방과 브레스 지방의 새들의 목소리를 오랫동안 귀 기울여 들었던 키네는 "물새들의 콧소리에서는 강기슭의 물결 소리를, 물의 헐떡임에서는 개구리의 울음소리를, 피리새의 울음소리에서는 갈대의 휘파람을, 군함조의 울음소리에서는 폭풍의 비명을" 알아본다. 밤새[夜鳥]들은 폐허의 지하에서 울리는 메아리의 반향 같은, 그 떨리는 오싹한 음들을 어디에서 얻은 걸까? "이처럼 죽었거나 살아 있는 자연의 모든 억양은 생

결론 물의 말

동하는 자연 속에 자기들의 메아리와 협화음을 지니고 있다."¹²

아르망 살라크루도 티티새와 시냇물 사이의 음조상의 동류성을 발견한다.¹³ 바닷새들이 노래를 하지 않는다는 점에 유의한 뒤, 아르망 살라크루는 작은 숲의 노래들이 어떤 우연에서 생겨났을지 자문한다. 그는 이렇게 말한다. "나는 늪 근처에서 자란 티티새 한 마리를 알고 있었는데, 그 새는 자신의 멜로디에 단속적이고 목쉰 소리를 섞곤 했다. 그는 개구리들을 위해 노래한 걸까? 아니면 어떤 강박관념에 사로잡혔던 걸까?" 물도 하나의 광대한 통일성이다. 그것은 두꺼비의 종鐘과 티티새의 종을 조화시킨다. 적어도 시화詩化된 귀는 근본적인 음을 따르듯 물의 노래를 따를 때, 조화되지 않는 목소리들을 통일성으로 이끈다.

그러므로 시냇물, 강, 폭포는 인간들이 자연스럽게 이해하게 되는 하나의 화법을 가졌다. 워즈워스가 말하는 "인류의 음악"을 가졌다.

고요하고 슬픈, 인류의 음악

(『서정민요집Lyrical Ballads』)

이토록 근본적으로 공감하며 듣는 목소리들이 어찌 예언적인 목

---

12 한데 인간이 작은 새의 아름다운 소리를
입으로 흉내 낸 것은
즐거운 노래를 불러 귀를 즐겁게 한 것보다 훨씬 이전의 일이었다.
(Lucret, liv. V, v. 1378)

13 Armand Salacrou, "Le mille têtes", *Le théâtre élixabéthain*, Éd. José Corti, p. 121.

소리가 아닐 수 있을까? 사물들에 그것들의 신탁적 가치를 되돌려주기 위해서는 그것들을 가까이에서 들어야 할까, 멀리서 들어야 할까? 그것들이 우리에게 최면을 걸어야 할까, 아니면 그것들을 응시해야 할까? 상상적인 것의 커다란 두 움직임이 대상들 곁에서 탄생한다. 즉 자연의 모든 물체는 거인과 난쟁이를 낳고, 물결 소리는 하늘의 광막함이나 조개껍질 속을 채운다. 생동하는 상상력이 체험해봐야 하는 것은 이 두 움직임이다. 상상력은 가까이 다가오는 목소리만 듣거나 멀어져가는 목소리만 듣는다. 사물들의 소리에 귀 기울이는 이는 그것들이 너무 큰 소리로 말하거나 너무 조용히 말한다는 것을 잘 안다. 그것들의 소리를 들으려면 서둘러야 한다. 어느새 폭포가 부서져버리거나 시냇물이 말을 더듬는다. 상상력은 음향효과 전문가bruiteur다. 소리를 증폭시키거나 희미하게 만들어야 한다. 상상력이 역동적 상응의 주인이 되면 이미지들이 진짜로 말을 한다. "시냇물을 내려다보던 소녀가 졸졸거리는 소리에서 탄생하는 아름다움이 자신의 얼굴을 스친다고 느끼는 이 섬세한 시구들"을 곰곰이 생각해보면 이미지와 소리의 그런 상응을 이해할 수 있을 것이다.

그리고 졸졸거리는 소리에서 탄생하는 아름다움이
그녀의 얼굴을 스칠 것이다.
And beauty born of murmuring sound
Shall pass into her face.
(워즈워스, 「그녀가 자란 3년Three years she grew」)

이미지와 말parole의 이 같은 상응은 진정으로 유익한 상응이다. 괴로워하는 정신, 겁에 질린 정신, 허무한 정신이 위로를 받으려면 시냇물이나 강의 시원함이 도와주어야 할 것이다. 하지만 그러려면 그 시원함이 말해져야 할 것이다. 그러려면 불행한 존재가 강에게 말을 걸어야 할 것이다.

오, 나의 친구들이여, 해맑은 아침, 시냇물의 모음들을 노래하러 오라! 우리의 첫 고통이 있는 곳이 어디인가? 그것은 우리가 말하기를 주저했기 때문이 아닌가…. 그것은 입 다문 사물들을 우리 내부에 쌓아둔 시간들에서 탄생했다. 하지만 그 괴로움과 추억에도 불구하고 시냇물이 그대들에게 말하는 법을 가르쳐주리라. 꾸며 말하기euphuisme로 행복euphorie을, 시로 에너지를 가르쳐주리라. 자갈 위를 구르는 아주 둥근, 아름다운 어떤 말을 매 순간 그대에게 되풀이해서 말해주리라.

1941년 8월 23일
디종에서

옮긴이의 말
질료적 상상력과 초인의 시학

십여 년 전에 바슐라르의 고향을 방문한 적이 있다. 그가 나고 자란 집 앞을 기웃거려보기도 하고, 그가 하루 일과처럼 걷곤 했던 산책로를 걸어보기도 하고, 그의 책 『물과 꿈』, 『공기와 꿈』을 기념하는 조형물들 앞에서 그가 생전에 이룬 것들을 떠올려보기도 하면서 그의 고향, 그 "물의 고장"에서 하룻밤을 묵었다. 나의 발길을 이끈 건 그의 다음 문장이었다.

> 나는 강과 시냇물의 고장에서 태어났다. 골짜기 많은 샹파뉴Champagne 지방의 한 구석, 작은 골짜기가 많아 발라주Vallage라는 이름을 가진 곳이다. 내게 세상에서 가장 아름다운 거처란 골짜기의 움푹 파인 곳이나 물이 흐르는 강기슭, 버드나무와 수양버들의 낮은 그늘 속 거처일 것이다 특히 강 위로 피어오르는 안개와 함께 시월이 도래할 때…. [1]

『물과 꿈』 번역의 간단한 소회를 전하기 위한 이 후기에서 과학철학자이자 문학 연구가로서 바슐라르가 생전에 이룬 것이 무엇인지에 대해 길게 술회할 생각은 없다. 세계적으로 널리 알려진 이 명저의 내용을 '요약'하는 방식으로 새삼 다시 정리할 생각은 더더욱 없다. 그러기엔 그의 한 문장 한 문장이 너무나 깊고 아름답다. 하지만 바슐라르의 사상에 익숙하지 않은 독자들이 그의 책을 읽는 데 도움이 되도록 그의 사상의 핵심 개념 두 가지, 즉 '질료적 상상력'과 '현재주의'의 연관성에 대해 간단히 정리하면서 이 과학철학자가 문학 연구에 투신하게 된 계기가 무엇이었는지, 또 그의 시 철학이 오늘날 우리에게 어떤 의미를 갖는지에 관해 간략하게 정리해보기로 하자.

사실 이 책에 붙은 부제 '질료에 관한 상상력 시론essai sur l'imagination de la matière' 속의 전치사 de는 종종 해석의 문제를 제기한다. 프랑스어 전치사 de는 전후 맥락에 따라 영어의 from이나 of로 해석될 수도 있고 about의 뜻으로 해석될 수도 있어서다. '질료의' 상상력인가, '질료에 관한' 상상력인가? 이 물음에 답하려면 먼저 '상상력의 주체'가 누구인지 규명해야 할 것이다.

우리의 사유 습관은 '질료의 상상력'이라는 표현을 거부하는 성향을 보인다. 상상력의 주체는 당연히 우리 인간이지 질료가 어찌 그 주체가 되겠는가? 하지만 바슐라르의 시론에서는 이 문제가 그리 간단치 않다. 그는 이렇게 말하지 않는가. "대지의 진정한 눈, 그것이 물이다. 우리의 눈 속에서 꿈꾸는 것은 물이다. … 자연 속에서

---

1   이 책 본문 18쪽.

도 물이 보고, 물이 꿈꾼다."² 이처럼 그의 글에서는 주체와 객체의 상호 침투와 전위가 끝이 없으며, 질료를 상상의 주체로 돌리는 경우가 허다하다. 왜 그럴까? 그 의미는 무엇일까?

이미 다른 글³에서 나는 바슐라르에게 질료라는 말이 이중 의미를 갖는다는 점을 살펴본 바 있다. 연금술사에게 질료가 단순한 물리적 실재가 아니라 어떤 생기의 힘, 어떤 '영혼'을 갖춘 살아 있는 실체이듯이 바슐라르에게도 물이나 불, 흙 같은 원초적 질료들은 외부의 자연에만 속하는 것(물질-질료)이 아니라 우리 인간의 자연에도 속하는 질료(영혼-질료), 살아 있는 질료, 변화하는 질료, 변화의 힘을 가진 질료다. 그래서 우리는 몽상에 잠기면 상상의 주체가 질료인지 우리 자신인지 더 이상 알지 못하게 되며,⁴ 몽상가는 이 원초적 질료를 매개로 세계와 하나가 될 수 있고, 자신의 존재를 우주의 층위로 확장시켜 그 생생한 전체성에 참여할 수 있다. 다시 말하면 원초적 질료는 우리로 하여금 가시 세계와 불가시 세계 모두를 아우르는 우주의 전체성에 참여할 수 있게 해주며, 이러한 질료 덕에 우리는 실재의 이미지가 아니라 실재를 넘어서는 이미지를 형성할 수 있고, 인간

---

2 이 책 본문 58쪽.
3 김병욱, 「《촛불》, 고독한 몽상의 시학」(가스통 바슐라르, 『촛불』, 김병욱 옮김, 마음의 숲, 2017의 옮긴이 해설)을 보라.
4 그는 물이 자신의 '영혼-질료'임을 이렇게 밝힌다. "강가에서 꿈꿀 때 나는 나의 상상력을 물에, 맑고 푸른 물, 초원을 푸르게 물들이는 물에 바쳤다. 내가 깊은 몽상에 잠기는 일 없이, 나의 행복과 재회하는 일 없이 냇가에 앉아 있는 일은 없다…. 반드시 고향의 시냇물, 고향의 물이어야 하는 것은 아니다. 익명의 물도 나의 모든 비밀을 안다. 동일한 추억이 모든 샘에서 솟아오른다."(이 책 본문 19쪽)

조건을 넘어 초인에 이를 수 있다.

> 상상력이란 그 어원이 암시하듯이 실재의 이미지를 형성하는 능력이 아니다. 그것은 실재를 넘어서는 이미지들, 실재를 노래하는 이미지들을 형성하는 능력이다. 그것은 초인간성의 능력이다. 인간은 초인간인 정도만큼 인간이다. 인간 조건을 넘어서도록 충동하는 성향들의 총체로 인간을 정의해야 한다. 활동하는 정신의 심리학은 필연적으로 예외적인 정신의 심리학이다. 예외적인, 즉 오래된 이미지에 접목된 새로운 이미지의 유혹을 받는 정신의 심리학이다. 상상력은 사물과 드라마 이상의 뭔가를 창조한다. 새로운 생명을 창조하고, 새로운 정신을 창조한다. 그것은 새로운 유형의 비전들을 가진 눈을 뜨게 한다.[5]

바슐라르의 시 철학을 요약한 글로 자주 인용되는 위 문장의 내용을 좀 더 구체적으로 살펴보자. 철학자들은 자신들의 철학에 따라 인간을 규정한다. 예컨대 헤겔에게 인간이란 미리 계획되어 있는 '역사Histoire'의 발전에 참여하여 인간이 되어가는 존재이다. 베르그손에게는 '생의 약동l'élan vital', 즉 "점점 더 복잡해지는 형태들을 예견 불가능한 방식으로 창조해나가는 힘"이 곧 인간이다. 바슐라르의 시 철학에서는 상상력을 통해 인간 조건을 넘어 '초인surhomme'으로 거듭나는 존재가 인간이다. 질료적 상상력을 통해서, 시와 예술을 통해

---

5 이 책 본문 32-33쪽.

서 인간 이상의 인간이 되어야 하는 것이 인간의 운명이다. 그런 초인으로 거듭날 수 있게 해주는 것, 그것이 질료적 상상력이요 시다.

바슐라르가 시와 예술에 이 같은 철학적 중요성을 부여하게 된 계기는 무엇일까? '사람은 시인으로 사는 것'이라는 바슐라르의 인생관, 인간의 이러한 '시적 운명'에 대한 그의 생각을 이해하려면 그의 사상의 출발점, 즉 그의 『순간의 직관L'intuition de l'instant』(1932)[6]을 되짚어보아야 한다.

지속의 철학, 순간의 철학

바슐라르의 사상은 베르그손의 '지속의 철학'과 대립하는 지점에서 출발한다. 『의식에 직접 주어진 것들에 관한 시론』, 『물질과 기억』, 『창조적 진화』 같은 베르그손의 저작들은 과학주의, 신비판주의, 실용주의, 관념론 등 당대의 철학적 사유의 공식 테제들을 거부하는 데 크게 기여했다고 평가받는다. 그의 '생의 약동'의 철학은 멘드비랑Maine de Biran의 내적인 직접적 지각 개념, 쇼펜하우어의 내적 경험 개념 등을 차용하여, "역사의 장을 벗어나 정신의 경험이 된 사유의 가치들"을 내세운다. 프랑스 철학자 장 발Jean Wahl은 『키르케고르 연구Études Kierkegaardiennes』라는 저작에서 베르그손의 저작들이 갖는 의의를 이렇게 요약한다. "언젠가 우리는(하이데거가 자각했듯이) 플라톤의 권위, 아리스토텔레스의 시학, 데카르트의 엄격한 명

---

6 한국어판 제목은 『순간의 미학』이다.

상, 칸트의 이상론, 헤겔의 변증법 등이 모두 정신을 실세계에서 떼어내기 위한 수단이었음을 알게 될 것이다. 베르그손은 아주 자주 우리를 다시 실세계로 데려간다. 후기 베르그손파 철학자들이 반反소크라테스 철학파 동맹에 가입하는 것은 어쩌면 한낱 아름다운 꿈일지도 모르지만 불가능한 일은 아니다."[7]

베르그손 철학의 근본 소망은 분명 정신을 다시 실세계로 데려가는 것이다. 바슐라르 역시 이 소망에 부응하는 것을 자신의 주된 역할로 삼는다. 그러나 그는 베르그손의 '지속' 개념은 거부한다. 그는 『순간의 직관』에서 이렇게 외친다. "이제는 이렇게 말하자. 베르그손의 철학에서 우리는 거의 모든 것을 수용한다. 지속만 빼고." 무엇이 문제인가?

바슐라르는 지속의 철학자 베르그손에 맞서 '순간'을 시간의 본질로 제시한다. 베르그손에게 시간은 선형이며 흐르는 지속이다. 바슐라르가 보기에 이 주장은 속임수, 정신적 함정이다. 우리 세계는 불연속적이며, 지속은 정신이 구성하는 것일 뿐이다. "시간은 여러 차원을 가지며, 두께를 갖는다. 그것은 독립적인 여러 시간의 중복 덕에 어떤 두께에서만 지속하는 것으로 보인다. … 시간은 단 하나의 실재성, 순간의 실재성만 가질 뿐이다. 달리 말하면 시간은 양쪽의 무無로 좁게 에워싸인, 순간 위의 실재성이다."

---

[7] André Parinaud, *Gaston Bachelard*, Flammarion, 1996, p. 91에서 재인용. 베르그손의 지속 개념에 대한 바슐라르의 비판에 관해서는 앙드레 파리노의 책 4장(pp. 71-103)을 보라. 이에 관한 바슐라르의 말은 모두 이 장에서 재인용했다.

사실 현대 과학의 새로운 발견들에 정통하지 않은 사람으로서는 바슐라르가 베르그손의 철학을 비판하기 위해 동원하는 그 모든 과학 지식(상대성 물리학, 동시성 개념에 대한 아인슈타인의 비판, 양자물리학 등)의 내용을 따라가기가 쉽지 않다. 여기서는 베르그손의 '지속' 개념을 비판하기 위해 그가 드는 몇 가지 논거를 소개하고, 그가 강조하는 '순간'에 대한 생각들을 단편적으로나마 제시하면서 이 '순간의 철학'의 시학적 의미를 일별하는 것으로 만족하자.

바슐라르가 『순간의 직관』에서 제기하는 근본적인 물음은 이렇다. "지속의 철학자 베르그손에게 현재란 무엇인가?" 그가 보기에 베르그손에게 순간은 "기하학자의 도식적 사유를 돕는 인위적 단절일 뿐이다. 현재라는 것은 과거와 미래를 실제로 분리하지도 못하는 순수한 무無일 뿐이다." 만약 순간이 그런 "기만적인 단절이라면 과거와 미래는 구분하기가 매우 어려울 것이다. 둘은 언제나 인위적으로 나뉘어 있기 때문이다. 그렇다면 지속을 파괴할 수 없는 하나의 통일체로 이해해야 하며, 여기에서 베르그손의 철학의 모든 결론이 도출된다. 즉 우리의 모든 행위에서, 우리의 극히 사소한 몸짓에서도, 개시되는 것의 완성된 특성을 포착할 수 있으리라는 것이다. 시작에서 끝을, 싹의 약동에서 존재와 그 모든 이행을 포착할 수 있으리라는 것이다." 뒤이어 그는 이렇게 묻는다. "순간의 비실재성을 증명하고서 어떻게 어떤 행위의 시작을 말할 수 있겠는가? 지속의 바깥에 어떤 초자연적 힘이 있어 발아發芽의 시간에 결정적 부호를 붙일 특혜를 누릴 수 있는 것인가? 지속하기 위해서는 어쨌든 시작을 해야 하지 않는가?"

바슐라르가 보기에 베르그손의 철학은 "과거와 미래 간의 연대성, 지속의 점착성을 보존"했고, 그래서 그의 철학에서는 "과거가 현재의 실체로 남으며", "현재 순간은 다만 과거의 현상일 뿐"이다. 베르그손의 지속에 대한 그의 비판은 몇 년 뒤에 나온 『지속의 변증법 La dialectique de la durée』(1936)에서 이렇게 이어진다. "베르그손의 심리학에서는 충만하고, 깊고, 계속되고, 풍요로운 지속이 정신적 실체처럼 작용한다." "우리의 배후에 언제나 뭔가가 있다. 우리의 생 배후에 '생'이 있고, 우리의 충동들 아래에 생의 약동이 있다. 과거 전체가 현재를 배후에서 감시하고, 현재를 과거 속에 기입한다." "현재가 과거를 마치 선생이 낸 숙제를 수행하는 학생처럼 수행하므로 현재는 아무것도 창조할 수 없다. 현재는 다만 존재에 존재를 보탤 뿐"이다. 그래서 "생의 약동의 철학은 우리가 순순하게 존재의 존재론적 성공이라 부를 수 있는 것, 즉 전적으로 무동기적인 형태로 이루어지는 의식의 정신적 행위를 통해 존재가 스스로를 갱신하는 창조에 그 충만한 의미를 부여할 수 없었다."

바슐라르는 지속의 철학을 이끄는 근본 관념들은 '틈들'을 수용할 수가 없다고 비판한다. 그것들은 무無, 휴식, 점, 순간 등에 의해 부인될 수 없다. 부인된다 하더라도 간접적이고, 어휘적이고, 피상적이고, 일시적인 것으로 머무를 수밖에 없다. 하지만 "창조 행위가 갑작스럽게 나타나는 돌연변이의 영역으로 가보면, 새로운 시대가 언제나 어떤 절대에 의해 열린다는 것을 어찌 이해하지 못할 수 있겠는가?"라고 그는 묻는다. "사실 진화의 결정적인 경우들은 모두 창조적 순간들로 점철되어 있지" 않느냐는 것이다.

그는 베르그손이 말하는 '생의 약동'이 가장 활동적인 곳은 지속이 아니라 창조적 순간들에서라고 주장한다. "우리의 눈앞에서, 능동적 현재 속에서 우리 문화의 무수한 사건, 우리를 혁신하고, 우리를 창조하는 무수한 시도가 전개"되고 있으니 말이다.

바슐라르는 "현재의 감정과 생의 감정 간에는 절대적 동일성이 있다"고 강조한다. 즉 산다는 것은 어디까지나 지금 이 순간을 사는 것이며, 그러므로 "과거로써 현재를 설명하려고 애쓸 것이 아니라 현재로써 과거를 이해하고자 해야 한다." "직선이 차원 없는 점들로 이루어져 있듯이 지속은 지속 없는 순간들로 이루어져 있다"는 것, "생은 시간의 순간들의 행렬에 부과된 하나의 형태지만 생이 자신의 근본적 실재성을 찾는 것은 언제나 순간 속에서"라는 것, 이것이 그의 '순간의 철학'의 모토다.

시적 몽상과 '순간'의 시간들

이제부터는 "생은 언제나 순간 속에서 자신의 근본적 실재성을 찾는"다는 그의 주장에 머무르면서 그것이 구체적으로 어떤 순간들을 말하는 것인지 살펴보자. 『촛불』(1961)에서 바슐라르는 "많은 드라마를 가진" 그런 순간을 "현상학적 두께"가 없는 베르그손적인 순간과 이렇게 대비시킨다.

> 아름다운 책 『하나의 우주론을 향하여』에서 외젠 민코프스키는 '나는 램프에 불을 켠다'라는 제목으로 한 장章을 썼다. 한

데 여기서 말하는 램프는 전구다. 손가락으로 스위치만 누르면 검은 공간이 곧바로 밝은 공간이 된다. 이 기계적인 같은 동작은 그 역의 변화도 제공한다. 작은 장치가, 같은 목소리로, '예'와 '아니요'를 말한다. 이렇듯 이 현상학자는 우리를 두 세계 속에, 즉 두 의식 속에 번갈아 위치시킬 수 있는 수단을 지녔다. 전기 스위치만 있으면 이 '예'와 '아니요' 놀이를 끝없이 할 수 있다. 하지만 이 기계장치를 받아들임으로써 현상학자는 자기 행위의 현상학적 두께를 상실했다. 어둠의 세계와 빛의 세계 사이에는 현실 없는 한순간, 베르그송적인 한순간, 지식인의 한순간이 있을 뿐이다. 램프가 좀 더 인간적이었을 때는 순간이 좀 더 많은 드라마를 가졌다. 오래된 램프에 불을 켤 때는 언제나 뭔가 실수를 하거나, 어떤 불운한 일을 당할까 봐 겁을 내곤 했다. 어느 날 저녁의 심지는 그 전날의 심지와 똑같은 게 아니다. 보살피지 않으면 숯이 되어버린다. 유리가 똑바르지 않으면 램프가 연기를 피운다. 친숙한 물건들에게 그들이 받아 마땅한 세심한 우정을 베풀면 언제나 얻는 것이 있다.[8]

뒤이은 문장에서 그는 "시인들이 자신들의 사물에 대해 품는 우정 속에서 우리는 덧없는 행동들에 인간적 가치를 부여하는 그런 순간들의 다발을 경험할 수 있다"고 말한다. 시인과 사물(램프)의 우정 어린 교감이 램프에 불을 켜는 행위의, 그 덧없는 한순간의 드라

---

8 바슐라르, 『촛불』, 112-113쪽.

마를 만든다는 이 고찰에 유념하면서 그의 글「시적 순간과 형이상학적 순간Instant poétique et instant métaphysique」을 살펴보자.『순간의 직관』을 출간한 지 7년 후인 1939년에 잡지『메시지들: 형이상학과 시MESSAGES: METAPHYSIQUE ET POESIE』 2호에 게재했다가 나중에『순간의 직관』에 수록한 이 글은 시간 문제에 대한 성찰의 연장으로서, 그가 생의 실재성은 순간에 있다는 자신의 철학을 시적 경험을 통해 증명하고자 한 시도라 할 수 있다. 이 글에서 그는 그런 '순간'들을 경험하려면 지속의 다음 세 가지 틀에서 해방되어야 한다고 말한다.

"첫째, 자신의 시간을 타자들의 시간과 연관 짓지 않는 습관을 들여 지속의 사회적 틀을 부술 것.

둘째, 자신의 시간을 사물들의 시간과 연관 짓지 않는 습관을 들여 지속의 현상적 틀을 부술 것.

셋째, 어려운 수행이지만 자신의 시간을 생의 시간과 연관 짓지 않는 습관을 들여, 즉 심장이 뛰는지 기쁨이 자라는지 더는 알려고 하지 않는 습관을 들여 지속의 생체적 틀을 부술 것.

그럴 때에만 우리는 주변적인 생 없이 자기의 중심에서 자기 동기식 참조에 도달한다. 문득 모든 평평한 수평성이 지워진다. 시간이 더는 흐르지 않는다. 시간은 솟아오른다."⁹

---

9 웹페이지 '사회과학의 고전들Les classiques des sciences sociales'(http://classiques.uqac.ca/classiques/bachelard_gaston/intuition_de_instant/intuition_de_instant.html)에 전자책으로 등재된『순간의 직관』, p. 84를 보라.

이 흐르지 않는, "솟아오르는" 시간, 그것이 바로 바슐라르가 시에서 발견하는 시간이다. 그것은 앞에서 본 『촛불』의 시인이 램프에 불을 켜는 시간이다. 그가 말라르메의 시에서, 보들레르의 고백에서 발견하는 시간이다. 부동의 순간에 솟아오르는 이 시간의 존재 양상에 대한 그의 설명을 좀 더 따라가보면 말라르메의 시에 대해 그는 이렇게 말한다. "말라르메처럼 수평적인 시간을 직접 부숴버리는 시인들, 통사를 뒤집는 시인들, 시적 순간의 귀결들을 정지시키거나 굴절시켜버리는 시인들이 있다. … 말라르메의 시를 읽으면 종종 우리는 되풀이되는 시간이 지나간 순간들을 완성하러 오는 느낌을 맛본다. 그럴 때 우리는 우리가 살아야 했을 순간들을 뒤늦게 산다. 전혀 어떤 회한이나 후회, 향수를 느끼게 하는 것이 아니어서 더욱더 이상한 감동이다."[10]

그리고 보들레르가 『벌거벗은 내 마음』에서 서술한, "아주 어렸을 적에 마음속에서 내가 느꼈던 두 개의 상반된 감정, 삶에 대한 두려움과 삶의 황홀"[11]이라는 고백에 대해 바슐라르는 이렇게 설명한다. "그런 감정들이 함께 체험되는 순간들은 시간을 고정시킨다. 그것들이 생에 대한 매혹적인 관심에 의해 함께 결합되어 체험되기 때문이다. 그것들은 존재를 공통의 지속 바깥으로 데려간다. 그런 양면성은 일시적인 기쁨과 고통들의 통속적인 결산표같이 연속적인 시간들 속에서 서술될 수 없다. 그렇게 생생하고 그토록 근본적인 대립들

---

10 바슐라르, 『촛불』, 85쪽.
11 샤를 피에르 보들레르, 『벌거벗은 내 마음』, 이건수 옮김, 문학과지성사, 2001, 154쪽.

은 직접적인 형이상학에 속한다. 우리는 실제 사건들과 모순될 수도 있는 황홀과 추락에 의해, 단일한 순간 속에서 그런 흔들림을 체험한다. 즉 생의 혐오가 불행 속의 긍지처럼 필연적으로 쾌락 속의 우리를 덮치는 것이다. 모순 상태들을 일상적 지속을 통해 펼치는 순환적인 성정性情tempérament들은 단지 이 근본적인 양면성의 패러디일 뿐이다. 오직 순간의 깊은 심리학만이 우리에게 본질적인 시적 드라마를 이해하는 데 필요한 도식들을 제공할 수 있을 것이다."[12]

물론 우리로서는 맥락에서 잘려 나온 이런 두서없는 인용문이 의미하는 바를 다 헤아리기가 쉽지 않다. 그가 말라르메나 보들레르의 시에서 느끼는 것들을 그만큼 깊이 있게 느끼기도 어렵다. 하지만 지금 우리의 관심사는 그런 것이 아니라 그가 '시적 경험'에 관해 증언할 때 언제나 다른 시간, '순간의 시간' 문제를 제기한다는 사실 그 자체다. 시적 경험에 관한 위의 증언들이 우리에게 말해주는 것은 무엇인가? 시적 몽상의 '순간'은 시인과 사물의 우정 어린 교감에 의해 덧없는 행위들에 인간적 가치가 부여되면서 두꺼워지는 시간으로 나타날 수도 있고, 미완의 지나간 순간들을 완성하러 오는 되풀이되는 시간으로 나타날 수도 있고, 단일한 순간 속에서 이루어지는 대립자들의 흔들림으로 나타날 수도 있다. 이처럼 그 '솟아오름'의 양상은 다양할지라도 이 순간들은 모두 흐르지 않는다는 공통점을 갖는다. 그것이 시적 몽상의 순간이 가진 특성이다. 그것이 바슐라르가 시를 이해하는 방식이다.

---

[12] 바슐라르, 『촛불』, 87쪽.

시란 무엇인가? 바슐라르는 "시적 신비는 양성성androgynie이다"[13]
라고 말한다. "양면적인 순간 속에서 함께 탄생하는 두 항을 겸유한
다"는 말이다. 보들레르의 고백에 관한 위 인용문들 중 단일한 순간
속에서 체험하는 생의 두려움과 생의 황홀의 흔들림, "근본적인 양
면성", "순간의 깊은 심리학" 같은 표현들에 거듭 유의하자. 바슐라
르의 시론에서 '순간의 드라마', 즉 순간의 시간들을 만드는 것은 다
른 무엇보다도 양면성들, 마치 시계의 추처럼 흔들리는, 단일한 순
간에 솟아오르는 대립자들의 움직임이다. 양면적 순간이 겸유하는
대립자들이 없다면 시도 없다는 얘기로도 이해된다. 바슐라르가 이
책 『물과 꿈』 서론에서 양면성을 강조하는 이유도 바로 여기에 있
다. 그는 우리가 상상력을 특히 원초적 질료에 바칠 때 그런 '양면적
순간의 시간들'을 경험하게 된다고 말한다. 왜냐하면 "질료적 상상
력이 학습하는 원초적 질료들에는 깊고 지속적인 양면 감정이 결부
되어"[14] 있기 때문이다. 원초적인 질료들이 지닌 그런 심리적 속성
에 대해 그는 이렇게 설명한다.

이 심리적 속성은 너무나 항구적이어서 우리는 상상력이 이중
적으로 살게 할 수 없는 질료는 원초적 질료로서의 심리적 역할을 할
수 없다는 환위명제를 상상력의 한 원초적 법칙으로 표명할 수
도 있다. 심리적 양면 감정의 계기가 아닌 질료는 끝없는 전위

---

13 바슐라르, 『촛불』, 83쪽.
14 이 책 본문 24-25쪽.

를 가능하게 하는 자신의 시적 분신分身을 찾을 수가 없다. 따라서 질료적 원소가 영혼에 전적으로 달라붙으려면 이중 참여 — 욕망과 두려움의 참여, 선과 악의 참여, 백과 흑의 조용한 참여 — 가 필요하다.[15]

이상의 고찰을 바탕으로 우리는 바슐라르의 이 '질료에 관한 상상력' 시론을 이렇게 규정할 수 있을 것이다. 이 책은 우리가 상상력을 물에 바칠 때 솟아오르는 수직적 시간에 대한 증언이다. 다시 말하면 이 책은 우리의 상상력이 물이라는 원초적 질료와 만나는 순간의 시간들이 펼치는 그 모든 양면성의 드라마에 대한 증언인 것이다.

시간이란 무엇인가? 대부분의 사람에게 시간은 어두운 그림자처럼 자신도 모르게 흘러가는 것이다. 그래서 시간은 대개 과거의 추억이나 미래의 희망으로만 존재한다. 바슐라르는 그런 수동적인 시간에서 빠져나와 능동적 현재, 창조적 현재를 만들어가는 사람으로 살 것을 권한다. 인간은 초인인 정도만큼 인간이기에 인간 조건을 넘어 초인으로 살아야 한다고, 시인으로 살아야 한다고 말한다. 그리고 질료적 상상력이 그런 삶을 가능하게 해주는 인간의 특별한 능력이라고 말한다. 시간의 '현재'를 살면서 상상력을 통해 '새로운 유형의 비전들'에 눈뜨는 것, 그것이 인간의 '시적 운명'이라는 얘기다.

---

[15] 이 책 본문 25쪽.

바슐라르의 '현재주의'가 의미하는 것

'순간의 철학'이 오늘날의 우리에게 의미하는 바를 생각해보며 우리의 논의를 마무리하도록 하자. 바슐라르의 제자이자, 저널리스트, 역사가, 예술 평론가로 활동한 앙드레 파리노는 바슐라르의 현재주의를 이렇게 평가한다.

바슐라르와 더불어 시간의 현재가 주어진다. 시간의 "화살" (1977년 노벨 화학상 수상자 일리야 프리고진Ilya Prigogine의 용어)은 바슐라르에 의해 과거와 미래 사이에서의 역동적 자각으로 규정된다. 현재는 기억이 모은 요소들 간의 관계를 확보하는, 의식의, 직접적 직관의 각성에 의해서만 존재하며, 어떤 상황의 조건 전체를 구성하는 힘들의 자각을 요구한다. 현재 시간은 사실상 하나의 창조다. … 바슐라르는 … 진정한 정신적 창조인 '순간의 직관'과 더불어 시간에 기능과 힘을 부여함으로써 이 세상의 모든 시민에게 시간을 돌려주었다. 이제 시간은 더는 빅토르 위고가 말하는 "일종의 그림자, … 더한층 어두운 그림자"가 아니다. 바슐라르는 우리에게 시간의 재정복을 제안한다. 그는 현상의 실재하는 실존을 — 현전하는 의식의 전체성 차원에서 — 인간화하고, 그 현재 흐름을 돌려준다. 과거에서 빠져나와 미래를 역동화하면서 서로 더해지고 자기 존재를 뚜렷이 나타내는 순간들의 연쇄에 의해 말이다. … 그런 그를 우리는 인간에게 인간이 가진 시간적 기능의 특권을 수여해준 철학자로 간주할 수 있을 것이다.[16]

파리노는 바슐라르의 "계시들", "시간성에 대한 새로운 비전"이 "당시에는 아인슈타인, 드 브로글리, 하이젠베르크의 발견들이 원자 물리학계에 낸 것과 같은 효과를 내지는 못했으나", "지난 반세기 동안 정신과 풍속의 변모를 나타내는 존재의 행동을 유인"했다고 말한다. 그의 그런 관찰이 있은 지 30여 년의 세월이 또 흘렀고, 오늘날의 우리는 바슐라르가 강조한 시간의 '현재', '현재를 즐겨라'가 생의 모토가 된 시대에 살고 있다. 순간들instants을 포착하고 공유하는 '인스턴트 텔레그램(인스타그램)'의 홍수 속에서 현재주의가 우리의 일상을 지배하고 있다. 그래서 오늘날 우리는 모두 "창조적 순간들로 점철된" 시인의 일상을 살고 있는 것 같고, 최근 영화 〈패터슨〉이 보여준 패터슨 부부의 일상처럼 우리 일상의 몸짓 하나하나가 모두 시요 예술이 된 것 같은 느낌도 든다. 그렇다. 이제 우리는 어쩌면 너나없이 모두 시인으로 살고 있는지도 모른다. 하지만 우리가 여전히 질료적으로 꿈꾸고 있는지는 의문이다. 바슐라르가 '현재'를 충실하게 사는 방법으로 제시한 시적 몽상은 아무래도 아득히 먼 옛날의 꿈, '램프'를 사용하던 시대의 잃어버린 꿈인 것만 같다. 과연 그런가? 그렇다면 오늘날 우리는 어떤 상상력으로 꿈꾸는가? 아직도 우리가 시와 예술을 꿈꾸기는 하는가?

2020년 6월

김병욱

---

16 André Parinaud, *op. cit.*, p. 102.

찾아보기

ㄱ
가스케, 조아킴 47, 147-148
고티에, 테오필 238
괴테 65, 69, 164, 285

ㄴ
네르발 244
노디에 34, 296, 302
노발리스 162, 204, 206-210, 212-213, 217, 282
니체 67, 79, 259

ㄷ
단눈치오 33, 73-74, 141, 260
달리, 살바도르 175-176
도르스, 에우헤니오 51-52, 87, 267
들라크루아 133

ㄹ
라마르틴 57, 152, 214-216
라이프니츠 165
라포르그, 쥘 77, 119, 144-145, 149
라푸르카드 265, 268-271
랭보 138, 162

ㄹ
로댕 180
로덴바흐 43-44, 149, 151
로트레아몽 31
롱사르 285
르낭 210-211, 240-241
르누 305-306
릴케 150

ㅁ
마테를링크 92, 307-308
말라르메 7, 38, 43, 68, 112, 139, 305
미슐레, 쥘 174, 181-182, 193-195, 215, 255, 280-281, 286

ㅂ
바그너 204
바이런 273
바호펜 166, 301
발자크 144, 161, 215-216, 276-278, 280, 300
베갱, 알베르 150
보나파르트 부인 21, 79-81, 97-98, 101-102, 107, 112, 134, 180, 188-189, 262

보두앵, 샤를 35
보들레르 18, 126

ㅅ

상드 81
생 존 페르스 198
생티브 193, 211, 288, 290
생폴루 145
샤르, 르네 172
샤르팡티에, 존 273-274
샤토브리앙 285
세비요 128, 223, 229
셰익스피어 138, 148-149
셸리 47, 49, 54, 127
쇼펜하우어 52, 54, 56, 79, 86, 256
슐레겔, 프리드리히 50, 242
스윈번 259, 263, 265-269, 271-272, 299
스트린드베리 54-57

ㅇ

에스테브, 클로드루이 25, 68
엘뤼아르, 폴 50, 153, 188, 298, 302
엠페도클레스 117
워즈워스 90-91, 125, 310-311
위고 57, 175, 275-276, 293
위스망스 151, 224-225
융, C. G. 77, 122, 240

ㅈ

장파울 63, 72, 77, 301
지로두 274

ㅊ

차라, 트리스탕 307

ㅋ

카유아, 로제 218
클로델 58, 95, 103, 131, 153, 155, 171-172, 183, 201-202, 205-206, 218, 242-243, 294, 298, 307
키네, 에드가 211, 284, 292, 309
키츠 48

ㅌ

타일러 230
티보데 75-76
티크 13, 87, 274, 301

ㅍ

파라셀수스 151
파르그, 레옹폴 161
파브리키우스 157, 160-161, 176, 203
포, 에드거 21, 24-26, 79-118, 129-130, 151-152, 169-170, 188-189, 199-201, 262-263, 283
포르, 폴 146, 306

ㅎ

헤라클레이토스 15, 26, 97, 118, 176, 206
헤로도토스 287, 294
헤시오도스 222
호프만 160